家計消費の経済分析

一橋大学経済研究叢書 59

阿 部 修 人 著

家計消費の経済分析

岩 波 書 店

カバー装幀＝中野達彦

経済研究叢書発刊に際して

経済学の対象は私たちの棲んでいる社会である．それは，自然科学の対象である自然界とはちがって，たえず変化する．同じ現象が何回となく繰返されるのではなくて，過去のうえに現在が成立ち，現在のうえに将来が生みだされるという形で，社会の組立てやそれを支配する法則も，時代とともに変ってゆくのが普通である．したがって私たちの学問も時代とともに新しくなってゆかねばならぬ．先人の業績を土台として一つの建造物をつくりあげたと思った瞬間には，私たちは新しい現実のチャレンジを受け，時には全く新しい問題の解決をせまられるのである．

いいかえれば経済学者は，いつも摸索し，試作し，作り直すという仕事を，性こりもなく続けなければならない．経済研究所の存在意義も，この点にこそあると思われる．私たちの研究所も，一つの実験の場である．あるいは，所詮完全なものとはなりえない統計を，すこしでも完全なものに近づけることに努力したり，あるいは，その統計を利用して現実の経済の動きの中に発展の法則を発見しようとしたり，あるいは，分析の道具そのものをみがくことに専念したり，あるいは，外国の経済の研究をとおして日本経済分析のための手がかりとしたり，あるいは，先人のきわめようとした原理を追求することによって今日の分析のための参考としたり，私たちの仕事はきわめて多岐にわたる．こうした仕事の成果を，その都度一書にまとめて刊行しようというのが本叢書の趣旨にほかならない．ときには試論の域を出でないものがあるとしても，それは学問の性質上，同学の方々の鞭撻と批判を受けることの重要さを思い，あえて刊行を躊躇しないことにした．ねがわくば，読者はこの点を諒承していただきたい．

本叢書は，一橋大学経済研究所の関係者の筆になるものをもって構成する．必らずしも定期の刊行は予定していないが，一年間に少なくとも三冊は上梓のはこびとなろう．こうした専門の学術書は，元来その公刊が容易でないのだが，私たちの身勝手な注文を心よくききいれて出版の仕事を受諾された岩波書店と，研究調査の過程で財政的な援助を与えられた東京商科大学財団とには，研究所一同を代表して，この機会に深く謝意を表したい.

1953年8月

一橋大学経済研究所所長

都　留　重　人

はしがき

経済学において，家計による消費・貯蓄選択の決定メカニズムがいかに重要であるかは，ここで新たに述べる必要はないであろう．マクロ経済学のみならず，財政学，開発経済学，労働経済学等，多くの経済分野において，家計の消費・貯蓄選択は中心的な役割を果たしている．

家計消費分析には優れた専門書が多数存在しており，古くはFriedman(1957)や篠原(1958)，また比較的最近のものとしては，Deaton(1992)とHayashi(1997)がある．特にDeaton(1992)は現在でも，家計消費分析に携わる者にとり必読書であり，1990年代前半までの家計消費分析の成果と論点が丁寧に，そして明確にまとめられている．しかし，21世紀に入り既に10年が経過した現在，家計消費分析はDeaton(1992)が書かれた頃と比べ，大きな変化を遂げている．特に，不確実性下の動学的意思決定を分析する際の精度が飛躍的に改善したことにより，それまで限定的な分析しか行われてこなかった，不確実性への家計の備え，すなわち，予備的貯蓄に関する理解が急速に深まっている．家計消費分析は，マクロデータを用いた線形時系列モデルの推定から，ミクロデータを用いた不確実性下の動学構造推定に進化してきているのである．

急速な家計消費分析の発展は，コンピューターシミュレーション，特に動的計画法の数値解法とミクロ計量分析手法の進展に負うところが大きい．そのため，専門誌に掲載される論文は高度な分析手法を駆使したものが多くなっており，大学院のコースワークを終えたばかりの初学者にとり，ハードルが高いものになっていることも否定できない．また，家計消費分析にはHall(1978)以降，膨大な量の研究がなされており，Attanasio(1999)等の優れたサーベイはあるものの，全体像を把握するために読まねばならない重要な論文の数は非常に多くなっている．

本書は，これまで筆者が行ってきた家計消費・所得に関する研究結果を踏まえ，近年急速に進展している家計消費分析の諸側面をまとめたものである．家計消費分析の実証分析は，多くの場合，欧米のデータを用いて行われているが，近年では，新統計法の施行や様々な家計パネルデータの蓄積により，日本における家計ミクロデータの整備は進んでいる．そのため，本書では，日本の様々なデータを用い，諸外国との比較を極力行うようにした．本書の前半は筆者が一橋大学大学院経済学研究科で行ってきた講義ノートに準拠しており，家計分析において基礎となるツールの紹介をしている．特に，後ろ向きの帰納法(Backward Induction)を用いた動的計画法の数値解法に関して，具体的な MATLAB のプログラム例を紹介し，実際に，読者が不確実性下の家計行動のシミュレーションを行えるようにしている．初学者が感じる家計消費分析に対するハードルが少しでも低くなればと祈っている．

今日の消費理論の基礎となっているのは Hall(1978)の恒常所得モデルであるが，本書の出発点としては，標準的な完備資本市場の一般均衡モデルを採用した．現在，マクロ経済学において精力的に分析がなされている確率的動学一般均衡モデル(DSGE)では，家計消費行動は完備資本市場下で描写されている．一方，ミクロデータを用いる多くの分析は，市場が完備ではなく，特に，恒常的な所得ショックに対する保険はほとんど存在しない，という仮定から出発している．はたして，現実のデータが完備資本市場で十分に描写可能であるか否かは，今もって多くの研究者にとって重要な課題であり，多少数学的に煩雑であるが，完備資本市場の理論モデルおよびその検証に関して最初に論じることにした．また，本書では，通常は労働経済学に分類される家計の所得過程の推定について詳細に論じている．日本では，所得の動学過程は賃金カーブのフレームワークで分析されてきているが，所得にどの程度の変動リスクが存在するのか，リスクの持続性がどの程度なのか等，確率的な動学構造に関する研究の蓄積は欧米に比べて非常に遅れており，家計消費分析を進める上でのボトルネックとなっている．家計所得過程に関する大きな学問上の論争が欧米で行われるのに対し，日本の所得過程の研究は開始されたばかりであり，基本的な性質の理解が進んでいるとは言い難い状況にある．本書により，日本の所得動学過程に対する興味が少しでも広がることを期待している．

本書では，流動性制約や予備的貯蓄，消費の過剰反応のような標準的な内容以外にも，季節性と消費分析の関係や，消費データに含まれる計測誤差とその相関構造，ミクロデータに基づく時間集計の問題を扱っている．特に，消費データの計測誤差に関しては，近年，欧米では地道ながら重要な努力が行われており，消費データの作成法に関して大きな進展が見られる．近年の最先端の分析結果に関しては，極力多くのトピックを扱うようにしている．とはいえ，家計消費分析の分野は広大であり，本書が扱う範囲はその一部でしかない．特に，エクイティ・プレミアムパズルや住宅・耐久消費財，高齢者の貯蓄・消費，一般均衡における予備的貯蓄は本書ではほとんど触れていない．幸い，それぞれに関し，齊藤(2007)，牧(2007)，ホリオカ・浜田(1998)，Krueger(2004)という優れた専門書が存在するので，ぜひ，参照されたい．

本書を作成する上で，多くの人の助言を得た．山田知明氏および稲倉典子氏とは，これまで家計消費に関して多くの共同研究を行ってきており，その成果が本書に反映されている．また，研究会や学会等の機会でRichard Blundell氏，林文夫氏，小川一夫氏，Charles Yuji Horioka氏，齊藤誠氏，北村行伸氏，黒崎卓氏，安部由起子氏，原千秋氏，祝迫得夫氏，森口千晶氏，川口大司氏，小原美紀氏，宇南山卓氏から貴重なご意見を頂いた．特に鈴木史馬氏および青野幸平氏からは本書の草稿全体にわたり，詳細かつ丁寧なコメントを頂いた．また，大学院阿部ゼミナールの学生たちには，MATLABプログラムのチェックおよび草稿の精読を担当してもらった．新関剛史氏とTran Lam Anh Duong氏にはRAとして尽力を得た．十川亜希子氏には，資料の入手および整理，表作成，校正等の多くの業務を担当してもらった．さらに，慶應義塾大学からは家計パネルデータの提供をうけた．

なお，本書は科学研究費補助金若手研究(S)(21673001)からの助成による成果物であり，日本学術振興会に対し深い感謝の念を申し上げる．最後に，岩波書店編集部の髙橋弘氏および居郷英司氏による精力的かつ的確な編集にお礼申し上げたい．

目　次

図 目 次

表 目 次

第1章　消費理論の基礎

1.1　導　　入

本章では，家計消費理論の基本と非線形動学最適化問題の基礎的な数値解法を紹介する．統計分析手法については次章で扱う．

家計消費分析では，古くから経済理論分析と実証分析が密接に連携してきた．単純な一財モデル，あるいは数財のモデルに限定されて構築される消費理論モデルと，実際の家計の消費者行動の間には大きなギャップがある．家計が日々購入している商品の種類は多く，月単位では数百種類の商品を購入していることも珍しくないだろう．単純な一財モデルの理論と，このような現実の間をつなぐものが，効用関数の分離可能性と呼ばれるものであり，現在の消費理論の基本となっている．本章ではまず，効用関数の分離可能性について，特に動学モデルとの関係で紹介する．

第二に，消費理論でよく利用される効用関数，特に相対的危険回避度一定(Constant Relative Risk Aversion: CRRA)と呼ばれる効用関数の特徴について議論する．CRRA 型効用関数は，生産関数におけるコブ・ダグラス型と同様に，現在の消費分析において最もよく用いられており，非常に便利な性質を有している一方，制約の強い関数形でもある．CRRA 型を仮定することで，家計行動の一部は自動的に排除されてしまうことになるので，CRRA 型の性質について理解することは極めて重要である．

第三に，標準的な動学モデルにおける消費に関する最適条件であるオイラー方程式を導き，その基本的性質について議論する．消費研究はオイラー方程式の研究と表現しても過言ではないほど，オイラー方程式を駆使した分析が行われている．また，オイラー方程式を変形することで，極めて多くの経済的含意と検証可能な仮説を導くことが可能であり，様々な理論仮説の検証に利用されている．

最後に，今日，家計消費分析にとって必要不可欠なツールとなっている動的計画法(Dynamic Programming)について紹介する．動的計画法そのものはマクロ経済学や産業組織論，労働経済学等において広く使用されており，通常は「価値関数反復法」(Value Function Iteration)に基づく数値解法が用いられている．一方，家計消費分析，特にミクロの分析においては，最終期から最適解を逆算する「後ろ向きの帰納法」(Backward Induction)という解法がよく用いられる．本章では，Backward Induction を用い，具体的な非線形動的計画法の解法を説明する．なお，章末に MATLAB による Backward Induction の具体例を掲載している．

1.2 基本モデル：代表的な効用関数

$c_t \in R$ を t 期における消費量とし，家計が 1 期から T 期まで生きる場合の効用関数は，下記のように書くことができる[1)]．

$$u = V\left(c_1, c_2, c_3, ..., c_T\right). \tag{1.1}$$

この効用関数に対し，通常仮定される連続性，擬凹性，単調性を仮定するのみでは，家計消費の実証分析で用いるにはあまりに一般的すぎるため，実証分析では，効用関数の形状に制約を課すことが一般的である[2)]．よく用いられる関数形に，(1) ホモセティック，(2) ストーン・ギアリー型，(3) 加法分離型，および (4) 弱分離型がある．

1.2.1 ホモセティック

効用関数が，一次同次関数の単調増加変換であるとき，効用関数はホモセティックであるという．例えば，f が連続微分可能な一次同次関数であるとする．このとき，オイラーの公式より，全ての $t{=}[1, 2, ..., T]$ に関し，c_t で微分した場合，下記が成立する．

$$f\left(c_1, c_2, c_3, ..., c_T\right) = \sum_{t=1}^{T} c_t \frac{\partial f}{\partial c_t}. \tag{1.2}$$

---

1) 各期に n 種類の消費財があり，$c_t \in R^n$ としても以下の議論はほぼ成立するが，表記が複雑になるので，ここでは一財モデルで議論を進める．n 財モデルについては後に触れる．

2) 選好理論の詳細に関しては，Mas-Colell, et al.(1995)等のミクロ経済学の教科書を参照せよ．

また，$g{:}R\to R$ は連続微分可能な単調増加関数であり，効用関数が

$$V = g\left(f\left(c_1, c_2, c_3, ..., c_T\right)\right), \tag{1.3}$$

であるとする．そのとき，下記が成立する．

$$\frac{\partial V}{\partial c_t} \Big/ \frac{\partial V}{\partial c_s} = \frac{\partial f}{\partial c_t} \Big/ \frac{\partial f}{\partial c_s}. \tag{1.4}$$

ところで，f は一次同次関数だから，その偏微分はゼロ次同次となる．したがって，(1.4)式の右辺はゼロ次同次となり，限界代替率はゼロ次同次，すなわち，消費量が全て比例的に変化しても，限界代替率は変化しないことになる．また，(1.4)式の右辺は，消費の水準ではなく，その比率 c_t/c_s のみに依存する．最適消費量は，限界代替率が価格比に等しいところで決定されるため，

$$\frac{\partial V}{\partial c_t} \Big/ \frac{\partial V}{\partial c_s} = \frac{p_t}{p_s}, \tag{1.5}$$

となる．したがって，ホモセティック型の効用関数の場合，価格比が一定であれば，所得水準に依存せず，消費比率は一定となる．このことから，任意の価格ベクトルと所得に関し，ある財への支出 $p_t c_t$ と所得 y の比率は価格比のみに依存し，下記のように書くことができる．

$$\frac{p_t c_t}{y} = \alpha_i \left(\frac{p_2}{p_1}, \frac{p_3}{p_1}, ..., \frac{p_T}{p_1} \right). \tag{1.6}$$

上式左辺の分母にある所得水準 y を右辺に移項すると，各財への支出額は所得水準に比例することがわかる．これは，所得弾力性が 1 であることを意味する．すなわち，効用関数がホモセティックである，ということは，各財への支出額の所得弾力性が 1 であることを仮定することに等しい．ホモセティック効用関数の例は多く，一次同次の関数，例えば，コブ・ダグラス型や Constant Elasticity of Substitution (CES) 型もホモセティックである．なお，コブ・ダグラス型の場合，(1.6)式の右辺は価格比にも依存しなくなり，単に一定値 α_i となる．この性質のため，コブ・ダグラス型を用いた経済モデルは極めて扱いやすくなる．

コブ・ダグラス型の効用関数はマクロ経済学で実際によく用いられている．下記のように設定した効用関数は，マクロ経済学で特に頻繁に用いら

れる．

$$U = \sum_{t=0}^{T} \beta^t \ln c_t. \tag{1.7}$$

上式右辺は，対数の和なので，積の形で書き直すことが可能であり，

$$\sum_{t=0}^{T} \beta^t \ln c_t = \ln\left(c_0 c_1^{\beta} c_2^{\beta^2} \ldots c_T^{\beta^T}\right), \tag{1.8}$$

となる．右辺はコブ・ダグラス型の単調増加変換であるため，この効用関数はコブ・ダグラス型と同じ需要関数をもつことがわかる．

ホモセティック型効用関数の下で得られる消費ベクトルとして，食料や住宅，旅行等を考える場合，上記の性質，すなわち，全ての財の所得弾力性が 1 であるという性質はあまり現実的ではない．上級財や下級財があるためである．しかしながら，消費選択における異時点間の問題を考え，家計の全ての消費支出を一つの消費量で代表させていると考える場合は，所得は貯蓄するか消費するかのどちらかになるため，今期の消費の所得弾力性が 1 であるということは，十分ありうる話である．また，コブ・ダグラス型の特徴である，支出割合が価格比に依存しなくなる，という性質も，異時点間の場合は，今期と来期の消費額の選択の際，例えば 10 期後の消費の価格，将来の金利から独立になるということを意味しており，制約的ではあるが，それほど非現実的な仮定とも言えないであろう．

1.2.2　ストーン・ギアリー型（Stone-Geary）

コブ・ダグラス型の効用関数に生存水準，すなわち最低限の消費水準という概念を導入したのが下記で定義されるストーン・ギアリー型効用関数である．

$$u = (c_1 - \gamma_1)^{\alpha_1} (c_2 - \gamma_2)^{\alpha_2} (c_3 - \gamma_3)^{\alpha_3} \ldots (c_T - \gamma_T)^{\alpha_T}, \tag{1.9}$$

$$\forall i, 0 < \alpha_i < 1, \quad \gamma_i \geq 0, \quad \sum_{i=1}^{T} \alpha_i = 1. \tag{1.10}$$

この効用関数は，コブ・ダグラス型効用関数の原点をゼロ点から（$\gamma_1, \gamma_2, \gamma_3, \ldots, \gamma_T$）へシフトさせたものである．この効用関数の下での消費行動はそれほど複雑ではない．まず，所得のうち，最低消費水準を確保し，

残りをコブ・ダグラス型効用関数に従って配分するのが最適となる．すなわち，下記のような消費関数を導くことができる[3)]．

$$c_i = \gamma_i + \alpha_i \frac{y - \sum_{j=1}^{T} p_j \gamma_j}{p_i}. \tag{1.11}$$

このような効用関数は，貧困国のみならず，現在の先進国の家計行動をミクロデータで描写するときにも適切である場合がある．例えば，消費をカテゴリー別に分けると，ある程度の交通費や食費，住居費は所得水準によらず支払わねばならないだろう．また，戦後の混乱期における日本全体の家計消費行動を考えるときにも，生存最低水準の消費水準を確保することが極めて重要であったと考えるのは自然であり，強制的にある程度の消費水準の確保を異時点間代替や貯蓄などから優先させるようなストーン・ギアリー型は適切であったかもしれない．実際，この型の効用関数を用いると戦後の日本の貯蓄動向を適切に説明できると主張する研究も存在する[4)]．

1.2.3　加法に関して分離可能なケース(Additive Separable)

マクロ経済学や家計消費分析において，頻繁に用いられている効用関数は，加法に関して分離可能(Additive Separable)と呼ばれるものである．加法分離可能な効用関数は，一般型(1.1)式に下記のような構造を組み込む．

$$u = g\left(u^1(c_1) + u^2(c_2) + u^3(c_3) + \ldots + u^T(c_T)\right), \quad g' > 0. \tag{1.12}$$

上記の効用関数は，各期の消費から得られる効用水準 $u^i(c_i)$ の足し算で，総効用が定義されている．この種の効用関数には，先ほど紹介したコブ・ダグラス型やストーン・ギアリー型も含まれる．上式の単調増加変換 g を無視すれば，

$$u = u^1(c_1) + u^2(c_2) + u^3(c_3) + \ldots + u^T(c_T), \tag{1.13}$$

となり，各期の限界効用は，他の期の財から独立となる．これを一時点の

3)　原点がゼロ点でなくなるため，各財の所得弾力性は 1 ではなくなり，各財の生存水準に依存してくる．

4)　詳しくは Christiano(1989)や King and Rebelo(1993)，Ogaki and Zhang(2001)，Otsu(2009)を参照せよ．

問題とみなすと，食料支出や映画から得る効用は衣服の数や旅行に行く回数に依存しないことになる．また，異時点間の問題とみなすと，今日の消費から得られる効用は，昨日や明日の消費水準には依存しないことになる．加法に関して分離可能な効用関数には，この他にも，自己の価格弾力性と所得弾力性の比率は，財によらず一定になるという性質もある．

一時点の問題とみなす場合，比較的似たような財，例えばみかんとオレンジの選択を考えるときに，みかんとオレンジの効用関数が加法に分離可能であると仮定するのは不適切であろう．みかんから得られる限界効用がオレンジの消費量に依存しないというのは考えにくいからである．また，ポップコーンと映画に関しても，両者は補完的である可能性が高いため，不適切であろう．しかし，みかんと映画の選択であれば，交差代替効果は小さいと期待されるので，分離可能という仮定は納得できるものである．異時点間の問題と考える場合は，異時点間としてどの程度の期間を考えるかに依存すると思われる．1期が1か月である場合と，1期が1年，あるいは5年の場合は，消費間の独立性の程度は異なるであろうし，扱っている消費支出がどの程度の期間の和であるのか，にも依存してくる．異時点間における分離不可能性に関しては，消費の習慣形成仮説(Habit Formation)，あるいは耐久消費財(Durable Goods)として，非常に多くの分析がなされた分野でもある．

1.2.4 弱分離可能(Weakly Separable)

効用関数の加法分離可能性は，時に仮定として強すぎることがある．様々な消費財をある程度似たような性質をもつものにより区分けし，各グループ間で分離可能性を仮定することで，分離可能なときとほぼ同様の性質を得ることができる．例えば，各期に複数の消費財が存在するとき，各期の効用関数は一般的に定義し，異なる期間に関して分離可能性を仮定することが考えられる．このとき，効用関数は弱分離可能という．より具体的には，各財グループの効用関数を u^i とすると，弱分離可能な効用関数は下記のようになる．

$$u = g\left(u^1\left(c_1, c_2, ..., c_s\right), u^2\left(c_{s+1}, c_{s+2}, ...\right), ...\right). \qquad (1.14)$$

効用関数に弱分離可能性を仮定することにより，効用最大化問題を二段階の問題と考えることができるようになる．第一段階では，各財グループへの支出額を所与とし，その総支出額の下で，各財グループ内での消費量を決定する．第二段階で，各財グループへの支出額を最適化させることで，全体の最適消費配分を計算することができる．この操作はマクロ経済学では特に頻繁に行われている．下記のような，New Keynesian の立場に立つ研究でよく見かける Dixit-Stiglitz 型と呼ばれる効用関数，

$$u = U\left(C_1, C_2, C_3, ..., C_T\right), \tag{1.15}$$

$$\text{where} \quad C_i = \left[\sum_{j=1}^{N}\left(c_j^{\varepsilon}\right)\right]^{\frac{1}{\varepsilon}}, \tag{1.16}$$

は弱分離可能な効用関数の一つの例である[5)]．弱分離可能な効用関数はマクロの理論モデルでは頻繁に用いられるが，家計消費支出データに基づくミクロ的な動学的実証分析において，一時点内で複数の消費財を想定するものは非常に限られている[6)]．

今，弱分離可能な効用関数として

$$U = V\left(u^1\left(q_1\right), u^2\left(q_2\right), ..., u^T\left(q_T\right)\right), \tag{1.17}$$

を考える．ただし，q_i は i 期における消費ベクトルである．このとき，下記のような二段階問題として効用最大化を考えることができる．

$$\Psi\left(x_t, p_t\right) = \max_{q_t}\left(u^t\left(q_t\right) : \text{s.t. } p_t{\cdot}q_t = x_t\right), \tag{1.18}$$

ただし，p_t は t 期における価格ベクトルであり，x_t は t 期における支出総額である．

ここで，効用関数にさらに以下のような仮定を置く．

$$u^t\left(q_t\right) = \beta^t u\left(q_t, z_t\right). \tag{1.19}$$

ただし，β は割引因子，z_t は t 年においてのみ消費の限界効用に影響を与える要素である．例えば t が年齢であれば，年齢固有効果，t がカレンダー year であれば，景気循環や天候を示すと解釈できる．また，(1.17)

5)　Dixit and Stiglitz (1977) には，この効用関数を用いた多くの例が紹介されているが，実際には彼らが思ったよりも遥かに広く利用されている．

6)　Attanasio and Weber (1995) は一時点で複数財の消費を考慮し，家計の動学行動を分析している．

式が加法に分離可能であるとするなら,

$$U=\sum_{t=0}^{T}\beta^{t}\Psi\left(x_t,p_t,z_t\right), \tag{1.20}$$

と,マクロ経済学でよく見かける姿,すなわち,生涯効用を,各期の消費の支出額に依存する効用関数の加法和として描写できる.

さらに,$u^t\left(q_t\right)$ がホモセティックである場合,下記のように単純化可能である.

$$\Psi\left(x_t,p_t\right)=V_t\left(x_t/\pi_t\left(p_t\right)\right). \tag{1.21}$$

ただし,$\pi_t\left(p_t\right)$ はスカラーであり,価格指数である7).ここで,

$$c_t=x_t/\pi_t\left(p_t\right), \tag{1.22}$$

と定義すると,効用関数は

$$U=\sum_{t=0}^{T}\beta^{t}\Psi\left(c_t,z_t\right), \tag{1.23}$$

と書くことができる.

また,$u^t\left(q_t\right)$ がホモセティックでなくとも,

$$\Psi\left(x_t,p_t\right)=V_t\left(x_t/\pi_t\left(p_t\right)\right)+\gamma\left(p_t\right), \tag{1.24}$$

のように,加法に分離可能な形で価格ベクトルに依存しているなら,消費最大化問題は,(1.23)式と実質的には同じ問題となる.(1.24)式は極めて扱いやすい性質をもっている.通常,我々が入手可能な消費データは,消費支出データであり,消費量ではない.一方,効用関数は消費量に依存して定式化されており,両者の間のギャップ,すなわち価格に関してずれが生じる.このとき,効用関数が弱分離可能であれば,価格を指数化し,価格指数で支出額を割れば数量と同じように扱うことができるのである.

1.2.5 家庭内在庫モデルと習慣形成仮説

時間に関する分離可能性を廃した効用関数に,商品の耐久性を考慮する家庭内在庫モデル,あるいは習慣形成仮説と呼ばれるクラスのものが存在する.家庭内在庫モデルとは,家計消費と支出のタイミングにずれがある

7) この価格指数に関しては大量の研究がある.詳しくは Deaton and Muellbauer(1980)を参照せよ.

とし，家計は消費財のストックから効用を得ると仮定する[8]．一方，習慣形成仮説は，過去の消費水準が現在の消費から得られる効用に影響を与えると仮定する．両者は全く異なった分析対象であるが，数学的にはよく似た構造を持っている．Deaton (1992) に従い，下記のような無限視野の効用最大化問題を考えてみよう．

$$\max \quad U = \sum_{t=0}^{T} v_t\left(c_t, S_t\right), \tag{1.25}$$

$$\text{s.t.} \quad S_{t+1} = (1-\delta)\, S_t + c_{t+1}. \tag{1.26}$$

なお，S_t は家庭内在庫，あるいは過去の消費の蓄積を表し，δ はその減価償却率である．各期の効用関数として，

$$v_t\left(c_t, S_t\right) = \left(\alpha c_t + \beta S_t\right), \tag{1.27}$$

を考える．ただし，パラメターは，

$$\alpha+\beta > 0, \tag{1.28}$$

$$\alpha \geq 0, \quad 0 \leq \delta \leq 1, \tag{1.29}$$

を満たすとする．ここで，α と β の値により，二種類の効用関数を考えることができる．

ケース **1:** $\alpha=0,\ \beta>0$

このとき，耐久消費財モデルと呼ばれるものになり，各期の効用関数は耐久消費財の保有量のみに依存する．耐久消費財の理論モデルは Mankiw (1982) により定式化され，Hayashi (1985a) が日本の四半期で同一家計を 1 年間追跡した家計パネルデータを用い，多くの消費財カテゴリーで耐久性が計測されることを示している．マクロデータを用いたものでは，Heaton (1993) が消費の月次変動を説明するためには，財の耐久性が必要であるという結果を報告している．

ケース **2:** $\alpha>0,\ \beta<0$

このとき，習慣形成仮説モデルと呼ばれるものになる．例えば，$\beta=-\dfrac{\gamma}{(1-\delta)}$，$\alpha=1-\beta$ とし，δ を 1 に漸近的に近づけると下記を得ることができる．

8)　無論，当期の支出から効用を得ることも許容可能である．

$$v_t(c_t, S_t) = c_t - \gamma c_{t-1}. \tag{1.30}$$

したがって，各期の効用水準は前期の消費水準に依存するようになる．習慣形成仮説は，Duesenberry (1949) による相対所得仮説，すなわち，過去の家計の消費支出が現在の消費から得られる効用に影響を与えるという仮説を起源とする．現在は Fuhrer (2000) のように，マクロ経済モデルをシミュレートする際に頻繁に利用されている．

耐久消費財モデルと習慣形成仮説は，効用関数の異時点間の分離可能性を弱めたものであり，Constantinides (1990) のように，マクロデータを用いた分析では習慣形成仮説を支持する研究が多い．一方，ミクロデータを用いた習慣形成仮説の検証では否定的なものが多い．効用関数が時間に関して分離可能であるか否か，特に習慣形成仮説を支持するか否かは，マクロデータとミクロデータを用いた分析が完全に対立する一つの例である．この対立に関しては，消費の過剰反応に関する第5章で再度紹介する．

1.3 動学モデルにおける CRRA 型効用関数の含意

相対的危険回避度一定(CRRA)型の効用関数は

$$u = \frac{c^{1-\sigma}-1}{1-\sigma}, \tag{1.31}$$

において，$\sigma>0$ の範囲で定義される効用関数である[9)]．相対的危険回避度一定と呼ばれる理由は，Arrow-Pratt の相対的リスク回避度の指標が

$$-\frac{cu''}{u'} = \sigma, \tag{1.32}$$

と一定となるためである．相対的危険回避度が一定のとき，資産が増加しても資産に占める危険資産の割合が変化しないという，リスクの分析上極めて扱いやすい性質をもっている．しかしながら，マクロ経済学や消費理論においては，リスク回避の必要のない，不確実性のないモデルにおいてもこのタイプの効用関数が用いられることが極めて多い．この効用関数の

9) $\sigma=1$ のときは $u=\ln(c)$ と定義する．

特徴を理解するために，二期間モデルを用いて，消費・貯蓄選択の問題を考えてみよう．

家計が2期間生存し，不確実性がない場合を考える．各期の効用関数を $u(c_i)$ で表し，時間選好を $\beta>0$，1期末の資産を a_1，資産価格を q とし，初期の資産はゼロ，各期の所得を y_i とすると，家計の効用最大化問題は下記のようになる．

$$\max \quad u(c_1)+\beta u(c_2), \tag{1.33}$$

$$\text{s.t.} \quad c_1+qa_1 = y_1, \tag{1.34}$$

$$c_2 = y_2+a_1, \tag{1.35}$$

$$c_1, c_2 \geq 0. \tag{1.36}$$

消費の非負制約を無視すると，予算制約はまとめることが可能であり[10)]，金利を r とすると，

$$c_1+\frac{c_2}{(1+r)} = y_1+\frac{y_2}{(1+r)}, \quad 1+r = \frac{1}{q}. \tag{1.37}$$

効用最大化の一階条件は

$$u'(c_1) = \beta(1+r)u'(c_2).$$

この一階条件と予算制約より，2期間の消費水準を一意に決定することができる．

ここで，金利 r の役割を考えてみよう．金利が上昇するとき，はたして消費が増加するか否かは自明ではない．金利が消費に与える効果は3種類存在する．

(1) 金利の上昇は，2期目の消費をより安くするため，1期目の消費を下げ，2期目の消費を上昇させる代替効果がある．

(2) 金利の上昇は，2期目の消費をより安くするため，実質所得を高める所得効果がある．

(3) 2期目にも所得があると仮定すると，金利の上昇は生涯所得の割引現在価値を低下させる，人的資本効果がある．

効用関数の形状により，上記の3種類の効果の相対的強度は異なり，

---

10) $\lim_{c\to 0} u'(c)=\infty$ を仮定すると，消費の非負制約がバインドすることはなく，省略可能である．

どの効果が支配的になるかは様々なケースがありうる．

効用関数がCRRAであるとき，すなわち，

$$u=\frac{c^{1-\sigma}-1}{1-\sigma}, \tag{1.38}$$

のとき，異時点間の代替の弾力性は下記で定義される．

$$is\left(c_2,c_1\right)=-\frac{\left[\dfrac{d\dfrac{c_2}{c_1}}{\dfrac{c_2}{c_1}}\right]}{\left[\dfrac{d\dfrac{1}{1+r}}{\dfrac{1}{1+r}}\right]}=-\left[\frac{d\dfrac{c_2}{c_1}}{d\dfrac{1}{1+r}}\right]\left[\frac{\dfrac{1}{1+r}}{\dfrac{c_2}{c_1}}\right]. \tag{1.39}$$

ところで，一階条件より，

$$\frac{\beta u'\left(c_2\right)}{u'\left(c_1\right)}=\frac{1}{1+r}. \tag{1.40}$$

CRRAの場合は，

$$\frac{c_2}{c_1}=\left(\frac{1}{\beta\left(1+r\right)}\right)^{-\frac{1}{\sigma}}. \tag{1.41}$$

これを金利に関して微分すると，

$$\frac{d\dfrac{c_2}{c_1}}{d\dfrac{1}{1+r}}=-\frac{1}{\beta\sigma}\left(\frac{1}{\beta\left(1+r\right)}\right)^{-\frac{1}{\sigma}-1}. \tag{1.42}$$

整理すると，

$$is\left(c_2,c_1\right)=\frac{1}{\beta\sigma}\left(\frac{1}{\beta\left(1+r\right)}\right)^{-\frac{1}{\sigma}-1}\times\left(\frac{1}{\beta\left(1+r\right)}\right)^{\frac{1}{\sigma}}\times\frac{1}{1+r}=\frac{1}{\sigma}. \tag{1.43}$$

したがって，異時点間の代替の弾力性は，Arrow-Prattの相対的リスク回避度の逆数となり，一定値となる．リスク回避的な家計は，同時に異時点間の代替の弾力性が小さい選好をもつということを意味する．

ところで，CRRAの場合は

$$\frac{c_2}{c_1}=\left(\frac{1}{\beta(1+r)}\right)^{-\frac{1}{\sigma}}, \tag{1.44}$$

と

$$c_1+\frac{c_2}{(1+r)}=y_1+\frac{y_2}{(1+r)}, \tag{1.45}$$

より

$$c_2=\left(\frac{1}{\beta(1+r)}\right)^{-\frac{1}{\sigma}}c_1, \tag{1.46}$$

$$c_1\left(1+\left(\frac{1}{\beta}\right)^{-\frac{1}{\sigma}}\left(\frac{1}{1+r}\right)^{1-\frac{1}{\sigma}}\right)=y_1+\frac{y_2}{(1+r)}, \tag{1.47}$$

$$c_1=\left(1+\beta^{\frac{1}{\sigma}}(1+r)^{\frac{1}{\sigma}-1}\right)^{-1}\left(y_1+\frac{y_2}{(1+r)}\right). \tag{1.48}$$

したがって

$$\begin{aligned}
&\frac{\partial c_1}{\partial(1+r)}\\
&=-\frac{y_2}{(1+r)^2}\left(1+\beta^{\frac{1}{\sigma}}(1+r)^{\frac{1}{\sigma}-1}\right)^{-1}\\
&\quad-\left(y_1+\frac{y_2}{(1+r)}\right)\left(1+\beta^{\frac{1}{\sigma}}(1+r)^{\frac{1}{\sigma}-1}\right)^{-2}\left(\beta^{\frac{1}{\sigma}}\left(\frac{1}{\sigma}-1\right)(1+r)^{\frac{1}{\sigma}-2}\right)\\
&=-\frac{y_2}{(1+r)^2}\left(1+\beta^{\frac{1}{\sigma}}(1+r)^{\frac{1}{\sigma}-1}\right)^{-1}\\
&\quad-\left(1+\beta^{\frac{1}{\sigma}}(1+r)^{\frac{1}{\sigma}-1}\right)^{-1}c_1\left(\beta^{\frac{1}{\sigma}}\left(\frac{1}{\sigma}-1\right)(1+r)^{\frac{1}{\sigma}-2}\right)\\
&=-\left(1+\beta^{\frac{1}{\sigma}}(1+r)^{\frac{1}{\sigma}-1}\right)^{-1}\left[\frac{y_2}{(1+r)^2}+c_1\left(\beta^{\frac{1}{\sigma}}\left(\frac{1}{\sigma}-1\right)(1+r)^{\frac{1}{\sigma}-2}\right)\right].
\end{aligned} \tag{1.49}$$

最後の式の右辺にある $\frac{y_2}{(1+r)^2}+c_1\left(\beta^{\frac{1}{\sigma}}\left(\frac{1}{\sigma}-1\right)(1+r)^{\frac{1}{\sigma}-2}\right)$ の第一項が人的資本効果，残りの項が代替効果と所得効果の合算である．

ここで，$\sigma=1$ のとき，すなわち対数効用関数のとき，第一項のみが残る，すなわち，代替効果と所得効果が打ち消しあう．さらに，第二期の所得が存在しないとき，金利は現在の消費に全く影響を与えないのである．

$0<\sigma<1$ のとき，すなわち，異時点間の代替の弾力性が高いとき，第二

項は正となり，代替効果が所得効果を上回る．このとき，第 2 期の消費がより強く選好されるようになり，1 期目の消費は低下する．

$\sigma>1$ のとき，すなわち異時点間の代替の弾力性が低いとき，第二項は負となり，所得効果が代替効果を上回る．このとき，Total の影響は人的資本効果の大きさに依存するようになる．

1.4 動的最適化問題の解法

本節では，これ以降の章で頻繁に出てくる，多期間における動学的最適化問題の解法について紹介する．

1.4.1 確実性下の最大化問題

家計は T 期間存在し，T 期末に死亡すると仮定する．単純化のため，時間選好率および金利は共にゼロと仮定し，その代わりに毎期変動する所得 Y_t を得る，と仮定しよう．さらに，所得は変動するが，その値は事前にわかっている，すなわち，不確実性は存在しないと仮定する．効用関数は異時点間で分離可能であり，各期の効用関数を $u(c_t)$，$u'>0$，$u''<0$ とする．初期における資産額を A_0 とし，家計は自由に借り入れ，貯金が可能であると仮定する．すると，この家計の効用関数と予算制約は下記のように書くことができる．

$$\max \quad U=\sum_{t=1}^{T} u(c_t), \quad u'>0, \quad u''<0, \tag{1.50}$$

$$\text{s.t.} \quad \sum_{t=1}^{T} c_t \leq A_0+\sum_{t=1}^{T} Y_t. \tag{1.51}$$

この動学最適化問題をラグランジュアンを用いて解くと，ラグランジュアンは

$$L=\sum_{t=1}^{T} u(c_t)+\lambda\left(A_0+\sum_{t=1}^{T} Y_t-\sum_{t=1}^{T} c_t\right), \tag{1.52}$$

であり，一階条件は

$$u'(c_t)=\lambda. \tag{1.53}$$

すなわち，全ての期において，消費の限界効用は一定になる．限界効用は単調減少関数であるから，消費水準も一定となり，

$$c_t = \overline{c} \quad \text{for all } t. \tag{1.54}$$

予算制約に代入すると

$$c_t = \frac{1}{T}\left(A_0 + \sum_{t=1}^{T} Y_t\right). \tag{1.55}$$

すなわち，生涯所得と初期資産を各期に均等に配分することになる．上式の右辺は恒常所得と呼ばれるものであり，生涯所得の平均値と，初期時点で保有している資産を生存期間に均等に分割したものの和である．ここで重要な性質は，「家計消費は，所得の当期の実現値には依存しないこと」である．例えば，若年期にほとんど所得がなく，後になってようやく所得が得られる場合，若年期には借金をし，将来の所得で借金を返済することになる．

1.4.2　不確実性下の最大化問題

次に，もう少し一般化させ，正の割引率を導入し，家計は無限に存在し，所得に不確実性が存在し，Y_t が確率変数であると仮定しよう．家計が期待効用を最大化させるとし，β を $0<\beta<1$ を満たす割引因子とすると，家計の効用最大化問題は下記のようになる．

$$\max \quad E[U] = E_0\left[\sum_{t=1}^{T} \beta^t u(c_t)\right]. \tag{1.56}$$

家計は，各期に下記のような予算制約に直面しているとする．ただし，金利は r で一定であるとする．

$$\text{s.t.} \quad A_{t+1} \leq (1+r)A_t + Y_t - c_t. \tag{1.57}$$

なお，資産の値 A_t は正の値をとる場合は貯蓄，負の値をとる場合は負債となる．もしも，最終期の T 期末において，負債を抱えることを許容する，すなわち借金を残したまま死ぬことを許容すると，無限に借金をして大量の消費を行い，負債の返済を行わずに死ぬことが最適となってしまう．そのような行動を除外するため，追加として，No Ponzi Game Condition と呼ばれる下記の条件を課す．

$$A_T \geq 0. \tag{1.58}$$

この家計の効用最大化問題を解く際には，ラグランジュアンを下記のように設定する．

$$L = E_0\left[\sum_{t=1}^{T}\beta^t u\left(c_t\right)+\sum_{t=1}^{T}\beta^t\lambda_t\left(\left(1+r\right)A_t+Y_t-c_t-A_{t+1}\right)\right]. \tag{1.59}$$

λ_t はラグランジュ乗数であり，各期の所得の実現値により変化する確率変数となっている．この最適化問題の一階条件は，消費に関して微分すると，

$$u'\left(c_t\right) = \lambda_t, \tag{1.60}$$

を得，また資産に関して微分すると，

$$E_t\beta\left(1+r\right)\left[\lambda_{t+1}\right] = \lambda_t, \tag{1.61}$$

すなわち，

$$E_t\beta\left(1+r\right)\left[u'\left(c_{t+1}\right)\right] = u'\left(c_t\right), \tag{1.62}$$

となる．(1.62)式は消費に関するオイラー方程式と呼ばれるものであり，家計消費分析において最も重要な方程式の一つである．この意味は，不確実性を無視し，下記のような方程式を考えると明らかである．

$$\frac{u'\left(c_t\right)}{\beta u'\left(c_{t+1}\right)} = \left(1+r\right). \tag{1.63}$$

今期の消費 1 単位を諦めることによる効用の減少分は $u'\left(c_t\right)$ である．この 1 単位の消費を諦めることにより，来期において，1 単位の消費に金利が加わり，$1+r$ 単位の消費が可能になる．すなわち，$1+r$ は今期と来期の消費の価格比となる．効用が最大化されるのは，二財の限界代替率が価格比に等しいときであり，来期の 1 単位の消費が増加するときの限界効用は $\beta u'\left(c_{t+1}\right)$ であるから，上式は，今期と来期の限界代替率が価格比に等しいことを示している．

各時点の効用関数が CRRA であるとき，オイラー方程式は下記のようになる．

$$E_t\left[\beta\left(\frac{c_t}{c_{t+1}}\right)^{\sigma}\right] = \frac{1}{\left(1+r\right)}. \tag{1.64}$$

不確実性を無視して，上の式を対数線形近似して整理すると，

$$\ln c_{t+1}-\ln c_t = \frac{1}{\sigma}\left[\ln(1+r)+\ln\beta\right],$$
$$\simeq \frac{1}{\sigma}(r-\rho), \tag{1.65}$$

ただし，$\beta=1/(1+\rho)$ である．ここで，$T=\infty$ とし，無限視野の問題を考えてみよう．$r=\rho$ のとき，$\ln c_{t+1}=\ln c_t$ となり，消費は常に一定値をとり，定常状態となる．$r>(<)\rho$ のとき，消費水準は時間と共に増加(減少)していく．このときの変化速度は，σ の逆数に比例する．既に見たように，σ は異時点間の代替の弾力性の逆数であり，σ が大きいほど，異時点間の代替の弾力性は小さくなる．異時点間の代替の弾力性が小さいとき，消費は金利にあまり反応せず，ほぼ一定の値を取り続けることになるが，これは，消費平滑化(Consumption Smoothing)と呼ばれ，消費の動学分析のみならず，現代のマクロ動学モデルにおける根幹の動学メカニズムの一つである．σ が大きいほど，消費の平滑化の強度は大きくなる．逆に，σ を小さくすると，わずかの金利の変化に対し大幅に消費水準が変化することになる．σ をゼロに近づけると異時点間の代替の弾力性は無限大となり，消費平滑化が消滅する．このときの各期の効用関数は線形となり，限界効用が逓減しない関数形となっている．

1.4.3　動的計画法(Dynamic Programming)

1.4.3.1　導　　入

家計消費分析で登場する下記の動学最適化問題，

$$\max \quad E_0\left[\sum_{t=1}^{T}\beta^t u(c_t)\right], \tag{1.66}$$

$$\text{s.t.} \quad A_{t+1} \leq (1+r)A_t+Y_t-c_t \quad \text{for all } t, \tag{1.67}$$

の解法は，ラグランジュアンを使わずに，動的計画法(Dynamic Programming: DP)を用いて解くことも可能である．今，所得 Y_t が下記のような一階の自己回帰モデル(AR(1))に従っていると仮定しよう[11)]．

11)　AR(1)に従うという仮定は下記のアルゴリズムの説明を簡単にするために設けたものであり，より一般的な確率過程を仮定することも可能である．特に，有限視野の場合は，定常性を仮定する必要もなくなる．

$$Y_{t+1}=\rho Y_t+\varepsilon_{t+1},\quad 0<\rho<1. \tag{1.68}$$

ただし，ε_{t+1} は系列相関のない確率変数であり，t 期における期待値はゼロであり，正規分布に従うと仮定する．すると，この家計は，t 期首に，前期までの蓄積の結果である資産 $(1+r)\,A_t$ と今期の所得 Y_t の実現値を観察してから今期の消費額 c_t を決めることになる．今，この家計の最終期における意思決定を考えてみよう．最終期である T 期では，この家計は来期の T+1 期には存在しないので，来期のために資産を残す必要がない．したがって，この家計の最適な消費量は，その時点で保有する全資産と所得を消費に振り分けることになる．すなわち，

$$c_T=(1+r)\,A_T+Y_T. \tag{1.69}$$

次に，その 1 期前，T−1 期における家計が直面する問題を考えよう．T−1 期において，家計は $(1+r)\,A_{T-1}$ の資産と Y_{T-1} の所得を得ている．そこで，c_{T-1} の消費を行うと，来期には，

$$A_T=((1+r)\,A_{T-1}+Y_{T-1}-c_{T-1})\,(1+r), \tag{1.70}$$

の資産が残る．家計は来期と今期の効用の現在割引価値の和の期待値を最大化するから，

$$\max_{c_{T-1}}\ [u\,(c_{T-1})+E_{T-1}\beta u\,(((1+r)\,A_{T-1}+Y_{T-1}-c_{T-1})\,(1+r)+Y_T)], \tag{1.71}$$

を最大化することになる．上の最大化問題は，金利が外生で一定であることを考慮すると，A_{T-1} と Y_{T-1} を所与として，最適な消費水準 c_{T-1} を選んでいることになり，最適な消費水準，および最大化された期待効用の割引現在価値の和もまた A_{T-1} と Y_{T-1} に依存する関数となる[12)]．

上記の最大化問題の解

$$c_{T-1}=c^*_{T-1}\,(A_{T-1},Y_{T-1}), \tag{1.72}$$

は，政策関数(Policy Function)，政策関数の要素になっている変数を状態変数(State Variable)と呼ぶ．また，最大化された目的関数

12）数値的に(1.71)式の最大化問題を解く際には，期待値オペレーターがあるため，積分する必要が生じる．

$$\begin{aligned} &V_{T-1}\left(A_{T-1}, Y_{T-1}\right) \\ &\quad = u\left(c_{T-1}^{*}\left(A_{T-1}, Y_{T-1}\right)\right) \\ &\qquad + E_{T-1}\beta u\left(\left(\left(1+r\right)A_{T-1}+Y_{T-1}-c_{T-1}^{*}\left(A_{T-1}, Y_{T-1}\right)\right)\left(1+r\right)+Y_{T}\right), \end{aligned} \tag{1.73}$$

は価値関数(Value Function)と呼ばれる．(1.71)式を価値関数を用いて書き直すと

$$V_{T-1}\left(A_{T-1}, Y_{T-1}\right) = \max_{c_{T-1}}\left[u\left(c_{T-1}\right)+E_{T-1}\beta V_{T}\left(A_{T}, Y_{T}\right)\right], \tag{1.74}$$

$$\text{s.t.}\quad Y_{T} = \rho Y_{T-1}+\varepsilon_{T}, \tag{1.75}$$

$$A_{T} \leq \left(1+r\right)A_{T-1}+Y_{T-1}-c_{T-1}, \tag{1.76}$$

となる．ちなみに，最終期の価値関数は

$$V_{T}\left(A_{T}, Y_{T}\right) = u\left(\left(1+r\right)A_{T}+Y_{T}\right), \tag{1.77}$$

であり，利用可能な資源を全てそのまま消費したときに得られる効用水準に等しい．(1.74)式はベルマン方程式(Bellman Equation)と呼ばれるものであり，各期の最大化問題は，来期の価値関数と今期の効用の和を最大化させるという，2 期間の最大化問題として定式化されている．今は，T−1 期の問題を考えたが，T−1 期における価値関数が入手できたら，T−2 期の問題も同様に定義可能であり，一般に

$$V_{t}\left(A_{t}, Y_{t}\right) = \max_{c_{t}}\left[u\left(c_{t}\right)+E_{t}\beta V_{t+1}\left(A_{t+1}, Y_{t+1}\right)\right], \tag{1.78}$$

$$\text{s.t.}\quad Y_{t+1} = \rho Y_{t}+\varepsilon_{t+1}, \tag{1.79}$$

$$A_{t+1} \leq \left(1+r\right)A_{t}+Y_{t}-c_{t}, \tag{1.80}$$

と書くことができる．このように，最終期における最適解を基に，時間を遡って最適消費経路を求める解法は「後ろ向きの帰納法」(Backward Induction)と呼ばれ，全期間の最適消費経路を一括して導出するラグランジュアンによる解法と対照的なものである．

ラグランジュアンによる解と動的計画法による解は必ずしも一致するとは限らない．また，ベルマン方程式を満たす価値関数が複数存在する可能性もある．両者が一致するための条件は Stokey and Lucas(1988)に詳しく議論されているが，家計消費分析において，両者の乖離が表面化

するケースは少ない[13]．実際にラグランジュアンで解く場合とベルマン方程式を用いる際の最大の違いは，前者は各期の消費の経路を求めるのに対し，後者は各期における政策(消費)関数を求めることにある．コンピューターを用いて，数値的に解を求める場合，動的計画法は (1) 後ろ向きの帰納法(Backward Induction)か，(2) 価値関数反復法(Value Function Iteration)のどちらかの手法で解くことになる．

1.4.3.2　後ろ向きの帰納法(Backward Induction)

後ろ向きの帰納法(Backward Induction)は，動学最適化問題の最終期における行動が確定しているときに主として利用される手法である．家計消費分析では，家計の最後の時点，すなわち経済から撤退する時点が確定しているときによく用いられる．この撤退時点は，家計がこれ以上経済に残ることはありえない時点のことであり，例えば人間の寿命が最大で120歳であるならば，120歳が最終時点となる．120歳よりも前の時点で死亡，あるいは経済からの撤退(消費・貯蓄に関する意思決定をしなくなる)は容易にモデルに組み込むことが可能である．

既に，Backward Inductionはベルマン方程式を導出するときに用いているので，ここではより具体的に，Backward Inductionを用いた解法を紹介する．

家計の最終期をT期とし，T+1期に資産を残さないということから，(1.71)式が導出された．T−1期におけるベルマン方程式は

$$V_{T-1}\left(A_{T-1},Y_{T-1}\right) = \operatorname*{Max}_{c_{T-1}}\left[u\left(c_{T-1}\right)+E_{T-1}\beta u\left(\left(\left(1+r\right)A_{T-1}+Y_{T-1}-c_{T-1}\right)\left(1+r\right)+Y_T\right)\right], \tag{1.81}$$

であった．上記の解である c_{T-1} は，A_{T-1} と Y_{T-1} を要素とする関数，

13)　動的計画法とラグランジュアンによる解が乖離するケースの一つに，時間的整合性(Time Consistency)がある．ラグランジュアンの解が時間的整合性を満たさないとき，その解は動的計画法の解とはならない．時間的整合性は，様々なケースで発生するが，双曲割引(Hyperbolic Discount)によるものに関してはHarris and Laibson(2001)を参照せよ．

$c_{T-1}=c^*_{T-1}(A_{T-1}, Y_{T-1})$ となる．最適な消費水準 c_{T-1} に関する非線形最大化問題を数値的に解く，ということは，A_{T-1} と Y_{T-1} の可能なコンビネーションに対応する最適な c_{T-1} の対応を全て求めることを意味する．ここでは，一番単純なグリッド分割による離散近似法を紹介する[14]．

まず，所得過程を特定化する必要がある．以下の例では，単純な所得過程を考える．

(1)　引 退 前

引退前に t 歳の個人が受け取る所得は定額部分 1 と一定の率(7%)で成長する通常所得 Y_t，および変動所得 ω_t から構成されていると仮定する．変動所得は，幸運なときと不運なときの二段階の値をとり，幸運なときは通常所得の 3 割増，不運なときは通常所得の 3 割減の所得を受け取ると仮定する．すなわち，

$$Y_t = 1+1.07^{(t-1)}, \tag{1.82}$$

$$Income = Y_t \times \omega_t, \tag{1.83}$$

$$\omega_t = 0.7\ (\text{低い所得のとき}), \tag{1.84}$$

$$\omega_t = 1.3\ (\text{高い所得のとき}), \tag{1.85}$$

とする．

変動所得 ω_t の状態は，前期の状態に依存しており，前期の幸運なとき，今期も幸運である確率が 0.9，同様に前期不運なときに今期も不運である確率も 0.9 であるとする．今期の状態の確率が前期の状態のみに依存するものはマルコフ過程と呼ばれる．このモデルのように，二つの値しかとならない場合，前期と今期の状態は下記の推移確率行列で表すことができる．

$$\begin{array}{c} \\ \text{Low at t} \\ \text{High at t} \end{array} \begin{array}{c} \begin{array}{cc} \text{Low at t+1} & \text{High at t+1} \end{array} \\ \begin{pmatrix} 0.9 & \quad 0.1 \\ 0.1 & \quad 0.9 \end{pmatrix} \end{array} . \tag{1.86}$$

14)　動学的最適化問題の解法に限らず，経済学における数値解析一般に関しては，Judd (1998)は既に古典としての地位を確立している．Miranda and Fackler(2002)は動的計画法に詳しく，また MATLAB のコードを多く掲載しており，より実践的であるが，コードがブラックボックスのままでも計算できてしまうため，数値計算を習得するためには，多少面倒でも Judd(1998)を読むことをお勧めする．

第 (1,1) 成分は，t 期に低い所得で，t+1 期においても同様に低い所得である確率が 0.9 であることを表す．このような推移確率行列で状態の推移を記述できる確率過程はマルコフ・チェーンと呼ばれる[15]．

(2) 引 退 後

引退後の所得は変動も成長もせず，一定の所得を受け取る，すなわち，所得は毎期同額で，

$$Income = 0.7 \times Y_{retirement}, \tag{1.87}$$

となる．この家計は 80 年生存し，そのうち最初の 20 年は特に消費活動をせず，21 歳から労働と消費を行い，60 歳で引退し，残りの 20 年を引退期として過ごすと仮定する．

効用関数は CRRA であり，リスク回避度は $\sigma=3$，時間選好 $\beta=0.97$，金利は $R=1/\beta$，初期資産はゼロとする[16]．

この動学問題では，状態変数は資産 A と所得ショック ω の 2 種類であるが，所得ショック ω の実現値は 2 種類しかないので，引退前には，High と Low の 2 種類の状態に関し，それぞれに価値関数を考え，

$$V_t\left(A_t, High\right) = \max\left[\frac{c_t^{1-\sigma}}{1-\sigma} + \beta\left(0.9V_{t+1}\left(A_{t+1}, High\right) + 0.1V_{t+1}\left(A_{t+1}, Low\right)\right)\right], \tag{1.88}$$

$$V_t\left(A_t, Low\right) = \max\left[\frac{c_t^{1-\sigma}}{1-\sigma} + \beta\left(0.1V_{t+1}\left(A_{t+1}, High\right) + 0.9V_{t+1}\left(A_{t+1}, Low\right)\right)\right], \tag{1.89}$$

とベルマン方程式を二つに分割する．

状態変数を離散近似する場合は，資産の上限と下限を事前に設定する必要がある．借り入れを認めない場合の資産額の下限はゼロとできるが，上

15) マルコフ・チェーンは確率過程論の基本であり，多くの確率論の教科書に解説がある．古くなったが，渡部(1979)はわかりやすく，また包括的にマルコフ・チェーンの説明を行っている．

16) 負債保有を認めることももちろん可能である．また，Appendix に掲載しているプログラムでは，初期資産が家計により異なり，正規分布に従っている状態を考えている．

限をどの値に設定するのが適切であるかは，パラメターや関数形に依存する．したがって，何度か上限を変えてプログラムを走らせ，結果を見ながら上限を設定する必要がある．大きな上限値を設定し，細かくグリッドをとると数値計算に必要な時間とメモリー量が飛躍的に増加するので，動かすコンピューターの性能を考えながらグリッドをとる必要がある．

以下の例では，資産の下限をゼロ，上限を 100 とし，0.1 単位で分割している．したがって，資産は

$$A_T = [0, 0.1, 0.2, ..., 99.9, 100], \tag{1.90}$$

と 1001 個のグリッドに分割されている[17)]．

まず，最終期における価値関数，

$$V_T\,(A_T)\,, \tag{1.91}$$

を計算する．最終期には，家計は T 期首で利用可能な資産総額を全て消費に回すので，最終期の価値関数の値は，(RA_T+Y_T) と同額の消費から得られる効用と等しくなる．したがって，資産グリッド i に関して，価値関数の値を求めると，下記のようになる．

$$V_T\,(A_T(i)) = \frac{(RA_T\,(i)+Y_T)^{1-\sigma}}{1-\sigma}. \tag{1.92}$$

次に，得られた最終期の価値関数を用い，ベルマン方程式の最大値を，A_{T-1} の各グリッドに関して求める．得られた V_{T-1} を用いて，再度ベルマン方程式の最大値を求めれば，V_{T-2} を求めることが可能である．繰り返しこの作業を行うことで，全期間の価値関数を求めることが可能である．

図 1.1 は，人生最終期 $(t=80)$ とその 1 期前 $(t=79)$ および 2 期前 $(t=78)$ の価値関数の形状を描いたものである．価値関数は資産水準に関して増加関数，かつ凹関数になっており，若いほど，低い水準になり，かつ凹性は緩やかになっていく．

図 1.2 は同様に Policy Function を描いたものである．最終期 $(t=80)$ で

---

17)　資産の最小値をゼロとすることで，流動性制約を導入していることになる．資産として負の値を許容することももちろん可能であり，その場合，借り入れを行うことが可能になる．

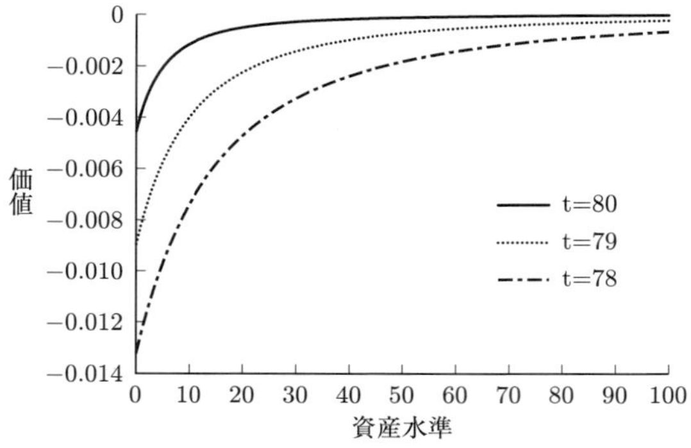

図 **1. 1**　価値関数

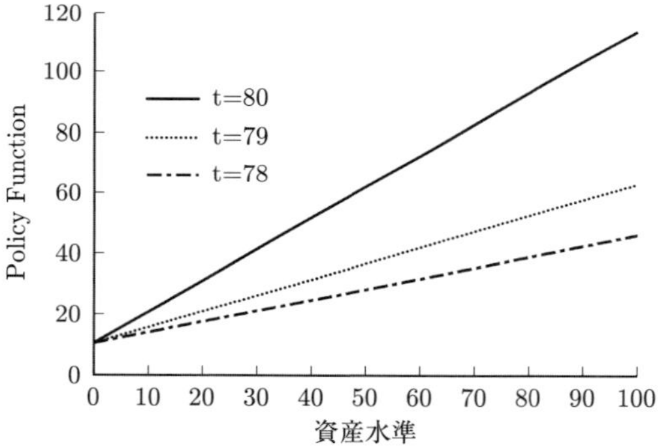

図 **1. 2**　Policy Functions

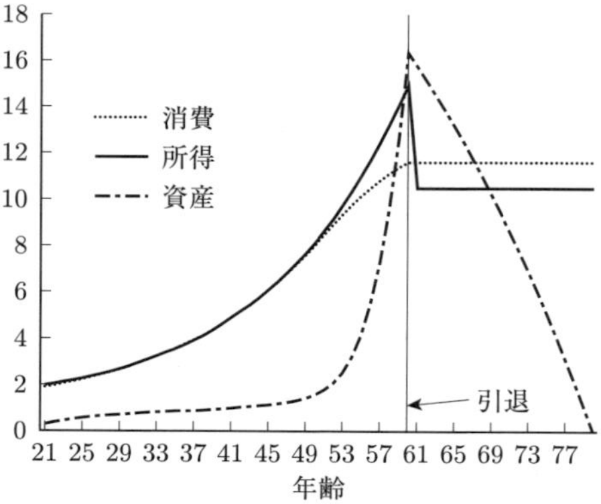

図 **1. 3**　年齢プロファイル

は，保有資産(正確には資産に金利を乗じ，さらに所得を加えたもの)全てを消費するが，その 1 期前では，水準はほぼ半分となっている．これは，残り 2 期間に消費を分割させている(平滑化させている)ことを示している．

図 1.3 は，所得プロセスをコンピューター上でシミュレートし，仮想的なライフサイクル行動を描いたものである．このモデルでは，時間選好率と金利が同じ水準にあるため，もしも不確実性がなく，自由に借り入れが可能であれば，最適消費経路は一定値をとるはずであるが，(1) 所得に不確実性があり，かつ (2) 負債保有ができない，という二つの理由から，消費は一定ではなくなっている．50 歳までは所得と消費はほぼ一致し，資産蓄積もあまり進まないが，50 歳を過ぎた時点で一気に資産蓄積が進み，引退と同時に資産の取り崩しが始まる．不確実性がなくなり，資産蓄積が進んだ引退期以降の消費は一定となる．

Appendix にある MATLAB コードと上記の説明を対応させて，ぜひとも一度はコードを実行し，様々な設定の下で，各年齢の価値関数や Policy Function の形状を自分で描いて欲しい．

1.4.3.3　価値関数反復法(**Value Function Iteration**)

今までの例では，家計のライフサイクルを描写するため，人生の最終期を設定した．この結果，年齢により価値関数の形状が変化し，最適消費計画も年齢により異なるものになった．一方，マクロモデルの場合は，明示的な最終期を設定せず，無限視野を想定することが一般的である．このとき，最終期の存在を前提とした Backward Induction が使えなくなる．その代わり，無限視野の問題では，経済の状況(分布)が時間に依存しない，定常状態が発生する．定常状態において，価値関数の形状は時間により変化しなくなる．このとき，Value Function Iteration と呼ばれるアルゴリズムにより，価値関数の形状を数値的に求めることが可能になる．

単純な無限視野の最適化問題を考える．各期の効用関数を u，資源制約を g，状態変数を x，コントロール変数を c で表し，動的最適化問題を以下のように定義する．

$$\max_{\{c_t\}_{t=0}^{\infty}} \sum_{t=0}^{\infty} \beta^t u\left(x_t, c_t\right), \tag{1.93}$$

$$x_{t+1} = g\left(x_t, c_t\right), \tag{1.94}$$

$$x_0 : \text{given}. \tag{1.95}$$

上記の問題を解いて得た最適化された生涯効用を V^* で表すと，

$$V^* = \max_{\{c_t\}_{t=0}^{\infty}} \sum_{t=0}^{\infty} \beta^t u\left(x_t, u_t\right) \quad \text{s.t. } x_{t+1} = g\left(x_t, c_t\right) \text{ and } x_0, \tag{1.96}$$

そこで，ベルマン方程式は以下のように定義される．

$$V\left(x\right) = \max_{c}\left(u\left(x, c\right) + \beta V\left(x'\right)\right) \quad \text{s.t. } x' = g\left(x, c\right). \tag{1.97}$$

ある一定の条件下で，Value Function Iteration と呼ばれる下記の操作により，ベルマン方程式を満たす価値関数 $V\left(x_t\right)$ を得ることが可能であることが知られている．

$$V_{j+1} = \max_{c}\left(u\left(x, c\right) + \beta V_j\left(x'\right)\right) \quad \text{s.t. } x' = g\left(x, c\right),\ j = 1, 2, \ldots. \tag{1.98}$$

まず，適当に初期の価値関数の候補 V_0 を作成する．通常は全ての状態変数のグリッドに関して常にゼロの値となる単純な関数を仮定することが多い．その価値関数の候補を用いて，ベルマン方程式を最大化する第二の価値関数の候補 V_1 を作成する．この作業を繰り返していくと，価値関数は一定の関数形に収束していくのである．この便利な性質は，ベルマン方程式が縮小写像になっていることに起因している．数学的な背景に関しては Stokey and Lucas (1988)，実践的なアルゴリズムに関しては Ljungqvist and Sargent (2004) および Miranda and Fackler (2002) において詳しく説明されている．

1.5 家計の定義について

本章で紹介した消費理論では，家計を単一の効用関数を最大化する主体として定式化してきた．しかしながら，実際の家計は，単身世帯を除き，複数の人間で構成されており，家計支出の意思決定がどのように行われているかは自明ではない．また，家計支出のデータは，通常は世帯単位で集められるが，厳密に，「世帯」を定義するのは簡単なことではない．支出を共同で行っている者の集合を一つの消費単位とし，それを家計，あるいは世帯とみなすのが通常であるが，どのような定義を採用するにしろ，世帯や家計の範囲に曖昧さが残るのは避けられない．

この本で紹介するほぼ全ての消費分析は，家計の意思決定を単一主体の効用最大化として定式化している．しかしながら，そのような定式化に対して批判的な立場も存在する．もしも，家計の意思決定が単一の，「家計厚生関数」を最大化させるように行われているならば，家計所得が実際に誰によってもたらされたかは，その意思決定に影響を与えないはずである．例えば，家計構成員のうち，2 人が 500 万円ずつ稼いでくる場合と，1 人が 1000 万円稼いでくる場合では，家計厚生関数の形状が同一である限り，二つのケースの支出パターンは同一にならねばならない．しかしながら，Hayashi (1995) は，家計の総所得のうち，高齢者による貢献分が多いときには，高齢者が好むような支出パターンが観察されることを『全国消費実態調査』を用いて明らかにしている．また，発展途上国では，女性が働いている家計とそうでない家計では，支出パターンが違うことが報告されており，Schultz (2001) は，ナッシュバーゲニング等の協力ゲームで家計の意思決定を描写するのが適切であると指摘している．

Hayashi (1995) や Schultz (2001) による指摘にもかかわらず，多くの実証分析では，家計全体の支出および所得のデータを消費モデルの検証に用いており，また，家計の年齢としては，家計の主な稼ぎ手の年齢で代理させている．この理由は，協力ゲームで家計消費行動を動学的に描写することが困難であることと，家計構成員として参加するか否かの意思決定や労働供給の意思決定まで拡大していくことが困難であるためである．ただし，家計構成と支出の関係は極めて重要であり，特に消費のライフサイクルにおける変化を分析する際には，家計構成の変化を無視してしまうと推計に大きな誤差が生じる危険性がある．家計構成と消費支出の関係に関しては，第 9 章で再び議論する．

1.6 Appendix

Backward Induction のアルゴリズムを実行する MATLAB のコードである．8 GB のメモリーを積んだノート PC で，32 秒程度で計算可能である[18]．

```
%% Simple Life Cycle Consumption Model with Uncertainty
%
% 有限視野モデルを Backward Induction で解く
% 各期の効用関数は CRRA
% W(t+1)=R*W(t) + Y(t) -C(t)
% 所得ショックには持続性が存在
% 2010 年 10 月
% 阿部修人
clear all
tic
%% Set Parameter Values
gamma=3; % リスク回避度
beta=0.97; % 割引因子
R=1/beta; % 金利 (1/beta である必要はない)
maxage=60; % 死亡年齢
retire_age=40;% 引退年齢 (死亡年齢よりも小さい必要あり)
%% 資産グリッドの作成
max_w=100;% 資産の最大値
min_w=0;% 資産の最小値 (負でも可)
inc_w=0.1;% グリッド幅
n= round((max_w-min_w)/inc_w+1); % # グリッド数
% 資産グリッド
for i=1:n
  w(i,1)=min_w+inc_w*(i-1);
end
%
%% 所得過程 %%%%%%%%%%%%%%%%%%%%%%
shockvalue=zeros(1,2); % 所得ショック
shockvalue(1)=0.7; % 低所得実現値
shockvalue(2)=1.3; % 高所得実現値
%
% 推移確率
trprob=[ 0.9 0.1; 0.1 0.9 ];
% 所得過程の非確率部分
Earning=ones(maxage,1); % 所得のフロー
g_young=1.07; % 勤労期における所得成長率
for k=1:maxage
    if k<=retire_age
```

18） 最後の Life Cycle Simulation の際に Statistics Toolbox を用いている．

```
        Earning(k)=1+1*g_young^(k-1);
    elseif k>retire_age
        Earning(k)=0.7*Earning(retire_age);
    end
end
%
%% 初期化 %%%%%%%%%%%%%%%%%
VL_age=zeros(n,maxage);% 年齢プロファイル
VH_age=zeros(n,maxage);
Util=-10000000000000000000*ones(n,n);% 負の消費選択を避ける
Cons=zeros(n,n);
policy_l_age=zeros(n,maxage);% 年齢・Policy プロファイル
policy_h_age=zeros(n,maxage);
policy_l=zeros(n,1);
policy_h=zeros(n,1);
%% 終点作成 %%%%%%%%%%%%%%%%%
%
for i=1:n
   for j=1:n
        Cons(i,j)=R*w(i)+Earning(maxage);
        if Cons(i,j)>0.0
         Util(i,j)=(Cons(i,j)^(1-gamma))/(1-gamma);
        end
   end
end
%
% 終点における価値関数の作成
for i=1:n
    VL1(1,i)=Util(i,1);
    VH1(1,i)=Util(i,1);
    policy_l_age(i,maxage)=R*w(i)+Earning(maxage);
    policy_h_age(i,maxage)=R*w(i)+Earning(maxage);
end
%
VL_age(:,maxage)=VL1';
VH_age(:,maxage)=VH1';
%
%% Main Loop: Backward Induction %%%%%%
for k=2:maxage
  % k=1 における Policy は既に計算済み
    Cl=zeros(n,n);
    Ch=zeros(n,n);
    Ul = -10000000000000000000*ones(n,n);
    Uh = -10000000000000000000*ones(n,n);
      for i=1:n
        for j=1:n
           invretire=maxage-retire_age;
           invage=maxage-k+1; % 並べ替え用
            if k<=invretire % 引退後
            % 引退後は所得は一定であることに注意
              Cons(i,j)=R*w(i)+Earning(invage)-w(j);
```

```
             if Cons(i,j)>0.0
                Ul(i,j)=(Cons(i,j)^(1-gamma))/(1-gamma);
                Uh(i,j)=Ul(i,j);%
             end
          end
           if k>invretire % 勤労期
             Cl(i,j)=R*w(i)+Earning(invage)*shockvalue(1)-w(j);
             Ch(i,j)=R*w(i)+Earning(invage)*shockvalue(2)-w(j);
             if Cl(i,j)>0
               Ul(i,j)=(Cl(i,j)^(1-gamma))/(1-gamma); %
             end
             if Ch(i,j)>0
               Uh(i,j)=(Ch(i,j)^(1-gamma))/(1-gamma); %
             end
           end
      end
    end
     % ベルマン方程式の最大値を計算
    for s=1:n
      [VL0(s,1) pl(s)]=max(Ul(s,:)+beta*(trprob(1,1)*VL1+trprob(1,2)*VH1));
      [VH0(s,1) ph(s)]=max(Uh(s,:)+beta*(trprob(2,1)*VL1+trprob(2,2)*VH1));
    end
    VL1=VL0';
    VH1=VH0';
    VL_age(:,invage)=VL0;
    VH_age(:,invage)=VH0;
    % Policy functions の導出
    if invage<=retire_age % 勤労期
       policy_l(:)=R*w(:)+Earning(invage)*shockvalue(1)- w(pl(:));
       policy_h(:)=R*w(:)+Earning(invage)*shockvalue(2)- w(ph(:));
    elseif invage>retire_age % 引退期
       policy_h(:)=R*w(:)+Earning(invage)- w(ph(:));
       policy_l(:)=R*w(:)+Earning(invage)- w(pl(:));
    end
    policy_l_age(:,invage)= policy_l;
    policy_h_age(:,invage)= policy_h;
end
%%%%%%%%%%%%%%%%%%%%%%%%%%%%%%%%%%%%%
%% Life Cycle Simulation
%
simnum=5000;% 家計数
sigma=0.5;% 初期資産分布の標準偏差
mhu =0.1;% 初期資産分布の平均値
cons_sim=zeros(simnum, maxage);% シミュレートされた消費
next_wealth=zeros(simnum, maxage);% 同資産
incomedist=zeros(simnum, maxage);% 同所得
wealth=zeros(1,simnum);
wealth2_1=zeros(1,simnum);
%
% 初期資産分布の作成
 for i=1:simnum
```

```
    wealth(i)=round((((randn(1)+mhu)*sigma)-min_w)/inc_w+1);
    % Note that the grid number: n=1+(wealth-min_w)/inc_w
    if wealth(i)<1
       wealth(i)=1;
    elseif wealth>n
       wealth(i)=n;
    end
 end
 %
 wealth2=sort(wealth);
 %
% 初期所得分布をマルコフ・チェーンの定常分布と仮定
%
lengthpro=length(trprob);
P=(1/lengthpro)*ones(1,lengthpro);
for i=1:100
P=P*trprob;
end
 incomestate=mnrnd(1,P,simnum);% 所得分布の初期状態
%
% 各最適経路の導出
for i=1:simnum
      for k=1:maxage
        asset=wealth2(i);
        if k<=retire_age
          income_now=incomestate(i,:);
          nextshock=mnrnd(1, trprob,2);% 所得状態の推移
            if income_now(1,1)==1;
              cons_sim(i,k)=policy_l_age(asset,k);
              next_wealth(i,k)=R*w(asset)+Earning(k)*shockvalue(1)-cons_sim(i,k);
              incomedist(i,k)=Earning(k)*shockvalue(1);
              incomestate(i,:)=nextshock(1,:);
            elseif income_now(1,2)==1
              cons_sim(i,k)=policy_h_age(asset,k);
              next_wealth(i,k)=R*w(asset)+Earning(k)*shockvalue(2)-cons_sim(i,k);
              incomedist(i,k)=Earning(k)*shockvalue(2);
              incomestate(i,:)=nextshock(2,:);
            end
        elseif k>retire_age
              cons_sim(i,k)=policy_h_age(asset,k);
              next_wealth(i,k)=R*w(asset)+Earning(k)-cons_sim(i,k);
              incomedist(i,k)=Earning(k);
        end
        wealth2_1(i)=round(((next_wealth(i,k))-min_w)/inc_w)+1;
        if wealth2_1(i)<1
            wealth2_1(i)=1;
        elseif wealth2_1(i)>n
            wealth2_1(i)=n;
        end
        wealth2(i)=wealth2_1(i);
      end
```

```
end
% 年齢プロファイル
teststat=zeros(maxage,6);
for k=1:maxage
    teststat(k,1)=var(log(cons_sim(:,k)));
    teststat(k,2)=mean(cons_sim(:,k));
    teststat(k,3)=var(log(incomedist(:,k)));
    teststat(k,4)=mean(incomedist(:,k));
    teststat(k,5)=var(next_wealth(:,k));
    teststat(k,6)=mean(next_wealth(:,k));
end
%
%% Plot
%
axe=zeros(maxage,1);
for i=1:maxage
    axe(i)=i+20;
end
%
figure
plot( axe,teststat(:,2),'k', 'LineWidth',2 );
hold on
plot( axe,teststat(:,4),'-kx' );
plot(axe,teststat(:,6),'-ko','MarkerSize',3 );
title('Consumption, Earning, and Wealth Profiles');xlabel('age');
legend('消費','所得','資産',2);
hold off
%
toc
```

第2章　計量分析の基礎

2.1　導　　入

計量経済学の教科書には優れたものが多く，大学院初級レベルのGreene(2007)，より専門的な内容ではAmemiya(1985)およびDavidson and MacKinnon(1993)，時系列分析に関してはHamilton(1994)，パネル分析ではWooldridge(2002)，ミクロ計量ではCameron and Trivedi (2005)，シミュレーションを用いる手法に関してはTrain(2003)等，様々な計量手法に関する専門書が存在する．計量経済理論の厳密な議論および定理の証明，特に漸近分布の導出に関してはそれらの専門書に任せ，本章では，特に消費・貯蓄に関する実証分析で主に用いられる手法およびいくつかの論点を紹介するに留める．具体的には，操作変数法とWeak Instruments，非線形最小二乗法(Nonlinear Least Squares: NLS)と一般化積率法(Generalized Methods of Moments: GMM)，およびMethods of Simulated Moments(MSM)に関して議論する．

2.2　回帰分析上の諸問題

2.2.1　回帰分析における直交性

家計消費分析で最も頻繁に現れる推定式は，家計消費C，もしくはその変化率$\Delta \ln C$と，所得Yあるいはその変化率$\Delta \ln Y$との間にある，以下のような関係式である．

$$\Delta \ln C = \alpha + \beta \Delta \ln Y + e. \tag{2.1}$$

ここで，αとβは一定の値をとる未知のパラメターであり，eは平均値ゼロの誤差項である．多くの場合，分析者は消費と所得のデータをもっているが，αとβの値やeの分布に関する情報はほとんどもっていない．上の式において，通常関心があるのは，βがはたして，どの程度の大きさであり，ゼロからどの程度離れているか，である．上の式の右辺にある定数項と所得データにより，消費データをどの程度説明できるかを表す決定係数も本来は重要な情報であるが，ミクロの消費・所得データを扱う分析ではほとんど重視されない．次章で紹介する家計レベルを用いたMace (1991)の回帰分析では，決定係数は0.1を遥かに下回っており，消費変動の数パーセントを説明できているに過ぎない．ミクロデータにおける決定係数が小さい理由としては，(1) ミクロデータに計測誤差が含まれている，および (2) 推定式には含まれない説明変数が存在する，等の理由が考えられる．計測誤差は消費分析においては特に重要であり，第10章で改めて詳細に議論する．本章では特に(2)のケースを考える．

(2.1)式は家計消費支出の決定要因として所得のみを想定しているが，実際には家計構成員数や子供・高齢者の数，病気や怪我の有無等も家計支出に影響を与えるであろう．また，所得や家計構成が全く同じで良好な健康状態にある二つの家計でも，両者の将来に関する予測や評価が異なり，ある家計は将来に備えてより多くの貯蓄を保有したいと望み，別の家計がそうでないとすると，二つの家計の消費額は異なったものとなる．これら以外にも，各家計が存在する地域の気候差，交友関係等，(2.1)式に含まれない無数の要因を考えることが可能である．これらのうち，家計構成人数等，一部の情報は観察可能であるが，各家計の嗜好は観察不可能であるし，交友関係等も観察は極めて困難である．このように，本来含まれるべき要因が，推定式に含まれない場合は，推定式全体の説明力は低下し，決定係数も低下する．しかしながら，研究者の関心がβの値に限定されているならば，決定係数の大きさそのものは問題にならない．より深刻な問題は，含まれなかった変数が，所得であるYと相関をもつときに生じる．

βの大きさを推定する最も標準的な手法は線形回帰分析(Linear Ordinary Least Squares: Linear OLS)である．回帰により得られたβの推定量，$\widehat{\beta}_{ols}$が不偏性および一致性をもつためには，説明変数であるYと誤差項eの間に相関があってはならない．ところが，もしも，本来含まれなければならない変数Xが存在し，それがYと相関をもつ場合，Xが(2.1)式の推定で無視されると，X は誤差項 e の一部となっており，e と Y の間に，X を経由する相関が生じてしまう．例えば，家計の構成人数の情報がない，と仮定しよう．家計人数が多いほど，(1) 配偶者手当や扶養者手当により家計世帯主の所得が増える，(2) 多くの世帯員を養育するために世帯主がより多く働く，(3) 家計構成員の中で，所得を得るものが複数人存在する，(4) 所得が高いほど，より多くの子供を養育可能になる，等の理由で，家計人数と所得の間には正の相関があることが予想される[1)]．そして，家計構成人数が多いほど，明らかに家計単位の消費支出は大きくなるだろう．このとき，(2.1)式を OLS で推定し，$\widehat{\beta}_{ols}$ が正の値となったとき，その正の推定量が反映しているのは，恒常所得仮説等の消費理論ではなく，単純に家計構成人数の相違でしかない可能性があるのである．

消費分析において，説明変数と誤差項の間に相関が生じる第二の理由として，自己選択(Self Selection)がある．自己選択が問題になるのは，観察される対象や現象が，母集団の一部に限定されるときである．例えば，同一家計を追跡調査するパネルデータでは，時間と共に調査から脱落していく家計が存在する．日本の家計経済研究所が行っている女性を対象としたパネル調査は 1993 年に 1500 人が調査され，1994 年には 78 人，1995 年には 80 人，1996 年には 44 人が調査から脱落し，2003 年調査の時点で 1500 人のうち，974 人が調査対象として残っている．すなわち，10 年の間に約 42% の調査対象者が調査から脱落している[2)]．10 年間のパネルデータとして用いることができるのは，974 人の情報のみである．もしも，調査からの脱落が，消費や所得と全く関係のない，ランダムな要因で生じている場合は，974 人のみの情報を用いて分析しても問題はない．しかし，もしも，調査からの脱落に何らかの経済的な理由(失業や結婚等)が存在すると，調査に残った人は，全体の中で特殊な性質をもつ人のみが選択(Self Selction)されていることになる．例えば，結婚した女性は調査から脱落する確率が高いと仮定する．しかしながら，調査から脱落した女性

1)　無論，貧困層ほど子供を労働力として利用するために家計の規模が大きくなるという，逆の関係が存在する可能性もある．正と負，いずれにしても，家計構成人数と所得の間に相関がある場合，家計構成人数情報の欠如は回帰分析において大きな問題となる．

2)　詳細は坂本(2006)を参照せよ．

が結婚したかどうかは観察不能(データがない)であるとしよう．結婚するかどうかは所得と消費両方に影響を与えると考えられる．すると，調査に残った人の情報のみを用いて，(2.1)式をOLSで推定すると，消費理論が予測する消費と所得とは全く別個の関係，すなわち，結婚を経由する消費と所得の変化が混在することになる[3)]．

2.2.2 操作変数法(Instrumental Variable Methods)

説明変数が様々な理由で誤差項と相関をもち，OLSによる推定量にバイアスが発生するとき，多くの研究では操作変数(Instrumental Variables: IV)が用いられる．特に，家計消費分析において，推定式から除外されている変数(Omitted Variables)の存在は深刻な問題であり，分析者には観察不可能な家計の嗜好や能力等の影響を直接推定式に入れることができない影響は大きい．そのため，消費に関する研究では頻繁に操作変数が用いられている．

操作変数とは，説明変数とは相関をもつが，誤差項とは相関をもたない変数のことである．今，観察数がNであるとし，l個の説明変数ベクトルxと，被説明変数yの間に，下記の関係があると仮定する．

$$y = \beta x + e. \tag{2.2}$$

ここで，xとeに相関があると仮定すると，OLSによる推定量はバイアスが発生する．いま，ZというK個の操作変数があるとし

$$x = Z\Pi + v, \tag{2.3}$$

という関係があるとする．ただし，Πは$K\times l$ベクトルである．操作変数推定量(IV Estimator)は

$$\widehat{\beta}_{iv} = \left(x'Z(Z'Z)^{-1}Z'x\right)^{-1}x'Z(Z'Z)^{-1}Z'y, \tag{2.4}$$

で定義される．IV Estimatorは二段階推定量(Two-stage Least Squares Estimator)とも呼ばれる．それは，xをZに回帰し，その予測値$\widehat{x}$にyを回帰させることで得られる推定量，$\widehat{\beta}_{2sls}$は，

$$\widehat{\Pi}_{ols} = \left(Z'Z\right)^{-1}Z'x, \tag{2.5}$$

3) 自己選択に関しては，計量経済学の主要教科書で詳細に説明されているので，OLSによるバイアスの理論的導出等は専門書を参照されたい．

$$\widehat{x} = Z\left(Z'Z\right)^{-1}Z'x, \tag{2.6}$$

$$\begin{aligned}\widehat{\beta}_{2sls} &= \left[\left(Z\left(Z'Z\right)^{-1}Z'x\right)'Z\left(Z'Z\right)^{-1}Z'x\right]^{-1}\left(Z\left(Z'Z\right)^{-1}Z'x\right)'y\\ &= \left[x'Z\left(Z'Z\right)^{-1}Z'x\right]^{-1}\left(Z\left(Z'Z\right)^{-1}Z'x\right)'y\\ &= \widehat{\beta}_{iv},\end{aligned} \tag{2.7}$$

となり，$\widehat{\beta}_{iv}$ と一致するためである．すなわち，操作変数法とは，誤差項とは無相関の操作変数により説明される x の動きを用いて，y と x の関係を分析する手法なのである．x の動きの中には，誤差項と相関をもってしまうものがあり，その変動が OLS にバイアスをもたらすが，操作変数を用いてそのような変動を取り除き，誤差項とは関係のない変動だけを抽出するというのが操作変数法のアイディアである．

IV Estimator の $\widehat{\beta}_{iv}$ は，以下の目的関数を最小にするような β でもある．

$$\widehat{\beta}_{iv} = \arg\min\left(y-\beta x\right)'Z\left(Z'Z\right)^{-1}Z'\left(y-\beta x\right). \tag{2.8}$$

これは，$(Z'Z)^{-1}$ という Weight 行列を用い，$Z'(y-\beta x)$ の二乗和を最小化していることに等しい．$y-\beta x$ は，説明変数が l 個とすると，$N\times l$ ベクトルであり，一方，Z は $N\times K$ ベクトルである．したがって，$Z'(y-\beta x)$ は $K\times l$ ベクトル，$(Z'Z)^{-1}$ は正値定符号をとる $K\times K$ の実対称行列であるから，上記の目的関数は $K\times l$ ベクトルに関する二次形式となっている．この最小化問題を意味のあるものにするためには，K は l よりも小さな値になってはならない．なぜなら，$K<l$ のとき，$Z'(y-\beta x)$ をゼロにするような β が複数存在してしまい，β が一意に定まらなくなるためである．$K=l$ であれば，$Z'(y-\beta x)$ をゼロにするような β をちょうど一つ見つけることが可能であり，

$$Z'\left(y-\beta x\right) = 0, \tag{2.9}$$

を解くことで求めることが可能になる．整理すると，

$$\widehat{\beta}_{iv} = \left(Z'x\right)^{-1}Z'y, \tag{2.10}$$

となり，IV Estimator は非常に簡単になる．もしも観察数が無限にあれば

$$\begin{aligned}\text{plim}\ \widehat{\beta}_{iv} &= \text{plim}\left(Z'x\right)^{-1} Z'y \\ &= \text{plim}\left(Z'x\right)^{-1} Z'\left(\beta x+e\right) \\ &= \beta+\text{plim}\left(Z'x\right)^{-1} Z'e, \end{aligned} \tag{2.11}$$

となる．もしも，適切な操作変数が選択されており，Z と e が無相関であれば

$$\begin{aligned}\text{plim}\left(Z'x\right)^{-1} Z'e &= \text{plim}\left(\frac{Z'x}{N}\right)^{-1} \text{plim}\frac{Z'e}{N} \\ &= 0, \end{aligned} \tag{2.12}$$

となり，$\widehat{\beta}_{iv}$ は一致推定量となる．ところが，$\widehat{\beta}_{iv}$ の期待値を計算すると，

$$E\left[\widehat{\beta}_{iv}\,|Z\right] = \beta+E\left[\left(Z'x\right)^{-1} Z'e\,|Z\right], \tag{2.13}$$

となる．右辺第二項に x と Z および e が含まれているが，Z を観察した場合の条件付き期待値であることから，Z はもはや確率変数ではなくなり，x と e の二種類の確率変数の積となっている．そのため，たとえ e の期待値がゼロであり，x と無相関であっても，右辺第二項の期待値はゼロにならず，操作変数を用いる場合は一般に不偏推定量とはならない．なお，OLS のときには，

$$\begin{aligned}E\left[\widehat{\beta}_{ols}\,|x\right] &= \beta+E\left[\left(x'x\right)^{-1} x'e\,|x\right] \\ &= \beta+\left(x'x\right)^{-1} E\left[x'e\,|x\right] \\ &= \beta, \end{aligned} \tag{2.14}$$

となり，x と e が直交している場合に限り，不偏推定量であることは簡単に示すことができる．無論，x と e が直交していない場合は，不偏推定量にも一致推定量にもならない．

$\widehat{\beta}_{iv}$ のモーメント，例えば一次のモーメントである平均値は，説明変数と操作変数の数が同じときには存在しないことが知られている[4]．すなわち，$\widehat{\beta}_{iv}$ はバイアスのある推定量なのである．

操作変数による推定量は，小標本では不偏性はもたない，すなわちバイ

4) $\widehat{\beta}_{iv}$ の m 次モーメントが存在するための必要十分条件は $m<k-l+1$ である．したがって，$K=l$ のときには，$\widehat{\beta}_{iv}$ は一致推定量であっても，小標本では平均値が存在せず，非常に不安定な結果となる．詳細は Davidson and MacKinnon(1993)を参照せよ．

アスのある推定量であるが，十分に多くの観察量があれば，真の値に収束していく一致推定量になっている．言い換えると，操作変数を用いるためには，十分に多くの観察数が必要となる．また，操作変数 Z が説明変数 x と大きな相関をもたないと，$Z'x$ は極めて小さな値になってしまい，推定の誤差が大きくなる．

適切な操作変数を探すことは非常に難しい．操作変数と誤差項が直交するか否かは，誤差項が観察不可能であるため，そもそも検証が困難である．操作変数が適切に選択されていれば，$\widehat{\beta}_{iv}$ は一致推定量となるので，ハウスマン統計量を用い

$$\left(\widehat{\beta}_{iv}-\widehat{\beta}_{ols}\right)'\left(Var\left(\widehat{\beta}_{iv}\right)-Var\left(\widehat{\beta}_{ols}\right)\right)^{-1}\left(\widehat{\beta}_{iv}-\widehat{\beta}_{ols}\right), \tag{2.15}$$

の値がゼロから有意に異なるかどうかを調べることも可能であるが，これは，IV Estimator が OLS Estimator と有意に異なるか否かを検証しているだけである．したがって，ハウスマン統計量の値が大きく，二つの推定量が乖離していたとしても，それが直ちに操作変数が正しいことを意味するものではないことに注意する必要がある．近年では，操作変数の適切さを検証する際，ハウスマン検定ではなく，以下で述べる過剰識別検定と Weak Instruments の検定が行われることが多くなっている．

2.2.3　過剰識別検定（Overidentifying Tests）

操作変数の数が 1 よりも大きいとき，IV Estimator は

$$\min \quad (y-\beta x)' Z\left(Z'Z\right)^{-1} Z'(y-\beta x), \tag{2.16}$$

を最小化させることで得ることができた．もしも操作変数の数が説明変数の数と同じであれば，上記の目的関数はゼロの最小値をとることが可能である．$K<l$ で，説明変数の数よりも操作変数の数が小さいとき，(2.16) 式の最小値であるゼロを実現する β が一意に定まらず，β を推定，すなわち識別できなくなる．通常は，操作変数の中に説明変数全てを含めるため，操作変数の数は常に説明変数よりも大きくなる．このとき，すなわち，$K>l$ のとき，β を推定するのに必要な数以上の操作変数，あるいは直交条件 $Z'(y-\beta x)$ があることになる．このとき，β は過剰に識別され

ている(Overidentified)と言う．過剰識別のとき，一般に(2.16)式の値はゼロにならず，正の値をとる．もしも操作変数が適切であれば，操作変数は誤差項と相関をもたないので，$(y-\beta x)'Z=0$ となり，(2.16)式はゼロの値をとるはずである．もしもこの値が著しくゼロから離れ，大きな値をとる場合，操作変数が不適切である可能性が高い．(2.16)式の最小値を，誤差項の分散の推定量で割った値，すなわち

$$\frac{\left(y-\widehat{\beta}_{iv}x\right)' Z\left(Z'Z\right)^{-1}Z'\left(y-\widehat{\beta}_{iv}x\right)}{\left(y-\widehat{\beta}_{iv}x\right)'\left(y-\widehat{\beta}_{iv}x\right)/N}, \qquad (2.17)$$

はSargan統計量と呼ばれ，観察数が無限にあるときには，自由度 $K-l$ の χ 二乗分布に従うことが知られている[5]．この統計量が有意にゼロよりも大きいとき，操作変数は誤差項と直交していない可能性が高くなっている．過剰識別条件を用いた操作変数と誤差項の直交性の検証は，過剰識別検定，あるいはSargan検定とも呼ばれる．操作変数が誤差項と直交しているか否かは，操作変数法にとり最も重要な仮定であるため，ほとんどの計量経済学の教科書では，操作変数を用いるときには，常に過剰識別検定を行うべきであると書かれている[6]．

Sargan統計量は，操作変数の数が説明変数に比して大きいほど，ゼロから乖離していく傾向がある．したがって，非常に多くの操作変数を用いることには慎重にならねばならない．また，(2.17)式をよく見ると，分母が観察数 N で割られており，観察数が大きいと，Sargan統計量も大きくなっていく傾向があることがわかる．数十，多くても100程度の観察数であるマクロデータであれば深刻な問題ではないが，ミクロの家計データでは，観察数が1万を超えることも珍しくなく，Sargan検定をパスする，すなわち，χ 二乗検定でゼロを許容するのは困難になってくる．実際，著名雑誌に掲載されている論文でも，大量のデータを駆使した分析ではSargan検定で棄却されてしまう結果を報告していることも珍しくない．

5) Davidson and MacKinnon(1993)等を参照せよ．
6) Stata等の統計パッケージでは，極めて容易にSargan統計量を得ることが可能である．

操作変数法は一般に，小標本では不偏推定量ではなく，一致性があるに過ぎない．操作変数法を適切に使用するには，多くのデータを必要とするが，数万単位のデータを用いる場合，過剰識別検定を通過しなくなる可能性が高くなり，分析者は，そのまま分析を続けるか，それとも別の方法を考えるかの選択を迫られることになる．

2.2.4　Weak Instruments

操作変数と誤差項が直交しており，過剰識別検定を通過したとしても，それだけでは操作変数として適切と判定することはできない．操作変数が適切であるためには，もう一つの要請，すなわち，説明変数と相関をもたねばならない．操作変数と説明変数の相関が弱いと，IV Estimator には深刻なバイアスが含まれる危険性があることを，近年多くの研究者が指摘している．これは，Weak Instruments Bias と呼ばれる現象であり，特にミクロデータに基づく分析では深刻な問題となっている．

Bound, et al.(1995)に従い，Weak Instruments の問題を見てみよう．単純化のため，$l=1$，すなわち，説明変数が 1 個であるとする．このとき，観察数が無限にあるとき，OLS と IV による推定量は，それぞれ

$$\text{plim}\ \widehat{\beta}_{ols} = \beta + \frac{\sigma_{x,e}}{\sigma^2_{x(Z)}}, \tag{2.18}$$

$$\text{plim}\ \widehat{\beta}_{iv} = \beta + \frac{\sigma_{x(Z),e}}{\sigma^2_{x(Z)}}, \tag{2.19}$$

である．ただし，$\sigma_{i,j}$ は変数 i と j の間の共分散，$x(Z)$ は二段階推定の際の，一段階目で得られる x の予測値，すなわち，x を Z に回帰して得られる予測値である．説明変数 x が誤差項と直交していれば $\widehat{\beta}_{ols}$ は一致推定量となり，$\widehat{x}$ と e が直交，すなわち，Z と e が直交していれば，$\widehat{\beta}_{iv}$ は一致推定量となる．上の二つの式から

$$\frac{\text{plim}\ \widehat{\beta}_{iv} - \beta}{\text{plim}\ \widehat{\beta}_{ols} - \beta} = \frac{\sigma_{x(Z),e}/\sigma_{x,e}}{R_{x,Z}}, \tag{2.20}$$

を得ることができる．ただし，$R_{x,Z}$ は x を Z に回帰したときに得られる決定係数である．$l=1$ であれば，

$$\frac{\text{plim } \widehat{\beta}_{iv} - \beta}{\text{plim } \widehat{\beta}_{ols} - \beta} = \frac{\rho_{Z,e}/\rho_{x,e}}{\rho_{x,Z}}, \tag{2.21}$$

となる．ただし，$\rho_{i,j}$ は変数 i と j の間の相関係数である．上の式は，$\widehat{\beta}_{iv}$ と $\widehat{\beta}_{ols}$ の漸近的なバイアスの大きさを示している．(2.21)式右辺の項をよく見ると，分母は $\rho_{x,Z}$ であり，操作変数と説明変数の間の相関係数となっている．もしも，操作変数と説明変数の間の相関が小さければ，分母が小さくなり，(2.21)式右辺全体が大きくなってしまう．Z と e の間にわずかでも相関があると，それは $\rho_{x,e}$ と $\rho_{x,Z}$ で割られることにより，全体が大きくなる，すなわち，IV Estimator, $\widehat{\beta}_{iv}$ は，漸近的にも，通常の OLS Estimator, $\widehat{\beta}_{ols}$ よりもバイアスが大きくなってしまいかねないのである．

$\widehat{\beta}_{iv}$ の小標本における分布に関しては，Sawa(1969)を始め多くの研究があるが，説明変数や誤差項の分布に強い仮定を置かない限り導出できないことが知られている，したがって，$\widehat{\beta}_{iv}$ を有限数の観察値で推定する場合，どの程度のバイアスが発生するかは明らかではない．しかしながら，実際にデータが無限のサンプルサイズを有することはありえないので，操作変数法は常にバイアスがあることになる．Bound, et al.(1995)は，小標本における $\widehat{\beta}_{iv}$ のバイアスの近似として

$$\frac{\sigma_{e,v}}{\sigma_v^2} \frac{\sigma_v^2}{\Pi' Z' Z \Pi} (K-2), \tag{2.22}$$

という式を導いている．ここで，σ_v^2 は(2.3)式における誤差項の分散である．$\sigma_{e,v}/\sigma_v^2$ は，Π がゼロに近いとき，すなわち，操作変数と説明変数の相関が小さいときは $\sigma_{e,x}/\sigma_x^2$ となり，(2.18)式における OLS のバイアスと同じになる．ここで集中度係数(Concentration Parameter)として

$$\tau^2 = \frac{\Pi' Z' Z \Pi}{\sigma_v^2}, \tag{2.23}$$

と τ^2 を定義すると，$K>2$ のとき，IV Estimator と OLS Esitmator のバイアスは，τ^2/K に比例する．この Concentration Parameter は，(2.18)式を推定する際，操作変数 Z に含まれる X との共通要素を全て除外した変数に関する F 統計量となっている．この値が著しく小さい

と，$\widehat{\beta}_{iv}$ には，OLS と比較しても深刻なバイアスが存在することになる．Stock, et al.(2002)は，説明変数が 1 個のとき，正確な推定に必要な τ^2/K および第一段階での(第二段階で除外される操作変数のみの)F 統計量の値を紹介しており，τ^2/K は 5 以上，F 統計量は 10 以上ないと，$\widehat{\beta}_{iv}$ には信頼性がないことを指摘している．

Overidentifying Tests と異なり，Weak Instruments の問題が認識されるようになったのは比較的最近のことであり，第一段階における除外変数のみの F 統計量，あるいは Partial R^2 が報告されないことも多い．しかしながら，Bound, et al.(1995)は，Weak Instruments が極めて深刻な問題であることを強調し，たとえ観察数が 30 万以上あっても，F 統計量が 2 以下で，Partial R^2 が 0.001 程度しかないときは，IV Estimator にほとんど意味がないと主張している．家計消費に限らず，ミクロデータを用い，第一段階において除外変数の F 統計量が 10 を超えることは稀である．Stock, et al.(2002)によると，自由度が 990 で操作変数の数が 10 個のとき，F 統計量が 10 を超えるためには，決定係数が 0.3 程度なければならない．ミクロ計量分析において，決定係数が 0.01 よりも小さくなることも珍しくないが，そのときには，IV Estimator のバイアスを少なくするには，100 万程度の自由度が必要となってしまう．

操作変数法は，ミクロ・マクロを問わず，家計消費分析において極めて頻繁に用いられてきている．しかしながら，小標本ではバイアスが発生すること，そして，説明変数との強い相関がないと，OLS と比較しても不正確な推定になる可能性があることを考えると，操作変数を用いるときには慎重にならねばならない．とはいえ，説明変数と誤差項が明らかに直交していないとき，操作変数法以外に対処することが困難であることもまた事実である．その際の現実的な対処法としては，検証したい経済現象を一つの推定式ではなく，多方面から検証し，結果のロバストネスを徹底的に調べることであろう．

2.3　非線形最小二乗法とGMM

非線形最小二乗法(Nonlinear Least Squares: NLS)は，モデルの残差二乗和をパラメターに関する非線形関数とみなし，それを最小化させる手法である．残差二乗和は二次形式として定義することが可能であり，その際，様々なWeight行列を考えることができる．NLSは，最尤法のように誤差項の分布に仮定を置く必要がないため，ミクロからマクロまで，非常に多くのケースで利用されている．ただし，非線形の最適化問題(あるいは一階条件の非線形連立方程式の解法)を含むため，推定量を得るのはOLSと比べて遥かに難しく，得られた推定量の分布を用いた仮説検定の際には，漸近分布に依存することになる．

一般的に，説明変数をx，被説明変数をy，説明変数と直交する誤差項をeとし，

$$y = h(x,\beta)+e, \tag{2.24}$$

で，誤差項eが$i.i.d.$であるようなモデルを考える．hは既知の関数である．このとき，NLSは，

$$\min \quad (y-h(x,\beta))'(y-h(x,\beta)), \tag{2.25}$$

を解くことで得られる．もしも，方程式が複数ある場合(例えばマクロの資源制約とオイラー方程式)，方程式の数がs本であれば，$s\times s$の正値定符号行列Ωを用いて，

$$\min \quad (y-h(x,\beta))'\Omega(y-h(x,\beta)), \tag{2.26}$$

のような重み付き最小二乗法(Weighted Least Squares)を用いることで，βを推定することが可能である．Ωは正値定符号であれば，どのような行列でも構わないが，最も効率的な重み行列(Weight行列)は誤差項eの分散共分散行列の逆行列であり，そのとき，最適な重み行列(Optimal Weight)となる[7]．

非線形最小二乗法においても，線形モデルと同様に操作変数を用いるこ

7)　証明に関しては，Davidson and MacKinnon(1993)等の大学院向けの計量経済学の教科書を参照されたい．

とが可能である．誤差項と直交する操作変数 Z を用い，誤差項との直交条件である，

$$Z'(y-h(x,\beta)), \tag{2.27}$$

がゼロに近くなるような β を見つければよい．これは

$$\min \quad (y-h(x,\beta))'Z\left(Z'Z\right)^{-1}Z'(y-h(x,\beta)), \tag{2.28}$$

という最小化問題を解くことに等しい．Amemiya (1985) は，この推定量を非線形二段階最小二乗法推定量 (Nonlinear Two-stage Least Squares Estimator) と名付けているが，線形の場合と異なり，二段階推定は不可能であることに注意せねばならない．これは，あくまで，操作変数と誤差項の直交条件に対し，適当な Weight 行列を用いて推定しているのである．

さて，(2.28) 式で，操作変数が K 個存在するとすると，誤差項もまた K 個のベクトルとなり，誤差項の分散共分散行列は $K\times K$ の正値定符号行列となる．その共分散行列 Ω が既知であるとし，

$$\min \quad (y-h(x,\beta))'Z\left(Z'\Omega Z\right)^{-1}Z'(y-h(x,\beta)), \tag{2.29}$$

を最小化するような β を考えよう．これは，操作変数 Z が誤差項と直交している限り，一致推定量となる．この推定量は，一般化積率法 (Generalized Methods of Moments: GMM) と呼ばれ，マクロ経済学や家計消費分析で頻繁に用いられている．無論，Ω が単位行列ならば，GMM 推定量は非線形二段階最小二乗法によるものと一致する．GMM は，非線形二段階最小二乗法推定量とほぼ同一の推定手法であるが，Hansen and Singleton (1982) により合理的期待形成仮説の検証に利用されて以来，マクロ経済学では特に頻繁に活用されている．

GMM を用いる合理的期待形成仮説の検証の例として，今期と来期の家計消費に下記のような関係があるとしよう．

$$E_t\left(h\left(C_{t+1}/C_t\right)\right)-1=0, \tag{2.30}$$

ただし，h は実数値で定義された関数である．これは，t 期における条件付き期待値をとった来期と今期の消費の比率は 1 に等しいということを意味しており，第 4 章で説明する恒常所得モデルの特徴でもある．この式が正しいかどうかの検証はどのようにすればよいだろうか？ t 期における条件付き期待値ということは，t 期における全ての情報を用いて行わ

れる期待値ということであり，t 期において観察可能な変数を Z_t とすると，

$$E_t\left(Z_t'\left(h\left(C_{t+1}/C_t\right)-1\right)\right)=0, \tag{2.31}$$

となっているはずである．したがって，このモデルの検証には，「全ての」t 期において利用可能な情報と消費の階差は直交する，という性質が成立するかどうかを検証すればよい．無論，この推定は非線形二段階最小二乗法で推定可能であるが，Hansen and Singleton (1982) は GMM による推定を提唱し，Weight 行列 Ω を用い，

$$\min\quad \left(h\left(C_{t+1}/C_t\right)-1\right)' Z\left(Z'\Omega Z\right)^{-1} Z'\left(h\left(C_{t+1}/C_t\right)-1\right), \tag{2.32}$$

を最小化させて推定を行った．実際には，Weight 行列 Ω は未知であるため，推定せねばならない．通常は，まず Ω を単位行列と仮定し，残差を計算し，分散共分散行列の推定量を求め，その推定量を用いて再度，目的関数を最小化する．この操作を何度も繰り返すことが可能であり，推定量が収束するまで繰り返すこともある．

なお，最適な分散共分散行列を用いた推定が常に行われているわけではない．Weight 行列を推定する際，非対角成分の推定量に関しては誤差が大きい可能性があり，小標本においては，Ω を推定する過程で，深刻なバイアスが発生する恐れがある．そのため，Weight 行列は使わない，あるいは単に，観察数をコントロールするためだけの Weight 行列の使用を主張する研究者もいる[8)]．

GMM においても，操作変数と同様に過剰識別検定が可能であり，その手法はほぼ同一である．既に誤差項の分散共分散行列の逆行列が用いられているため，GMM の場合の過剰識別検定の際は，最小化された目的関数の値そのものでよく，操作変数の数が K，Moment Condition の数が l とすると，最小化された目的関数の値は $\chi^2(K-l)$ に従う．

無論，GMM もまた操作変数法であるため，小標本ではバイアスがある．また，そのバイアスの大きさは，操作変数と説明変数の相関が小さいと，Weak Instruments となり，深刻なバイアスが発生することに注意が

8) 例えば，Altonji and Segal (1996) を参照せよ．

必要である．

2.4　Methods of Simulated Moments (MSM)

第 1 章の 1.4 節で，不確実性下の最適消費経路を求める際，数値計算が必要となることを指摘した．最適な消費経路は，選好パラメターや所得の不確実性の程度に依存しているが，その依存の仕方は極めて強い非線形関数となっており，消費経路をパラメターの関数として Closed Form で記述することが不可能となっている．この場合，NLS でも，GMM でも推定は不可能となる．なぜなら，今まで紹介した手法では，推定式，

$$y = h(x, \beta) + e, \tag{2.33}$$

において h の関数形は既知であったが，多くの消費の動学モデルでは，h の形状そのものが非常に複雑であり，具体的に x や β の関数として表現できないためである．そこで，近年頻繁に用いられているものは，理論モデルが予測する正確な Moment Condition に代わり，数値計算で得られる Simulated Moments に依存する，Methods of Simulated Moments (MSM) と呼ばれる手法である．

第 1 章の 1.4 節の例では，選好パラメターと所得ショック等の外生パラメターを設定すると，シミュレーションにより，消費と年齢の間の平均値や分散を計算することが可能であった．いま，外生変数を β とし，動的計画法を用いて Backward に最適消費経路を解いたとする．そして，所得過程をシミュレートし，例えば 5000 個の仮想的な所得過程と，それに対応する消費経路を計算したとしよう．すると，各年齢別の消費の平均値と分散を手に入れることができる．シミュレートされた Moments を $m_i(\beta)$ とし，対応する実際のデータ y_i に基づく Moments を $m_i(y_i)$ とすると，

$$f(y_i, \beta) = m_i(y_i) - m_i(\beta), \tag{2.34}$$

は，データとシミュレートされた Moments の乖離を表す．今，年齢階層が 20 に分かれ，それぞれの平均値と分散を用いるなら，Moments の数は 40 個となる．このとき，$f(y_i, \beta)$ に関して NLS を適用すれば，MSM

となる．実際には，$m_i(\beta)$ は非常に複雑な関数であり，第1章のAppendixで紹介したプログラムのさらに外側に，最適な β を探すためのループを加えることになる．カリブレーションと統計分析を同時に行うMSMは非常に時間のかかる推定手法であるが，これにより推定可能なモデルの範囲が飛躍的に拡大するため，近年の消費分析では多用される傾向にある．特に，Gourinchas and Parker (2002) は，MSMを用いて家計消費のライフサイクル行動から背後の構造パラメターの推定を行い，後に多大な影響を与えている[9)]．MSMも，NLSの一種であり，残差二乗和の最小化，あるいは適当なWeight行列を用いた二次形式の最小化問題として位置づけられるため，Sargan統計量を用い，過剰識別検定を行うことも可能である．ただし，非線形動学最適化問題の数値解法とシミュレーションを含むMSMの場合，計算量の多さからMomentsの数に比べて推定するべき構造パラメターの数が少ない傾向にある．そのため，わずかなパラメターの選択により多くのMomentsをゼロにすることは困難になり，Sargan検定をパスしないことは少なくない．MSMを用いた分析の例は第9章で紹介する．

9) さらに詳細は，Gourieroux and Monfort (1996) および Pakes and Pollard (1989) を参照せよ．

第3章　完備資本市場下における家計消費

3.1　導　　入

近年の動学マクロ経済モデルにおいて，家計による動学的消費決定メカニズムは極めて重要な要素となっている．しかしながら，マクロモデルにおける家計消費決定メカニズムは，非常に単純な定式化がなされることが多く，近年の確率的動学一般均衡モデル(Dynamic Stochastic General Equilibrium Model: DSGE)や実物景気循環モデル(Real Business Cycle Model: RBC)では，家計消費は無限に生きる代表的な個人によって決定されると仮定されており，家計レベルで観察される所得・資産格差，あるいは病気等のリスクがモデルに登場することはほとんどない[1)]．

経済に存在する無数の家計の消費が代表的個人の消費決定で描写可能であるとするDSGE，あるいはRBCの仮定は一見極めて非現実的に思われるかもしれないが，経済理論において極めて「標準的」な条件の下で正当化することが可能である．具体的には，市場が完備，すなわち全ての財に対して，取引するための市場が存在している場合，たとえ多くの家計が家計独自のショック(病気や事故，勤め先企業の倒産，あるいは勤め先企業の業績による賃金変動等)にさらされていても，全ての家計の消費行動は完全に連動し，あたかも代表的個人による家計消費決定と同じような均衡を得ることができる．無論，実際には全ての家計の消費が連動し，全く同じ動きを見せることはないが，もしも，かなりの程度で連動していれば，例えば景気の好不況で消費が連動していれば，DSGE等が依拠している仮定は，一次近似としては許容可能かもしれない．一方，家計消費の連動性がほとんどない場合は，近年のマクロモデルにおける消費決定メカニズムは深刻な問題を抱えている可能性がある．

1)　最近のDSGEの代表的な論文としてChristiano, et al.(2005)，RBCの著名な論文としてHayashi and Prescott(2002)がある．

完備市場の経済理論は，様々な経済状態に対応する債券が登場するため複雑なものになっているが，そのメカニズムは極めて単純である．経済に多くの家計が存在し，それぞれの家計は，病気や失業など，多くのリスクを抱えているような状況を考える．したがって，所得や資産，健康状態等多くの面で，家計は異なり，資産家もいるし，失業者や低所得家計も存在する．しかし，もしも市場が完備であり，全ての財に関して市場が存在するならば，家計は様々なリスクに対して保険を買うことが可能である．例えば，今，25 歳の個人が直面する問題を考えてみよう．この人物は，現在は働いているが，近い将来失業する可能性がある．一方，将来より良い職が見つかり，高収入を得る可能性もある．さらには交通事故に遭ったり病気になる可能性もある．もしも市場が完備なら，25 歳のこの人物は「全ての」不確実性に対して保険を買うことができる．1 年後に失業し，2 年後に良い職を得る場合，あるいは 2 年後に失業し，その後事故に遭い永遠に就業できなくなる場合，あるいは今後 30 年以上，現在の職を続けることができる場合，等々．不確実性の数は事実上無限であるが，市場が完備であり，各不確実性の実現値によらず，経済全体の資源総量が不変であれば，家計はそれらの「全ての」状態に対して保険を買い，その状態が発生したときに支払いを受ける，あるいは払うような契約を結ぶことができる．この人物が消費を平滑化させることを望むなら，保険を十分に買うことにより，どんな状態になっても一定の消費水準を維持することができるのである[2)]．

上記の例は明らかに極端であり，現実から程遠く思われるかもしれない．しかしながら，保険は実際に市場で商品として取引されていなくとも，家族や親族，あるいは周辺住民から暗黙のうちに提供されることもある．市場を経由しなくとも，経済主体間での助け合い，すなわちリスク・シェアリングが存在していれば，完備市場の仮定は現実から遊離したものとは言えなくなる．実際，自分が失業したり病気になった場合，家族や親族の助けを受けることは，それほど非現実なことではなく，インフォーマ

2）　無論，経済全体が影響を受けるようなマクロショックに対しては保険を提供する主体がいない．

ルな保険はかなり広く提供されていることが想像できる．特に，保険市場が未発達な低開発国においては，インフォーマルな保険が公的な失業・医療保険の代替として機能している可能性がある．そのため，経済発展分析においては，地域や村落単位でのリスク・シェアリングの有無の検証のため，完備資本市場のフレームワークが用いられている．

完備資本市場の検証とその定量的な評価は，マクロ・ミクロ，先進国・途上国を問わず，非常に多くの研究者の関心をひいてきた．後述するように，完備市場の経済理論は一般的かつ強固なものであり，その検証手法は単純かつ容易である．しかしながら，同じデータセットを用いても研究者により結果はかなり異なっており，いまだ研究者間で意見が分かれている．

なお，完備資本市場の理論は，大学院向けのミクロ・マクロ経済学の教科書に詳細に説明されている．ここではあくまで家計消費に関する含意のみに注目し，理論の展開や証明はかなり簡略化，あるいは省略している．厳密な理論の展開や定理の証明に関しては Mas-Colell, et al.(1995), Ljungqvist and Sargent(2004) あるいは Krueger(2004) 等を参照してもらたい．

3.1.1　完備資本市場モデルの設定

ここでは，生産の存在しない交換経済における不確実性下の一般均衡モデルを考察する．この経済には I 家計が存在し，各家計は 0 期から T ($\leq\infty$) 期まで存在する．各家計は保存不可能な消費財を各期に受け取る．各期に各家計 i が受け取る消費財の量には不確実性が存在し，0 期から t 期までの t+1 期間で受け取る消費財を，$y^{i,t}=\left(y_0^i, y_1^i, y_2^i, y_3^i, ..., y_t^i\right)$ とする．

家計が受け取る消費財の量を含め，経済には様々な不確実性が存在する．全ての確率変数の t 期における実現値のベクトルを s_t で表し，t 期における事象(Event)と呼ぶ．t 期までの経済全体の Event の歴史を $s^t=(s_0, s_1, ..., s_t)$ で表す．

$\pi_t\left(s^t\right)$ は s^t が生じる確率であるとする．各家計は合理的な期待をもっており，各家計は $\pi_t\left(s^t\right)$ を知っているものとする．また，単純化のため $y_t^i\in Y$ は離散の値をとり，集合 Y の要素の数は有限で M であるとする．また，同様に，$s_t\in S$ であり，集合 S の要素の数もまた有限で K であるとする．

$S^t=\prod_{s=0}^t S_s$，および $Y^t=\prod_{s=0}^t Y_s$ はそれぞれ S と Y の t+1 個の直積であり，このとき，$s^t\in S^t$，$y^{i,t}\in Y^t$ となる．

各家計は経済の状態を所与とし，消費計画を考える．状態 s^t の下で実現される，家計 i の t 期における消費を $c_t^i\left(s^t\right)$ で表すと，この経済における全家計の消費水準の流列は $\left\{\left(c_t^i\left(s^t\right)\right)_{i\in I}\right\}_{t=0,s^t\in S^t}^T$ と記すことができる．

家計 i が 0 期から T 期まで行う消費の流列 $\left\{\left(c_t^i\left(s^t\right)\right)_{i\in I}\right\}_{t=0}^T$ は，経済全体で資源の賦存量を超えてはならない，すなわち実行可能でなければならない．すなわち，消費の流列に関して，下記の制約を置く．

$$c_t^i\left(s^t\right)\geq 0 \quad \text{for all } i,t, \text{ and } s^t, \tag{3.1}$$

$$\sum_{i=1}^I c_t^i\left(s^t\right)\leq\sum_{i=1}^I y_t^i\left(s^t\right) \quad \text{for all } t,s^t. \tag{3.2}$$

単純化のため，各家計の効用関数は同一であり，時間に関して加法に分離可能であり，一定値の主観的割引因子 $\beta\in(0,1)$ をもつとする．すなわち，家計 i は下記のような効用関数を有すると仮定する[3)]．

$$U^i=\sum_{t=0}^T\sum_{s^t\in S^t}\beta^t\pi_t\left(s^t\right)u^i\left(c_t^i\left(s^t\right),s^t\right). \tag{3.3}$$

また，議論を簡単にするため，各期において常に正の値の消費が行われるように，各期の効用関数 u^i は二回連続微分可能かつ，第一要素に関して強く増加関数，かつ強く凹であり，かつ，下記の稲田条件を満たすと仮定する．

$$\lim_{c\to 0}u_c^i\left(c,s^t\right)=\infty, \tag{3.4}$$

$$\lim_{c\to\infty}u_c^i\left(c,s^t\right)=0. \tag{3.5}$$

---

3) なお，各期の効用水準は，その期までの歴史，s^t に依存することを許容していることに注意せよ．

3.1.2　Arrow-Debreu 均衡

資本市場が完備な場合，0 期において，家計は，ありとあらゆる不確実性，すなわち，s^t の実現値に依存した条件付き消費財を，s^t が実現する前に取引することができる．$p_t\left(s^t\right)$ を 0 期に発行される，s^t が実現したときに一財の消費を行うときの価格であるとする．$p_t\left(s^t\right)$ は，ある種の債券であると解釈できる．このような債券は Arrow-Debreu 債券と呼ばれ，0 期において将来の全ての不確実性について保険が取引される．すると，各家計の予算制約式は

$$\sum_{t=0}^{T}\sum_{s^t\in S^t} p_t\left(s^t\right) c_t^i\left(s^t\right) \leq \sum_{t=0}^{T}\sum_{s^t\in S^t} p_t\left(s^t\right) y_t^i\left(s^t\right), \tag{3.6}$$

となる．

以上の準備の下で，下記のように Arrow-Debreu 均衡を定義しよう．

Arrow-Debreu 均衡とは，各状態ごとの消費財と価格の集合，すなわち，$\left\{\left(c_t^i\left(s^t\right)\right)_{i\in I}\right\}_{t=0,s^t\in S^t}^{T}$ および $\left\{p_t\left(s^t\right)\right\}_{t=0,s^t\in S^t}^{T}$ であり，下記の条件を満たすものをいう．

(1)　$\left\{p_t\left(s^t\right)\right\}_{t=0,s^t\in S^t}^{T}$ を所与としたとき，各家計 i は，(3.3)式を(3.6)式と(3.1)式の下で最大化している．

(2)　$\left\{\left(c_t^i\left(s^t\right)\right)_{i\in I}\right\}_{t=0,s^t\in S^t}^{T}$ は，全ての t, s^t に関して，(3.2)式を満たしている．

以上の準備の下で，有名な下記の定理を証明することが可能である．

定理　競争均衡の存在

任意の Arrow-Debreu 均衡は，適当な Pareto Weight $\left(\alpha_i\right)_{i=1}^{N}$ を用い，下記の社会厚生関数最大化問題の解として記述することができる．

$$\max \quad \sum_{i=1}^{N}\alpha_i u^i\left(c^i\right), \tag{3.7}$$

$$\text{s.t.} \quad (3.1)\ \text{and}\ (3.2). \tag{3.8}$$

稲田条件を課しているので，非負制約(3.1)式を無視し，(3.2)式に対

し，ラグランジュ乗数 $\lambda\left(s^t\right)$ を用いると，社会厚生関数最大化問題のラグランジュ関数を下記のように定義可能である．

$$L=\sum_{i=1}^{N}\alpha_i\sum_{t=0}^{T}\sum_{s^t\in S^t}\beta^t\pi_t\left(s^t\right)u^i\left(c_t^i\left(s^t\right),s^t\right)+\lambda\left(s^t\right)\left(\sum_{i=1}^{N}y_t^i\left(s^t\right)-\sum_{i=1}^{N}c_t^i\left(s^t\right)\right). \tag{3.9}$$

ここで α_i は正の値をとる定数であり，Negishi (1960) が定式化したように，競争均衡における各家計の所得の限界効用の逆数であり，しばしば Negishi Weight とも呼ばれる．最適化の一階条件は，

$$\alpha_i\beta^t\pi_t\left(s^t\right)u_c^i\left(c_t^i\left(s^t\right),s^t\right)=\lambda\left(s^t\right)\quad\text{for all } i\in I. \tag{3.10}$$

異なる家計間の限界代替率を計算すると，

$$\frac{u_c^i\left(c_t^i\left(s^t\right),s^t\right)}{u_c^j\left(c_t^i\left(s^t\right),s^t\right)}=\frac{\alpha^j}{\alpha_i}\quad\text{for all } t \text{ and } s^t. \tag{3.11}$$

したがって，異なる家計間の消費の異時点間代替率は，経済の状態や時間によらず一定となる．異なる家計間の消費の限界代替率が時間や経済の状態によらず一定であるとき，そのような消費配分 $\left\{\left(c_t^i\left(s^t\right)\right)_{i\in I}\right\}_{t=0,s^t\in S^t}^{T}$ は完全な消費保険を満たす．そのため，完備資本市場は完全保険市場とも呼ばれる．

さらに，各期の効用関数が CRRA 型であり，選好ショックが存在しない，またはショックが消費と加法に分離可能，すなわち，

$$u^i\left(c_t^i\left(s^t\right),s^t\right)=\frac{c_t^{i1-\sigma}-1}{1-\sigma}+v\left(s^t\right), \tag{3.12}$$

であるとする（ただし $\sigma\geq0$）．

この仮定の下では，限界効用は，

$$u_c^i\left(c_t^i\left(s^t\right),s^t\right)=c_t^i\left(s^t\right)^{-\sigma}. \tag{3.13}$$

したがって，

$$\frac{c_t^i\left(s^t\right)}{c^j\left(s^t\right)}=\left(\frac{\alpha_i}{\alpha_j}\right)^{\frac{1}{\sigma}}. \tag{3.14}$$

すなわち，異なる家計間の消費の割合は，経済の状態や時間によらず一定となる．このことから直ちに，

$$c_t^i\left(s^t\right)=\theta_i c_t\left(s^t\right), \tag{3.15}$$

$$\text{ただし，} c_t\left(s^t\right) = \sum_{i=1}^{N} c_t^i\left(s^t\right), \tag{3.16}$$

$$\theta_i = \frac{\alpha_i^{\frac{1}{\sigma}}}{\sum_{j=1}^{N} \alpha_j^{\frac{1}{\sigma}}}, \tag{3.17}$$

を得る．すなわち，各家計消費支出は，経済全体の総消費に比例し，その比例定数は時間や家計別のショックの実現値に依存しないことがわかる．このことの含意は非常に大きい．例えば，ある家計が大きな災害，あるいは深刻な事故に遭い，所得が急激に低下し，その後もずっと低下したままだと仮定しよう．すなわち，恒常的な負の所得ショックが発生したと考える．しかしながら，完備な資本市場の下では，そして，経済全体の資源総量が変わらない限り，この家計の消費支出は低下しない．なぜなら，事前に，この家計は事故・災害が発生する場合の保険を購入しており，負のショックにより生じた所得低下を保険により，必要なだけカバーすることが可能になっているためである．経済全体で，個々の家計のリスクをシェアしているため，個別家計の消費は変動しなくなる．無論，このシェアリングは，経済全体に与えるマクロショックに対しては無力であり，経済全体の資源総量が低下するような負のマクロショックが生じた場合は，経済全体の消費は低下する．そのときの低下量は，全家計で共通となる．

完備資本市場の下では，(3.15)式から，この経済の家計消費の行動は，代表的個人の最大化問題に変換可能であることもわかる．DSGE や RBC 等のマクロモデルで，代表的個人の存在を仮定する場合，背後に完備資本市場の存在を仮定しているのである．

3.1.3　逐次均衡(Sequential Equilibrium)

Arrow-Debreu 均衡では，全ての取引が 0 期に行われると仮定されていたが，この仮定は緩めることが可能であり，各期に 1 期先の消費財に関する条件付き財のみが取引されると仮定する経済を考えることができる．例えば，$q_t\left(s^t, s_{t+1}{=}\eta^j\right)$ は，t 期に交わされる契約であり，t+1 期の Event の実現値が η^j であるとき，1 単位の消費財を t+1 期に受け取る債券の価格である．これは Arrow 債券と呼ばれる．Arrow 債券が取引される経済の均衡は逐次均衡(Sequential Equilibrium)と呼ばれる．

t 期に購入された Arrow 債券の量を $a_{t+1}^{i}\left(s^{t}, s_{t+1}\right)$ とすると．予算制約は，

$$c_{t}^{i}\left(s^{t}\right)+\sum_{s_{t+1}} q_{t}\left(s^{t}, s_{t+1}\right) a_{t+1}^{i}\left(s^{t}, s_{t+1}\right) \leq y_{t}^{i}\left(s^{t}\right)+a_{t}^{i}\left(s^{t}\right), \qquad (3.18)$$

となる．各個人は，t+1 期に生じるあらゆる Event の実現に対応する Arrow 債券を購入することが可能であるが，t+1 期になると，その中の，実現した Event に対応したもののみが消費財と交換されることになる．

各家計が破産しないという条件を追加することで，Arrow-Debreu の完全保険均衡は Sequential Equilibrium の均衡にもなることが知られている．

3.2　完全保険の検証

完全保険が存在する場合，すなわち(3.14)式が成立しているとき，家計が直面する家計独自ショック(Idiosyncratic Shock)全てに関して保険が存在し，人々の消費水準は，ショックの発生やその大きさに依存しなくなる[4)]．ショックが恒常的であるか一時的であるかによらず，全ての家計独自ショックが保険の対象となり，消費に関するリスクはなくなる．極端な例をあげると，交通事故や深刻な病気になったとしても，失業しても，人々の消費行動には変化はない，というのが完全保険市場の予測である．

もちろん，実際には全ての不確実性に対して保険市場があるわけではない．実証分析では，保険市場の欠落が，消費決定にどの程度の影響を与えるかが検証されてきた．

これまでの実証分析の結果を紹介する前に，理論モデルの注意点をいくつか指摘しておく．各家計の消費変化率が経済全体の消費変化率と完全に連動する，という予測は，完全保険市場の存在以外にも多くの仮定に依存

4)　なお，経済全体の変動(資源総量の変化)に対するリスクヘッジはできない．あくまで，家計間で独立した(Idiosyncratic)ショックに対する保険である．

している．例えば，(1) 効用関数における経済の状態 s^t と消費からの効用の分離可能性はかなり強い仮定である．例えば，世帯主が病気になった場合，あるいは交通事故に遭った場合，所得が完全に保障されていたとしても，消費パターンが異なることは十分ありうることである．また，余暇の扱い，具体的には配偶者の就業状態と消費も，例えば外食の多さ等を通じて影響がある可能性が高い．不確実性が全く存在しなくとも，家計の効用関数が時間を通じて変化することも十分ありうることである．子供が大学生になるときには，教育支出は大きくなる．これらを外生的な支出として考えると，教育支出も含めた総支出から得られる効用は，それまでよりも低下していると考えることができる．この場合，消費支出全体は高まるであろうが，それはリスクや保険市場の有無とは無関係な消費の変動である．(2) 人々の情報集合が全ての家計で共通，という仮定も非常に強いものである．我が家の所得が変動する確率に関して，我が家も他の家計もみな等しい予測をもっているということを正当化することは困難である．

3. 2. 1　Mace (1991)

保険市場が完備であるとき，(3. 15)式が成立する．そのため，「家計消費変化率の家計間の相関係数は 1 になる」はずである．しかしながら，この検証を行うためには，利用する家計消費データに計測誤差がないことが前提となり，非現実的である．多くの場合，検証されるのは消費の変化率とマクロ的な消費変化率の関係を表す下記のモデル，

$$\Delta \ln c_t^i = \alpha_1 \Delta \ln c_t + \alpha_2 \Delta \ln y_t^i + \varepsilon_t^i, \tag{3.19}$$

または，

$$\Delta c_t^i = \alpha_1 \Delta c_t + \alpha_2 \Delta y_t^i + \varepsilon_t^i, \tag{3.20}$$

である．ただし，$\Delta \ln c_t^i$ は家計 i の t−1 期から t 期にかけての対数消費支出の階差であり，c_t は経済全体の消費支出，y_t^i は家計 i の t 期における所得である．ε_t^i は誤差項であり，所得等の説明変数と無相関であると仮定される．完全な保険市場の場合，上記の回帰係数は $\alpha_1=1$，$\alpha_2=0$ となっているはずである．なお，この方程式は第 1 章で議論した消費に関するオイラー方程式ではない，ということに注意せねばならない．オイ

ラー方程式の導出で問題になるような線形近似や条件付き期待値，あるいは予備的貯蓄の存在や所得変動の恒常的部分の抽出等，面倒な問題が上記の推定において発生しないのである．

Mace(1991)は，このような完全保険市場の検証の先駆けであり，後の分析に非常に強い影響を与えた．彼女の結果は，後述するように，その後多くの批判にさらされることになるが，消費のパネルデータと外生的なショックの代理変数が存在すれば検証可能であるため，今でもこの手法を用いる研究は多い．

Mace(1991)が用いたデータはアメリカのConsumer Expenditure Survey(CEX)の個票データである．CEXはMaceの論文のみならず，その後の家計消費分析において中心的な役割を果たす重要なデータセットであり，広く外部の研究者に公開されている．Maceの研究結果を正しく評価するためにも，また，現在における家計消費の実証分析を理解するためにも，CEXのデータ構造について十分に理解することは極めて重要である．

3.2.1.1 Consumer Expenditure Survey(CEX)

CEXはアメリカのBureau of Labor Statisticsが1980年より現在まで行っている家計調査であり，詳細な消費支出データと所得・資産・家計状況に関するデータが記録されている．家計は家計簿サンプル(Diary Sample)とインタビューサンプル(Interview Sample)に分けられ，前者は2週間，家計簿に支出の記録をつける．前者は各家計1度だけであり，家計レベルのパネルデータにはならない．後者のサンプルに含まれる家計は四半期に1度，計5回のインタビューを受け，過去の消費支出や所得に関する質問に答える．サンプル家計数はそれぞれ7000程度である．家計簿サンプルは，消費支出の計測誤差の分析ではよく使用されるが，家計消費の分析ではもっぱらインタビューサンプルが使用されている．

インタビューサンプルに選ばれた家計は，まず最初のインタビューで，人種や教育水準，家計構成や耐久消費財などの質問に答える．消費に関しては最初のインタビューでは質問されない．その後，3か月に1度，その間の3か月分の消費支出に関して質問が行われる．下記は，2005年の調査票の一部である．

> Section 4, Part B deals with other telephone expenses, including the purchase of pre-paid telephone cards and spending on public telephone use.
>
> Since the first of the reference month, have you or any members of your CU purchased any pre-paid telephone cards?
>
> Yes
>
> No
>
> What was the total amount paid? [enter value] ___________
>
> How much of the total was paid this month? [enter value] _________
>
> Since the first of the reference month, have you or any members of your CU had any expenses for public pay phone services not already reported?
>
> * Do not include expenses for phone cards associated with the regular phone bill or pre-paid phone cards
>
> Yes
>
> No
>
> What was the total amount spent?
>
> * For amounts less than $0.50, enter $0
>
> For amounts $0.50 to $0.99, enter $1
>
> [enter value] ___________
>
> How much of the total amount was spent this month? [enter value] ___________

このように，過去3か月分と直前の1か月分の支出に関して質問されている(項目によっては，3か月分しか質問していない)．調査項目は膨大な数にのぼり，教育から住宅，食料，医療まで，家計支出のほぼ全てを網羅している．

一方，所得に関しては，第2インタビューと第5インタビューでのみ行われ，過去1年分の所得に関して質問されている．したがって，消費データは1か月，あるいは3か月のデータが4回存在し，所得に関しては1年分のデータが2回存在している．

Mace(1991)は，1か月分の支出データを用い，下記の4式を推定している．

$$\Delta \ln c_t^i = \alpha_0 + \alpha_1 \Delta \ln c_t + \alpha_2 \Delta \ln y_t^i + \varepsilon_t^i, \tag{3.21}$$

$$\Delta c_t^i = \alpha_0 + \alpha_1 \Delta c_t + \alpha_2 \Delta y_t^i + \varepsilon_t^i, \tag{3.22}$$

$$\Delta \ln c_t^i = \alpha_0 + \alpha_1 \Delta \ln c_t + \sum_{k=1}^{M} \gamma_k \Delta E_{kt}^i + \varepsilon_t^i, \tag{3.23}$$

$$\Delta c_t^i = \alpha_0 + \alpha_1 \Delta c_t + \sum_{k=1}^{M} \gamma_k \Delta E_{kt}^i + \varepsilon_t^i, \tag{3.24}$$

ただし，E_{kt}^i は家計メンバー k の就業状態である．

3.2.1.2 Mace(1991)の結果

表3.1は，Mace(1991)において，消費水準の一階の階差を被説明変数とした場合の結果である．F統計量は $\alpha_1=1$，$\alpha_2=0$ を帰無仮説とするものである．

最も重要な結果は，消費支出の階差を用いた上記の表において，第(4)列で示されているF統計量が極めて小さく，多くの場合棄却できない，すなわち完全保険市場の存在を否定できない，ということである．また，対数差分，すなわち消費の変化率に関しても，α_1 は極めて1に近く，α_2 は有意であってもその値は非常に小さいことが報告されている．すなわち，完全な保険市場が観察されない財に関しても，その動きは完全な保険市場下での動きに極めて近い，ということになる．

3.2.2 Cochrane(1991)とMiller and Altug(1990)

Mace(1991)と同じ号の *Journal of Political Economy* に，Cochraneによる Maceと良く似た結果を含む論文が掲載されている．Mace(1991)と異なり，Cochrane(1991)はPanel Study of Income Dynamics(PSID)を用い，かつ，マクロショックをより一般的な形で扱っている．

Cochraneは，PSIDの1980年から1983年までのデータを使用している．PSIDはCEXと異なり，同一家計を長期間追跡しているため，かなり長い期間の変化を知ることができる．ただし，PSIDには食料支出しか存在せず，かつ，典型的な1週間の消費支出しか質問していない．そのため，支出データの質としてはCEXよりも劣るが，同一家計の長期パネ

表 3.1　Mace(1991)の主要結果

Consumption Measure	(1) Intercept	(2) ΔC	(3) Δy	(4) $\alpha_1=1, \alpha_2=0$	(5) R^2
Total Consumption	−77.87 (19.32)	1.06 (0.11)	0.03 (0.02)	1.27	0.008
Services	−30.47 (7.48)	1.01 (0.10)	0.01 (0.007)	1.14	0.009
Nondurables	−13.97 (3.33)	0.99 (0.06)	0.01 (0.003)	7.71*	0.023
Durables	−32.44 (16.87)	1.03 (0.15)	0.004 (0.02)	0.06	0.004
Food	−7.46 (2.12)	1.01 (0.08)	0.005 (0.002)	2.52	0.016
Housing	−13.80 (3.45)	0.92 (0.10)	0.004 (0.003)	1.10	0.008
Utilities	0.62 (1.01)	1.00 (0.40)	0.002 (0.001)	1.60	0.060
Household Furnishings	−17.01 (10.69)	0.94 (0.18)	−0.02 (0.01)	1.72	0.003
Clothing	−6.83 (2.18)	1.00 (0.04)	0.006 0.002	3.51*	0.058
Medicalcare	1.92 (2.79)	0.98 (0.16)	−0.02 (0.003)	0.18	0.004
Transportation	−15.40 (12.11)	1.01 (0.14)	0.02 (0.01)	1.68	0.005
Recreation	−11.65 (5.70)	0.93 (0.13)	0.01 (0.006)	2.78	0.005

注) Mace(1991)の Table 2.
括弧内は標準誤差．自由度は 10633．(4)は F 統計量で，* は 5% で有意であることを意味する．

ルデータになっているという利点は大きい．Cochrane(1991)は，1980 年をベースとし，その後の 1983 年までの累積変化，すなわち 4 年間の消費変化および様々なリスク指標の変化をまとめ，両者の相関を調べている．Cochrane の推定式はクロスセクションデータを用いた，下記のような単純な OLS である．

$$\Delta \ln c^i = \alpha_0+\alpha_2 \Delta \ln X^i+\varepsilon^i, \tag{3.25}$$

ただし，X^i は様々なリスク尺度(病気，非自発的失業，非自発的失業による求職期間，ストライキの日数，非自発的移動，所得成長率等)である．

Mace(1991)の推定式と比較すると，この手法，すなわち，マクロ変数を用いない手法には大きなアドバンテージがある．それは，ここではマクロショックは全て定数項に含まれており，推定する必要がないのである．Ravallion and Chaudhuri(1997)は，完全保険の存在検証に用いられる二つの推定式，

$$\Delta\left(\ln c_t^i - \ln c_t\right) = \alpha_0 + \alpha_1 \Delta \ln y_t^i + \varepsilon_t^i, \tag{3.26}$$

$$\Delta \ln c_t^i = \alpha_0 + \sum_k \delta_k \Delta D_{kt}^i + \alpha_1 \Delta \ln y_t^i + \varepsilon_t^i, \tag{3.27}$$

を比較し，(3.27)式が真のデータ生成過程で，かつ，α_1 が正であるとき，(3.26)式による α_1 の推定量は

$$\alpha_1^{ols} = \alpha_1\left(1 - plim\ R_y^2\right), \tag{3.28}$$

$$R_y^2 = \frac{\sum_i \sum_t \left(\Delta \ln \overline{y_t} - \Delta \ln \overline{y}\right)^2}{\sum_i \sum_t \left(\Delta \ln y_t^i - \Delta \ln \overline{y}\right)^2}, \tag{3.29}$$

と，下方バイアスが生じることを示している．直観としては，$\Delta \ln y_t^i$ にはマクロショックと個別ショックの両方が含まれており，(3.27)式ではマクロショックが(個々の家計に与える影響が同一である限り)完全にコントロールされているのに対し，(3.26)式ではコントロールが不完全であり，個別ショックの指標としてはノイズが入っていることになる．そのノイズの大きさは，所得の総変動のうち，マクロショックの割合 R_y^2 に依存しているのである．Mace(1991)や彼女の推定式を利用している研究では，全てのマクロショックは $\ln c_t$ によってコントロールされると仮定しているが，ダミー変数を用いる，あるいはデータ期間を一時点にし，定数項を推定式に含めることで，マクロショックに対してよりロバストな推定を行うことが可能となるはずである．

Mace(1991)との比較で，第二の利点は，長期間の変動をとっていることにある．Mace(1991)は四半期，すなわち3か月間の消費変化を見ていたが，ここでは4年間の変化であり，より多くのリスクを分析することが可能となっている．もっとも，食料消費しか存在しないことは，他の消費支出からの分離可能性を仮定せねばならないことを意味しており，

Mace(1991)よりも限定的な分析に留まっている点もある．

Cochrane(1991)の結果は，(1) 100日以上の病気により欠勤，(2) 非自発的失業，のリスクに関しては，消費は保証(Insure)されていないが，ストライキや非自発的移動，非自発的失業による求職期間の長さ，および100日よりも短い病気による欠勤，に対しては消費はInsureされている，というものである．Cochraneは，これらの結果から，完全保険市場が存在しない，という結論を導くことに対しては慎重である．また，非自発的失業後の求職期間は消費成長率にプラスの影響を与えているが，これは解釈が困難であり，非自発的，という概念そのものに問題がある可能性，あるいは，長期にわたる病気が消費を引き下げるように選好を変化させている可能性を示唆している．

Cochrane(1991)と同様にPSIDを用いながら，Miller and Altug(1990)はGMMの過剰識別検定を通じ，完備資本市場の有無を検証している．彼らは家計消費支出の変動のうち，家族構成の変化と時間ダミーの効果を除いた残差が過去の賃金変化率と直交するという条件を用い，GMM推定を行い過剰識別検定，すなわち，条件付き期待値がゼロからどの程度乖離するかを検証した．その結果は，完備資本市場の存在を棄却することはできないというものであった．Altonji, et al.(1996)によると，Miller and Altug(1990)の結果はロバストではなく，サンプル期間の変更および異なる操作変数の選択次第で完備資本市場の存在を棄却可能であることを指摘している．CochraneやMaceによる研究では，完備資本市場の有無は特定の変数の係数により検証されていたが，Miller and Altug(1990)等による推定式全体の過剰識別検定による手法は，完備資本市場が予測する多くの条件を同時に用いている点で効率的である．ただ，過剰識別検定により完備資本市場が棄却されたとしても，得られたSargan統計量，あるいはp値から，実際に完備資本市場からどの程度乖離しているかの情報は得られないことに注意する必要がある．たとえ，完備資本市場からの逸脱が軽微なものであったとしても，サンプルサイズが十分に大きく，検出力の強い統計量で検証すると，完備資本市場は明確に棄却されてしまう．実際の経済で完備資本市場が文字通り成立すると考えることは非現実的であり，検証すべきは，完備資本市場から実際の経済がどの程度乖離しているかを計測することであろう．

3.2.3 その他の国々

3.2.3.1 Kohara, et al.(2002)

Mace(1991)の手法を日本のパネルデータに適用した代表的な論文がKohara, et al.(2002)である．彼女たちは1989年から1997年までの総務省統計局による『家計調査』の個票データを使用し，様々な消費支出に関して，(3.21)式を推定している．

『家計調査』は総務省が毎月行っている調査であり，約7000家計に対し，6か月間，詳細な家計消費および所得状況に関して家計簿をつけさせ，毎月提出させている．『家計調査』の結果はGDPの速報値にも利用されており，日本政府が行っている数少ない家計パネルデータでもある．家計簿に基づく，全国の毎月の支出状況がわかる点で，精度の高く利用価値の高いものである一方，サンプルは原則として勤労家計であり，6か月という短期間調査であり，長期的な変化を追うことができない点が欠点となっている．

Kohara, et al.(2002)は，様々な消費カテゴリーごとに，1か月間の支出変化率，あるいは5か月間の変化率を計算し，総支出変化率および家計所得変化率に回帰している．その結果$\alpha_1=1$，$\alpha_2=0$のFテストは棄却されるケースが多く，$\alpha_2=0$も正で有意であるものがほとんどである．一方，α_1の推計量は1に極めて近く，一方α_2の係数は極めて小さい．したがって，日本の家計消費は完全保険市場を棄却するが，その動きは完全保険市場に近いと解釈可能である．

3.2.3.2 Townsend(1994)

インドの貧しい農村に関して保険の存在の有無およびその定量的評価を行ったTownsend(1994)の論文は，Mace(1991)とならび，この分野では極めて影響力の強い論文であり，かつ同様に多くの批判の対象にもなったものである．

Townsend(1994)では，総消費支出として，全国の消費量ではなく，村落単位の消費支出を用い，家計消費変化率が村落平均からどの程度乖離しているかを保険の指標としている．すなわち，彼の分析対象は，村落単位の保険の有無である．推定式は

$$\Delta\left(\ln c_t^i - \ln c_t\right) = a_0 + \alpha_1 \Delta \ln y_t^i + \varepsilon_t^i, \tag{3.30}$$

であり，支出データとしては食料消費支出が用いられている．分析の中心は村落単位での様々な所得指標の係数，α_1 の大きさおよび有意性の検証である．結果はモデルの特定化次第で α_1 は有意になったりならなかったりするが，α_1 の値そのものは全般的に極めて小さく，完全保険市場に近い，すなわち村落単位で消費の保険が提供されていることが示唆されている．

もっとも，この結果は，消費の計測誤差によるものではないかという指摘もなされている．Townsend(1994)は，家計が申告する自家消費と市場からの購入額の和を消費支出額として用いているが，Ravallion and Chaudhuri(1997)は，その指標によると食料消費/所得比率が低く，消費が過少に申告されている可能性があると指摘した．そして，消費支出として，生産量から在庫および市場での売却額を除いた値を農家の自家消費として用いると，α_1 の推定量は10倍近く増加し，0.4から0.5程度となることを示している．

3.2.3.3　バングラディシュ・エチオピア・マリ・メキシコ・ロシア

家計の消費と所得に関するパネルデータが存在すれば，完全保険の検証は可能である．近年では，各国の家計パネルデータのアーカイブが整理され，かなり自由に使えるようになっている．Skoufias and Quisumbing (2003)は，バングラディシュ等の多くの国の家計パネルデータを用い，保険の有無を検証している．その結果は，バングラディシュに関しては男性の病気リスク，エチオピアに関しては家畜の病気，都市部ロシアに関しては所得と失業リスクがInsureされておらず，完全保険市場は棄却されている．一方，マリとメキシコに関しては様々なリスク指標は消費変化率に影響を与えておらず，またロシア家計における失業リスクの与える影響も

係数は大きいとは言えず，必ずしも一貫した図を描けてはいない．

3.2.3.4 その他

これまでは家計レベルの消費変動に対する保険の検証を紹介してきたが，もっと大きなレベルでの保険を検証する分析もある．例えば，Lewis(1996)やPrete(2007)は，OECD諸国のマクロ消費とマクロの所得が世界全体での消費変動とどの程度相関するかを検証している．国境を超えた保険を検証しているのである．同様の研究はアジア諸国に関しても，また日本の都道府県に関しても可能であり，林(2000)は，日本の1975年から1993年までの県民経済計算のデータを用い，都道府県間の保険の有無の検証を行い，多くの場合，完全保険市場を棄却できないことを報告している．

3.2.4 Maceに対する批判

Mace(1991)等の研究は，その後多くの批判の対象となっている．Nelson(1994)は，Maceに対するコメント論文の中で，(1) CEXの1か月データのみを用いること，および(2)所得ショックの指標の不適切さ，の2点を批判している．CEXは3か月間の支出データを記録しているが，1か月と3か月データでは，標準偏差が全く異なり，3か月データの方が標準偏差が小さくなっている．これは，1か月データには多くの一時的要因が含まれていることを示唆しており，Nelson(1994)は，これを購入頻度が低い商品が多いためではないかと推察している．また，所得ショックの指標として，1年間の所得変化率ではなく，失業期間を用いることを提案している．3か月の消費データおよび失業期間を用いた推定では，失業期間は多くの場合有意であり，完全保険市場を帰無仮説とするF検定も棄却される．したがって，完全保険市場を棄却できない，としたMace(1991)の結果は，1か月間の短期の消費データを用いたために生じたものである可能性があるとNelsonは指摘している．一方，Nelsonの推定においても所得変化率の係数は小さく，総消費の係数は1に近いという結果はそのままであり，全体の動きとしては完全保険市場に近いものとなっている．もっとも，Nelson(1994)は，この係数の小ささは所得データに含まれる計測誤差によるものではないかと推測している．

CEX の所得データは，消費と異なり，2 回目と 5 回目のインタビューにおいて，過去 1 年分の所得額を調査しており，2 回分のデータしか存在しない．また，2 回目と 5 回目の間には 9 か月しかなく，その結果 3 か月分の重複が生じる．2 回目のインタビューでは，消費は過去 3 か月分，所得は過去 1 年分の調査が行われる．ここで重要なことは，消費変化率と所得変化率を計算するときに，両者のタイミングが一致しないことである．例えば，2000 年の第 1 四半期と第 4 四半期における消費変化率を計算する場合，利用可能な所得は，1999 年の第 2 四半期から 2000 年の第 1 四半期までの 1 年間の値と，2000 年の第 1 四半期から同第 4 四半期までの 1 年間の所得である．二つの所得は 2000 年の第 1 四半期が重複されており，かつ，2000 年の第 1 四半期の消費データは，同時期の所得を反映している可能性が高い．CEX の所得データには，消費データと対応させる場合は，期間のずれによる計測誤差が含まれているのである．

Gervais and Klein(2010)に従い，第 7 期と第 4 期の間の消費，所得変化を下記のように書く．

$$C = C_7 - C_4, \tag{3.31}$$

$$Y = Y_7 - Y_4. \tag{3.32}$$

完全保険市場の検定は

$$C = \beta Y + \varepsilon, \tag{3.33}$$

の回帰分析で，β の有意性に基づいてなされる．実際には，Y は観察不可能であり，計測誤差 η を含む $\widehat{Y}$ しか観察できない．

$$\widehat{Y} = Y + \eta. \tag{3.34}$$

OLS 推定量は，$Cov(\eta, C) = Cov(\eta, Y) = 0$ と仮定すると

$$C = \beta \widehat{Y} + \varepsilon, \tag{3.35}$$

$$\begin{aligned} \text{plim } \beta^{OLS} &= \frac{Cov(\widehat{Y}, C)}{Var(\widehat{Y})} = \frac{Cov(Y, C)}{Var(Y) + Var(\eta)} \\ &= \beta \left(\frac{Var(Y)}{Var(Y) + Var(\eta)} \right) < \beta, \end{aligned} \tag{3.36}$$

となり，下方にバイアスが生じる．完全保険を支持する方向にバイアスが生じるのは，この種の検定では望ましいものではない．

Dynarski and Gruber (1997) は，CEX に含まれる追加的な所得データを操作変数として使用している．これは，第 2 期と第 5 期の 2 回，最後の給与所得額について質問しているものであり，月に 1 度の支払いであれば 1 か月の給与所得となる．この情報により，3 月と 12 月の所得額を知ることができる．この差分，すなわち

$$Z = y_{12} - y_3, \tag{3.37}$$

を所得の操作変数として利用している．このときの IV 推定量は

$$\text{plim } \beta^{IV} = \frac{Cov\,(Z, C)}{Cov\,(\widehat{Y}, Z)}, \tag{3.38}$$

であり，$E\,(\eta\varepsilon) = 0$ であれば，

$$\beta = \frac{Cov\,(Z, C)}{Cov\,(Y, Z)}. \tag{3.39}$$

変形して漸近的性質を見ると，

$$\text{plim } \beta^{IV} = \beta \frac{Cov\,(Y, Z)}{Cov\,(Y, Z) + Cov\,(Z\eta)}. \tag{3.40}$$

したがって，$Cov\,(Z\eta) = 0$ のとき，IV 推定量は一致統計量となる．もっとも，この仮定が成立している可能性は低く，その場合，IV 推定量にもバイアスが生じることになり，その方向は $Cov\,(Z\eta)$ の符号に依存する．Gervais and Klein (2010) は，観察不能な四半期ごとの所得が AR (1) に従うと仮定し，GMM 推定を行うことで上記のタイミングのずれによる計測誤差を修正することを提案している．彼らの計算によると，$Cov\,(Z\eta) < 0$ であり，IV 推定量はリスクシェアリングを過小に評価することになる．一方，OLS 推定量は過大に評価し，彼らの GMM 推定量は両者の中間程度，β の推定量は 0.1 程度となることが報告されている．消費を分割すると，外食を除く食費は所得にほとんど依存せず，一方耐久消費財は所得への依存度が高く，耐久消費財がバッファーとなり，全体の消費平準化が行われている様子が報告されている．無論，GMM の背後にある，四半期ごとの所得が AR (1) に従うという仮定は極めて強いもので

ある．一般に，内生性や誤差の問題を扱う際には，新しいデータを用いる(操作変数)か，経済理論に依拠して構造を与える，の 2 種類しかない．そして，どちらが適切で，かつ統計的検出の強いものであるかは自明ではない．正しい操作変数を見つけることは容易ではなく，そのような変数や Event を見つけるには，経済理論に対する深い理解が必要なことが多い．

日本の『家計調査』を用いた Kohara, et al.(2002)では，所得と消費のタイミングは一致しており，CEX を用いた研究で見られるようなバイアスは生じない．ただし，『家計調査』は 6 か月間のパネル調査であり，データ頻度は 1 か月であることに注意する必要がある．Kohara, et al.(2002)は，季節ダミーを用いて季節性を除去した推定も行い，結果に大きな変化がなかったことを報告している．問題は，『家計調査』の主対象である勤労家計にはボーナスという大きな季節的所得変動があり，夏のボーナスが 6 月か 8 月かは人により異なる，すなわち季節性パターンは人により異なる点にある．季節ダミーで除去できるのは全家計に共通の季節変動のみであり，家計ごとに異なる場合は除去できない．家計ごとに異なる季節性変動を除去するには前年同月比を計算する必要があるが，残念ながら半年しかデータがない『家計調査』では不可能である．

3.2.5　Attanasio and Davis(1996)

これまで紹介した完備市場の検証は，Cochrane(1991)を除き，比較的短期の所得変動に対し，家計消費が反応しているか否かに注目してきた．完備資本市場であれば，いかなる所得変動に対しても保険が成立するはずであり，その意味で，短期変動に対する保険の検証は誤りではないが，より経済学的に重要な保険の有無は，長期的な所得変動，すなわち恒常的所得変動に対する保険の有無であろう．Friedman(1957)以来，消費変動は一時的な変動には貯蓄等で対応できるが，恒常的な変動に対しては対応できず，消費は恒常所得の関数として定式化されることが多い．そのため，完備資本市場の仮定である，恒常所得に対しても保険が成立しているか否かを検証することは，消費理論にとり極めて大きな意味をもつ．Attanasio and Davis(1996)は CEX からコホート別パネルデータを作成

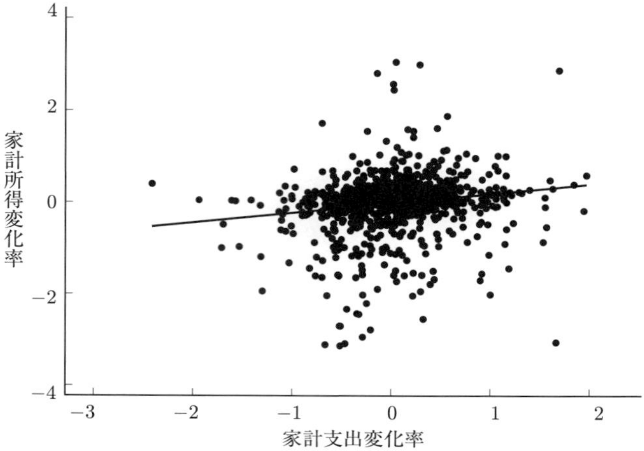

図 3.1　日本における長期的な所得変化率と支出変化率の関係

し，平均賃金の 10 年間の上昇率と消費変化率の関係を調べ，正で有意な相関を発見した．これは，持続的所得変動に対する保険の存在を明確に否定するものである．また，消費変化率を長期的な賃金変化率に回帰すると，その係数は 0.8 程度と極めて大きく有意となっており，少なくとも，長期的な賃金変化に対する保険は機能していないと結論づけている．

図 3.1 は，日本の家計パネルデータを用い，2004 年から 2009 年までの家計所得の変化率と家計支出の変化率の関係を表したものである[5)]．家計支出変化率を所得変化率に回帰すると，係数は 0.139 であり，t 統計量は 5.56 と有意となっている．一方，2008 年から 2009 年までの 1 年間の変化だけを用いた回帰では，係数は 0.086 で t 統計量は 3.31 である．1 年間の変化を用いた場合でも係数は有意であるが，その値は小さく，Kohara, et al.(2002) によるものと整合的であるが，6 年間の所得変化に対しては，比較的大きな係数となっており，長期的な所得変化に対しては，日本においても Attanasio and Davis(1996) と同様に完全な保険は存在していないことを示している．

5)　慶應義塾大学によるパネルデータ(KHPS)であり，家計所得は，男性配偶者の勤労所得，支出は家計総支出である．

3.2.6 Deaton and Paxson (1994)

完備市場の主張である「家計所得がどのような値をとったとしても消費はその影響をうけない」という含意が正しいのであれば，Attanasio and Davis (1996) のように長期的な消費と所得の反応を見るまでもなく，経済全体の消費の分散が所得分散と連動しているか否かを見ることで十分な検証が可能である．1991 年には，Cutler and Katz (1991) がマクロ経済全体の消費分散が時代と共に大きく変動し，所得分散と連動していることを示しているが，より詳細に，年齢階層別，コホート別に消費分散と所得分散の推移を分析し，その後の消費分析に大きな影響を与えたものが Deaton and Paxson (1994) である．Deaton and Paxson (1994) は，台湾，アメリカ合衆国およびイギリスにおけるそれぞれの個票データを用い，所得分散と消費分散が年齢と共に増加していくことを示している．これは，Attanasio and Davis (1996) と同様に，長期的な所得変動に対しては完全な保険は存在せず，所得分散の増加に伴い消費分散が増加していくことを示している．この結果は，その後の恒常所得・ライフサイクル仮説に基づく消費分析の実証的な基礎となったものであり，第 9 章で詳細に紹介する．また，家計消費と所得に関するモデル分析を行った近年の Blundell, et al. (2008) による推定では，一時ショックの 95%，恒常ショックの 36% が Insure (保険) されているという結論を導いている．この結果は，第 8 章で再び議論する．

3.2.7 まとめ

もしも現実の経済が完備市場により近似が可能であり，各家計の消費がかなりの程度で連動していれば，代表的個人によりマクロ経済全体を描写することを正当化できる．Mace (1991) に始まる一連の，家計消費の連動性を検証した分析によれば，完備市場の仮説そのものは棄却されるケースが多いものの，家計間消費支出の連動性は極めて高く，また，家計可処分所得との相関は小さい．日本の『家計調査』を用いた Kohara, et al. (2002) も同様に，完備市場は棄却しているが，完備市場からの乖離はそれほど大きくないという結果を得ている．また，Townsend (1994) によるインド農村の検証では，村落単位での有効な保険の存在が示唆されている．これらの結果は，代表的個人モデルでマクロ経済全体を描写することを支持するものである．一方，Mace(1991)や Townsend(1994)による研究に対しては批判も多く，データに含まれる計測誤差やタイミングのずれ等の影響を考慮すると，完備市場からの乖離が大きくなるという指摘もある．より強力に完備市場仮説に疑問を投げかける結果は長期的な所得変動に対する消費の反応を分析した Attanasio and Davis(1996)，およびコホート別の所得・消費分散の推移を分析した Deaton and Paxson(1994)により提示されており，彼らの結果に従うと，少なくとも長期的な所得変動リスクに対する完全な保険は存在しておらず，消費は長期的な所得変動に反応し変化する．彼らによるこの結果は Friedman(1957)が提示した恒常所得仮説，すなわち，消費は恒常的な所得変化に対して反応する，という仮説に沿うものとなっている．完備資本市場に実際の経済がどの程度近いものであるかについては，結論を出すのは時期尚早である．ただ，一連の研究結果からは，短期的な変動に対してはある程度の保険が存在し，長期的な変動に対しては，短期変動ほどには保険の存在を確認できない，と解釈するのが自然であるように思われる．

ミクロの家計消費は，完備資本市場モデルでは，少なくとも長期的な所得ショックに対する反応に関しては，十分な描写ができない，という結論は，現在の家計消費分析の出発点である．保険でカバーされない不確実性に対して，家計がどのように反応しているか，またどのように対処しているか，どのようなモデルで描写可能であるかが，現在の家計消費分析の中心的な研究課題となっているのである．

第4章　恒常所得・ライフサイクルモデル

4.1　導　　入

前章の最後で紹介したAttanasio and Davis(1996)およびDeaton and Paxson(1994)の結果は，所得変化に対する完全な保険は存在せず，家計消費は，少なくとも長期的な所得変化に対しては反応するというものであった．短期的な所得変動と消費の関係を分析したMace(1991)によると，短期的な所得変動が消費に与える影響はゼロではないにしろ，その大きさは限定的であった．以上の結果は，家計消費は短期的な所得変化ではなく，長期的な所得変化に対してのみ反応するという，Friedman(1957)が提唱した恒常所得仮説に沿うものである．

FriedmanおよびModiglianiに起源をもつ消費の恒常所得・ライフサイクルモデルと，前回のArrow Securitiesの存在する経済の違いは，予算制約式を見ると明らかになる．Sequential Economyにおいては，来期の不確実性に対し保険が存在する．今期までの歴史がs^tで，来期の状態がs_{t+1}であるときの条件付き財を購入することが可能であり，家計iが購入する条件付き財を$a_{t+1}^i\left(s^t, s_{t+1}\right)$，対応する価格を$q_t\left(s^t, s_{t+1}\right)$とすると，t期における予算制約は下記のようになる．

$$c_t^i\left(s^t\right)+\sum_{s^t\in S^t} q_t\left(s^t, s_{t+1}\right) a_{t+1}^i\left(s^t, s_{t+1}\right) \leq y_t^i\left(s^t\right)+a_t^i\left(s^t\right). \qquad (4.1)$$

すなわち，t期において，t+1期の所得が減少したときに備え，保険を買うことが可能になっている．

一方，恒常所得・ライフサイクルモデルでは，来期の状態に依存して支払いや受け取りを契約する保険市場が存在せず，今期と来期をつなげるのは，ただ一つの資産，a_t^iのみになる．t期首において保有する資産a_t^iはt期において先決変数になっており，t−1期における意思決定の結果である．したがって，a_t^i=$a_t^i\left(s^{t-1}\right)$となる．また，この資産の収益は時間のみに依存し，各家計の状態に依存しないことから，$q_t\left(s^t, s_{t+1}\right)=q_t$ となる．したがって，t 期における歴史が s^t であるときの，t 期における予算制約式は下記のような単純なものになる．

$$c_t^i\left(s^t\right)+q_t a_{t+1}^i\left(s^t\right)=y_t^i\left(s^t\right)+a_t^i\left(s^{t-1}\right). \tag{4.2}$$

ここで，$q_t\left(s^t\right)$ は，t 期において，状態が s^t であるときに t+1 期に 1 単位の消費財を入手するための価格であり，この逆数が金利となる．この金利を $r=(1/q)-1$ と定義すると，上式は

$$c_t^i\left(s^t\right)+\frac{a_{t+1}^i\left(s^t\right)}{1+r}=y_t^i\left(s^t\right)+a_t^i\left(s^{t-1}\right), \tag{4.3}$$

となり，標準的な動学マクロモデルにおける予算制約式となる．

将来所得の変動に対し，保険市場を考えない恒常所得・ライフサイクルモデルは現在の家計消費分析の標準となっており，特に Hall(1978) による線形モデル(確実性等価モデル: Certainty Equivalent Model)は，現在においても，実証分析を行う際のベンチマークモデルとなっている．

4.2　不確実性がない場合の消費者問題

前章に従い，家計の効用関数を下記で定義する．

$$U=\sum_{t=0}^{T}\sum_{s^t\in S^t}\beta^t\pi_t\left(s^t\right)u^i\left(c_t^i\left(s^t\right), s^t\right). \tag{4.4}$$

ここで，資本市場が不完備であり，将来の不確実性，s^t の実現値に依存するような保険が存在しないと仮定する．家計は各期に予算制約:

$$c_t^i\left(s^t\right)+q_t a_{t+1}^i\left(s^t\right)=y_t^i\left(s^t\right)+a_t^i\left(s^{t-1}\right), \tag{4.5}$$

の下で効用を最大化させることを考える．ただし，単純化のため，$q_t=1/(1+r)$ は期間によらず一定であるとする．

議論を単純にするため，経済に不確実性がなく，各家計が経済の経路，s^t を将来にわたり完全に予見可能であるとしよう．この場合，所得に不確実性はなくなる．さらに，死亡時の扱いをなくすために，この家計は無限期間生存すると仮定する．また，無限の借り入れを禁止する No Ponzi Game Condition を下記のような，将来所得の現在割引価値の総和と現在

の金融資産の和の条件として課す．

$$W_t = a_{t-1} + \sum_{s=0}^{\infty} \frac{y_{t+s}}{(1+r)^s} < \infty. \tag{4.6}$$

この条件は，各期において，借り入れ可能な最大額は，将来にわたって受け取る所得の割引現在価値の総和である，ということを意味しており，Natural Debt Limit とも呼ばれる．

効用最大化のための一階条件は，

$$u_c\left(c_t, s^t\right) = \beta\left(1+r\right) u_c\left(c_{t+1}, s^{t+1}\right). \tag{4.7}$$

これは，第 1 章で導出した家計消費のオイラー方程式である．

上記の関係を用い，$\beta=1/(1+\rho)$ とすると，t 期の消費と 0 期における消費との関係は下記のように表すことが可能である．

$$u_c\left(c_t, s^t\right) = \left(\frac{1+\rho}{1+r}\right)^t u_c\left(c_0, s^0\right). \tag{4.8}$$

s^t が時間に関して一定，あるいは消費と分離可能であるとき，上式は消費に関する単純なオイラー方程式となり，$\rho<r$ のとき，家計の消費水準は毎期上昇していき，逆に $\rho>r$ のとき，家計消費は毎期減少していく．

s^t が選好ショックで，例えば家計の健康状態や気候等を反映しており，その値の増加が消費の限界効用を高めるとき，s^t の増大は消費水準を高める．なぜなら，各期の効用関数は消費に関する凹関数であると仮定されているため，限界効用は消費の減少関数であり，前期の限界効用と今期の限界効用を一致させるためには，消費が増加せねばならないのである．選好 s^t が消費と分離可能なとき，消費は常に一定となる．すなわち，

$$c_{t+1} = c_t, \tag{4.9}$$

となる．この結果に従うと，今期の消費と来期の消費水準に変化があるときは，(1) 金利と時間割引率が一致しない，(2) 経済に保険の対象にならない不確実性がある，(3) 経済の状態が家計の選好に直接影響を与える，あるいは (4) 家計の効用関数が時間に関して分離可能ではない，の四つの理由のいずれかが成立していることになる．

Retirement Saving Puzzle

単純化されたライフサイクルモデルでは，家計消費は常に一定となる．これは非常に強力な含意であり，多くの場合，実証分析の結果と一致しない．近年のライフサイクルモデルの実証分析において，特に重視されている家計消費の変動は，世帯主が労働市場から引退したときに，家計消費が大きく低下する現象である．引退前後における家計消費の変動は多くの分析で指摘されており，代表的なものに，アメリカ合衆国における The Retirement History Survey を用いた Hamermesh (1984)，PSID を用いた Bernheim, et al. (2001) がある．また，日本においても，郵政研究所が作成した『家計における金融資産選択に関する調査』を用い，Wakabayashi (2008) が引退後における家計消費の低下を報告している[1)]．

慶應パネルデータを用い，有配偶家計の男性年齢が 51 歳から 74 歳の家計による対数家計消費支出を年ダミー，家計構成人数ダミー，家計ダミー(固定効果推定)，および年齢ダミーに加え，世帯主の就業ダミーに回帰すると，就業しているとき 1 の値をとるダミーの係数は 0.1026 と大きな正の値をとり，標準誤差も 0.026 と，統計的に有意な値となる[2)]．年齢や家計構成の変化を考慮しても，引退が日本の家計消費支出を大きく低下させているのである．このような，引退が家計消費・貯蓄行動に大きな影響を与えていることは Retirement Saving Puzzle と呼ばれており，現在，多くの研究がなされている分野である．

Retirement Saving Puzzle は，家計の労働供給の内生性を考慮することで解釈することが可能である．選好 s^t が家計の労働供給水準を表し，家計消費と分離できないとき，例えば下記のような各期効用関数を考えてみよう．

$$u_t = \frac{\left(c_t^{\gamma}\left(1-s^t\right)^{1-\gamma}\right)^{1-\sigma}-1}{1-\sigma}, \quad 0<\gamma<1, \quad \sigma>1. \qquad (4.10)$$

このとき，一階条件を整理すると，家計消費と労働供給の間には下記の

1) Retirement Saving Puzzle に関して，Hurst (2008) が優れたサーベイを行っている．
2) 対数をとらずに回帰すると，係数は 45，すなわち月次支出額が引退により 4 万 5000 円低下することになる．

ような関係があることがわかる．

$$\frac{c_t}{c_0}=\left(\frac{1-s^t}{1-s_0}\right)^{\frac{(1-\gamma)(1-\sigma)}{1-\gamma+\gamma\sigma}}. \tag{4.11}$$

上式右辺は s^t の増加関数となっており，労働供給と消費は同じ方向に動くことになる．例えば，労働市場から引退すると，消費も低下することになる．Banks, et al.(1998)は，イギリスのデータを用い，労働供給を考慮することでRetirement Saving Puzzleが完全ではないが，ある程度緩和されることを報告している．

一方，Retirement Saving Puzzleという事実そのものに疑問を投げかける研究も存在する．Hurd and Rohwedder(2008)は引退期における詳細なパネルデータであるアメリカ合衆国のHealth and Retirement Survey (HRS)のサブサンプルに対し行った消費調査に基づき，引退期における非耐久消費支出は大きく低下していないという結果を得ている．また，Aguiar and Hurst(2005)は，引退期において消費支出が低下することを認めつつ，それはライフサイクルモデルと整合的であると主張している．彼らは，引退により余暇時間が増加することで，より少ない支出でも引退前と実質的に同じ水準の消費が可能になっているという仮定をたて，アメリカ合衆国における家計のカロリー摂取データを用い，引退時期における支出額は低下してもビタミンやカロリー量等の消費水準は変化しておらず，消費量そのものは一定であるという結果を得ている．

消費水準が引退後に急減するという現象がはたして本当に生じているのか，また，それらは恒常所得・ライフサイクルモデルの枠組みで説明可能であるか否かに関しては，高齢者を対象とした新たなデータの開拓，および支出と消費の分離など，理論モデルの拡張により新たな展開がなされつつあり，現在の消費研究において最も活発な分野の一つとなっている．

4.3　不確実性下のモデル

今までは，不確実性のない経済を考えてきたが，これ以降，将来所得が経済の歴史，s^t に依存し，かつ，s^t に不確実性がある場合を考察する．

保険が存在しない場合の不確実性下の消費者の最適化問題を，前章に従い，下記のように定式化する．なお，金利は時間に依存せず一定と仮定している．

$$\max \quad \sum_{t=0}^{\infty} \beta^t \pi_t\left(s^t\right) u\left(c_t\left(s^t\right), s^t\right), \tag{4.12}$$

$$\text{s.t.} \quad y_t\left(s^t\right)+a_t\left(s^{t-1}\right)-c_t\left(s^t\right)-q a_{t+1}\left(s^t\right)=0 \quad \text{for all } t. \tag{4.13}$$

さらに，無限の借り入れを禁止するための No Ponzi Game Condition として，下記の条件を課す．

$$a_{t+1}\left(s^t\right) \geq -\sum_{\tau=t+1}^{\infty} \sum_{s^{\tau+1} \mid s^\tau} \frac{\pi_{\tau+1}\left(s^{\tau+1}\right)}{(1+r)^{\tau-(t+1)}} y_{\tau+1}\left(s^{\tau+1}\right). \tag{4.14}$$

ラグランジュアンは，

$$\begin{aligned} L= & \sum_{t=0}^{\infty} \beta^t \pi_t\left(s^t\right) u\left(c_t\left(s^t\right), s^t\right) \\ & +\sum_{t=0}^{\infty} \sum_{s^{t+1} \mid s^t} \lambda_t\left(s^t\right)\left(y_t\left(s^t\right)+a_t\left(s^{t-1}\right)-c_t\left(s^t\right)-q a_{t+1}\left(s^t\right)\right). \end{aligned} \tag{4.15}$$

このときの一階条件は，

$$\beta^t \pi_t\left(s^t\right) u_c\left(c_t\left(s^t\right), s^t\right)=\lambda_t\left(s^t\right), \tag{4.16}$$

$$\beta^{t+1} \pi_{t+1}\left(s^{t+1}\right) u_c\left(c_{t+1}\left(s^{t+1}\right), s^{t+1}\right)=\lambda_t\left(s^{t+1}\right), \tag{4.17}$$

および，

$$q \lambda_t\left(s^t\right)=\sum_{s^{t+1} \mid s^t} \lambda_{t+1}\left(s^{t+1}\right). \tag{4.18}$$

したがって，

$$\begin{aligned} & \beta^t \pi_t\left(s^t\right) u_c\left(c_t\left(s^t\right), s^t\right) \\ & \quad=\frac{1}{q} \sum_{s^{t+1} \mid s^t} \beta^{t+1} \pi_{t+1}\left(s^{t+1}\right) u_c\left(c_{t+1}\left(s^{t+1}\right), s^{t+1}\right). \end{aligned} \tag{4.19}$$

もしくは，

$$u_c\left(c_t\left(s^t\right), s^t\right) = \left(\frac{1+r}{1+\rho}\right) \sum_{s^{t+1}|s^t} \pi_{t+1}\left(s^{t+1}|s^t\right) u_c\left(c_{t+1}\left(s^{t+1}\right), s^{t+1}\right),$$
$$= \left(\frac{1+r}{1+\rho}\right) E_t u_c\left(c_{t+1}\left(s^{t+1}\right), s^{t+1}\right). \qquad (4.20)$$

$\rho=r$ のときは，

$$u_c\left(c_t\left(s^t\right), s^t\right) = E_t u_c\left(c_{t+1}\left(s^{t+1}\right), s^{t+1}\right), \qquad (4.21)$$

が成立し，消費の限界効用がマルチンゲール，すなわち，来期の消費の限界効用の期待値が今期の限界効用に一致することがわかる．

ここで，完備資本市場下であると仮定すると，

$$q_t\left(s^{t+1}\right) = \frac{\pi_{t+1}\left(s^{t+1}|s^t\right)}{1+r}, \qquad (4.22)$$

となり，一階条件は，

$$u_c\left(c_t\left(s^t\right), s^t\right) = u_c\left(c_{t+1}\left(s^{t+1}\right), s^{t+1}\right). \qquad (4.23)$$

したがって，もしも s^t が直接効用水準に影響を与えないならば，

$$c_t\left(s^t\right) = c_{t+1}\left(s^{t+1}\right), \qquad (4.24)$$

となり，消費水準は，経済の状態に依存せず一定となることは前節で議論した通りである．

一方，恒常所得・ライフサイクルモデルの下では，所得の不確実性に対処するための保険市場が存在しないので，期待値オペレーターが残り，

$$u_c\left(c_t\left(s^t\right)\right) = E_t u_c\left(c_{t+1}\left(s^{t+1}\right)\right). \qquad (4.25)$$

もしも，各期の効用関数が CRRA であれば，限界効用は凸関数，すなわち $u_{ccc}>0$ となる．このとき，イェンセンの不等式より，

$$u_c\left(c_t\left(s^t\right)\right) = E_t u_c\left(c_{t+1}\left(s^{t+1}\right)\right) \geq u_c\left(E_t c_{t+1}\left(s^{t+1}\right)\right), \qquad (4.26)$$
$$c_t\left(s^t\right) \leq E_t c_{t+1}\left(s^{t+1}\right), \qquad (4.27)$$

となる．これは，今期の消費は来期の消費の期待値よりも小さくなっている，すなわち，貯蓄をしていることを意味している．これは予備的貯蓄と言われ，その水準は，不確実性の程度および限界効用の凸性に依存しており，具体的な大きさを計算するには一階条件のみではなく，家計の動学問題を解き，最適消費経路の水準を求める必要がある．最適消費経路の水準を求めるには，特殊ケースを除きコンピューターによる数値計算が必要と

なる．これは第 6 章において詳細に議論する．

(4.27)式をそのまま扱うのは困難であっても，(4.25)式の両辺は等号で結ばれており，効用関数の連続微分可能性を仮定している限り，テイラー展開が可能である．今，s^t を無視し，両辺をある消費水準 $\overline{c}$ でテイラー展開すると，

$$u_c(\overline{c})+u_{cc}(\overline{c})(c_t-\overline{c})+R_2^t(c_t)=E_t\left[u_c(\overline{c})+u_{cc}(\overline{c})(c_{t+1}-\overline{c})+R_2^{t+1}(c_t)\right], \tag{4.28}$$

ただし，$R_2^t(c_t)$ はテイラー公式の剰余項である．剰余項は消費の二乗および効用関数の三回微分の情報が含まれており，この剰余項を無視するということは，消費分散が効用に与える影響，および限界効用の曲率を無視することに等しい．しかしながら，この項を無視すると，

$$c_t = E_t c_{t+1}, \tag{4.29}$$

となり，消費水準そのものがマルチンゲールとなる．これは，(4.25)式における期待値の影響を無視することに等しい．(4.26)式の不等号は，リスク回避的な家計は，確実に確保できる 100 円と，期待値 100 円のくじであれば，前者を選好するということを意味している．剰余項を無視することで得られる(4.29)式は，限界効用が線形である，すなわち，不確実性の存在が一階条件に影響を与えないということを意味する．これは非常に強い仮定であるが，一方，家計消費の動学に関して(4.29)式という関係を，複雑な動学問題を解くことなしに得ることができるという利点がある．確実性等価モデル(Certainty Equivalent Model)と呼ばれるこのモデルは，現在の動学消費モデルの基本となっている．

4.4 確実性等価モデル(Certainty Equivalent Model)

確実性等価モデルでは，限界効用が消費に関して線形であった．これは，効用関数が消費の二次関数であることを意味する．今，経済の状態 s^t が各期の消費の効用から分離可能であり，かつ消費の効用が二次関数であると仮定しよう．すなわち，

$$u\left(c_t\left(s^t\right),s^t\right)=-\frac{1}{2}\left(c_t\left(s^t\right)-\overline{c}\right)^2+v\left(s^t\right), \tag{4.30}$$

ただし，$\overline{c}$ は消費の飽和点である．この飽和点 $\overline{c}$ よりも消費水準が大きいと消費の限界効用が負になってしまい，通常の効用関数の仮定に反することになることに注意せねばならない．確実性等価モデルを用いる場合は，所得の実現値に比べて，消費の飽和点は十分に大きく，飽和点を実現するような消費経路は Ponzi Game となってしまうように，動学モデルを設計することが必要となる．

確実性等価モデルにおける消費のオイラー方程式は，

$$E_t c_{t+1}=a_1+c_t, \tag{4.31}$$

$$\text{where}\quad a_1=\overline{c}\left(1-\frac{1+r}{1+\rho}\right). \tag{4.32}$$

したがって，$\rho=r$ のときは，

$$E_t c_{t+1}=c_t, \tag{4.33}$$

すなわち，消費水準はマルチンゲールとなる．

(4.33)式は，期待値オペレーターを外し，期待誤差項 ε_{t+1} を導入し，下記のように書くことが可能である．

$$c_{t+1}=c_t+\varepsilon_{t+1}, \tag{4.34}$$

ただし，$E_t\left(\varepsilon_{t+1}\right)=0$．あるいは，

$$\Delta c_{t+1}\equiv\left(c_{t+1}-c_t\right)=\varepsilon_{t+1}, \tag{4.35}$$

と表現することも可能である．ここで，もしも ε_{t+1} が *i.i.d.* であれば消費はランダムウォークとなる．そのため，いくつかの文献では，マルチンゲールをさらに強め，消費はランダムウォークに従うと記述している．無論，ε_{t+1} の分布は，効用関数の形状や所得等の確率変数の分布に依存しており，一般に *i.i.d.* になるとは限らない．

4.5　消費のマルチンゲール性の検証

消費がマルチンゲールである，ということは経済学的に非常に強い含意がある．(4.33)式は，将来の消費水準を予測するためには，現在の消費

の情報が十分統計量となっており，他の情報，所得や資産，金利等の情報は必要ないということを意味しているのである．1970 年代後半まで主流であったケインズ経済学体系において，消費関数の形状，特に消費の限界消費性向は，乗数効果の大きさを規定する最も重要なものであり，マクロ計量モデルの中心に位置していた．上記の消費モデルに従うと，今期の所得と消費の間には，予期されない所得変化のみが消費に影響を与え，予期されている所得変化は消費に影響を与えない．したがって，今期所得をモデルに導入する場合は，その所得の実現値のうち，どの程度が事前に予期されていたかが重要な要素となる．(4.34)式において，ε_{t+1} には予期されない所得変化の実現値が含まれており，当期所得を説明変数に加えると，当期所得と残差が相関をもつため，回帰分析の一致性がなくなってしまう．一方，過去の所得や資産等の情報は，過去の消費水準に全て含まれているため，それらを説明変数に加えても，係数は全てゼロになる．

おそらく，20 世紀における経済学において最も影響力のあった論文の一つである Hall (1978) は，アメリカ合衆国におけるマクロ消費水準がマルチンゲールによってかなりの程度近似可能であるという結果を報告し，一大論争を引き起こした．具体的には，Hall (1978) は 1948 年から 1977 年までのアメリカ合衆国の国民経済計算に基づく四半期季節調整済み 1 人あたり非耐久消費支出とサービス支出 (c_t)，可処分所得 (y_t)，および株価 (s_t) を用い，下記の式を OLS で推定している．もしも消費支出がマルチンゲールであれば，定数項と消費の一次のラグ項以外の変数は，それが被説明変数である t 期の消費以前に決定されている限り，説明力をもたないはずである．

$$c_t = \alpha_0 + \sum_{i=1}^{l} \alpha_i c_{t-i} + \sum_{i=1}^{n} \beta_i y_{t-i} + \sum_{i=1}^{m} \gamma_i s_{t-i} + \varepsilon_t. \tag{4.36}$$

Hall (1978) は，ラグの期間や説明変数の選択に関して様々なスペシフィケーションで上式を推定しているが，全てのケースで消費の一次のラグ項の係数はほぼ 1 であり，定数項を除き，可処分所得や高次の消費のラグ項は有意ではないことを報告している．ただし，株価に関しては有意な説明力を有することも報告しており，完全なマルチンゲールとなってはいないことも認めている．このHall(1978)の推定の際，可処分所得や資産等がどのように決定されているかを特定する必要がないことは注目に値する．家計が消費を決定する際に，それまでに利用可能な情報を全て使用している限り，消費の一階条件は過去のどんな変数の値からも独立しているはずであり，過去の所得やインフレ率等のデータが残差と相関をもつことはありえないのである．

Hall(1978)の結果に対し，非常に多くの論文が書かれてきた．1980年代および90年代前半までのマクロ実証分析は消費と所得の時系列分析を中心になされてきたと言っても過言ではない．その間，GMMやError Correctionモデル等，計量手法の改良がなされ，非定常過程のトレンドの処理法，季節性変動の扱い方，データの集計期間とタイミングの処理法など，マクロ・ミクロの様々なデータの特徴がこのHall(1978)のモデルを中心に分析されてきた．また，Hall(1978)が分析の外においた，当期可処分所得と消費との関係は，Flavin(1981)が所得決定過程をモデルに取り込み，消費が当期の可処分所得に対し，理論が予測するよりも遥かに強く依存している(過剰反応: Excess Sensitivity)という結果を導き，さらに多くの追随研究を生み出している．Hall(1978)を端緒とする研究は極めて膨大な数にのぼる．本章では，特に，厳密なマルチンゲール性を検証した分析の紹介に留め，次章以降でExcess Sensitivity等に関する実証分析を紹介する．

まず，Daly and Hadjimatheou(1981)はイギリスの戦後におけるマクロデータを用い，可処分所得や消費の高次のラグ項が有意であることを報告している．同様に，Davidson and Hendry(1981)はイギリスの，しかし季節調整前のデータを使い，Seasonal Difference，すなわち四半期データの前年同期からの階差を用いた推定を行い，失業率等のラグ項が有意な効果を与えることを報告している．もっとも，このSeasonal Differenceをとる手法に関してはHall(1981)が，合理的期待モデルの誘導形とは言えないと反論している．Cuddington(1982)はカナダのデータでHall(1978)と同様の検証を行い，M1，民間資産，国民総支出，失業率のラグ項が消費に対し有意な影響を与えているとしている．Johnson(1983)はオーストラリアのデータを用い，やはり，所得や失業率のラグ項が有意であると報告している．日本に関しては，小川他(1986)が，1 四半期〜3 四半期前の可処分所得，3 四半期〜4 四半期前の失業率が消費水準を説明する上で有意な効果がある，としている．興味深いのは，Davidson and Hendry(1981)を除き，多くの研究が季節調整済みデータを用いて検証していることである．Elwood(1998)は，季節調整前のアメリカ合衆国のマクロデータを用い，季節性パターンの推定をモデル内部で行う場合，所得のラグ項は有意な効果をもたないが，季節調整済みデータを用いると，所得のラグ項が有意な効果をもってしまうことを報告している．時系列データにおける季節調整の扱いは極めて重要な問題であり，十分なスペースを用いて議論する価値のあるものであり，次章で詳細に議論する．

以上はマクロデータを用いた分析であったが，消費決定のモデルは家計のライフサイクルモデルに基づいているため，様々な家計の集計量であるマクロデータよりも，家計単位のミクロデータで検証する方が，より理論に即したものになる．Hall and Mishkin(1982)は，アメリカ合衆国のPSID を用い，家計単位の食料支出変化率と所得変化率の関係から，マルチンゲール性の検証を行っている．ただし，PSID の食料支出には多くの計測誤差が含まれているため，Hall and Mishkin(1982)は消費データにMA(2)に従う一時的消費支出を導入し，所得と消費の共分散情報から，理論値と実際の値を比較している．その結果は，PSID の消費および所得データは一時的消費を加えた恒常所得モデルによく合致するが，過去の所得変化率と消費変化率の間に有意な相関があり，下記のような関係を報告している．

$$\Delta c_t = \underset{(6.16)}{-4.95} \underset{(0.02)}{-0.010}\Delta y_{t-1}, \quad R^2 = 0.0028, \quad \#obs = 6926. \tag{4.37}$$

Altonji and Siow(1987)は，Hall and Mishkin(1982)と同様に PSID を用い，所得変化のラグと現在の消費変化の間の有意な関係はロバストではないことを報告している．また，Runkle(1991)は，PSID を用い過去の所得情報が $\Delta \ln c_{t+1}$ に有意な影響を与えず，過剰識別検定もモデルの棄却ができず，恒常所得仮説およびマルチンゲール性を支持する結果を得ている．恒常所得仮説の検証，特に過去や現在の所得との関係は，消費の過剰反応と呼ばれ，1980 年代以降の消費分析の中心トピックであった．これは次章で詳細に議論する．

第5章　消費の過剰反応

5.1　導　　入

Hall(1978)では，所得や資産のラグと消費の関係が分析されていたが，伝統的なケインズ経済学では，所得のラグではなく，同時点の所得と消費の関係が，消費の限界性向として重視されてきた．Hall(1978)による恒常所得・ライフサイクルモデルにおいて，同時点における消費と所得の関係を導出するためには，所得変動のうち，どの程度が予期されない，そして持続的あるいは恒常的なものであるかを知らねばならない．具体的には，Hall(1978)においては特に仮定が置かれなかった所得の動学過程について，明示的にモデルに取り込む必要が生じる．

Flavin(1981)は，所得過程を定常な線形過程と仮定し，当期の消費と所得の関係を導き，所得と消費を含む全体のシステムの推定を試みた．そして，当期所得と消費の関係が，Hall(1978)のモデルが予測するよりも遥かに大きな値をとることを報告し，この現象を消費の過剰反応(Excess Sensitivity)と名付けた．この消費の過剰反応の分析は1980年代半ばから1990年代前半におけるマクロ計量分析で最も活発に議論がなされたものであり，現在においてもマクロ・ミクロの様々なデータに基づき，各国で検証がなされている．

5.2　確実性等価モデルにおける消費関数の導出

当期の消費と所得の関係を導くには，オイラー方程式のみならず，予算制約式や所得の決定過程式の情報を利用し，最適消費経路を実際に導かねばならない．

前章における不確実性下のモデルにおいて，t 期における予算制約は下記のように書くことができた．

$$E_t \sum_{s=0}^{T-t} \frac{c_{t+s}}{(1+r)^s} = E_t \sum_{s=0}^{T-t} \frac{y_{t+s}}{(1+r)^s} + a_t \equiv W_t. \tag{5.1}$$

W_t は，初期における家計の総資産であり，当初の金融資産と将来得られる所得の現在割引価値の総和から構成される．今，Hall(1978)に従い，消費がマルチンゲールになっている経済を考える．すなわち，消費支出は，

$$E_t c_{t+1} = c_t, \tag{5.2}$$

となっている．すると，上式左辺の時間を 1 期先にし，さらに t 期における期待値をとる，すなわち，

$$E_t E_{t+1} c_{t+2} = E_t c_{t+1} = c_t, \tag{5.3}$$

という関係を得ることができる．これは，マルチンゲール性から自然に出てくる性質であるが，この操作を繰り返し行うことで，予算制約式に含まれる将来の消費を消去し，t 期における消費水準を t 期の資産の関数として表現することができる．具体的には，有限視野($T<\infty$)においては，

$$c_t = \theta_t^{-1} \frac{rW_t}{1+r}, \tag{5.4}$$

ただし，

$$\theta_t = \left(1 - \frac{1}{(1+r)^{T-t+1}}\right), \tag{5.5}$$

である．無限視野の場合は $\theta_t=1$ となり，有限視野における最終期，すなわち $t=T$ であれば $\theta_t=r/(1+r)$ となる．

したがって，

$$\theta_t c_t = \frac{rW_t}{1+r},$$

$$\theta_{t-1} c_{t-1} = \frac{rW_{t-1}}{1+r}. \tag{5.6}$$

予算制約より，

$$a_t = (1+r)(a_{t-1} + y_{t-1} - c_{t-1}).$$

したがって，

$$\frac{W_t}{1+r}=(a_{t-1}+y_{t-1}-c_{t-1})+\frac{1}{(1+r)}E_t\sum_{s=0}^{T-t}\frac{y_{t+s}}{(1+r)^s}, \tag{5.7}$$

$$\theta_t c_t = r\,(a_{t-1}+y_{t-1}-c_{t-1})+\frac{r}{(1+r)}E_t\sum_{s=0}^{T-t}\frac{y_{t+s}}{(1+r)^s}, \tag{5.8}$$

$$\frac{\theta_t c_t+rc_{t-1}}{(1+r)}=\frac{r}{(1+r)}(a_{t-1}+y_{t-1})+\frac{r}{(1+r)^2}E_t\sum_{s=0}^{T-t}\frac{y_{t+s}}{(1+r)^s}. \tag{5.9}$$

ところで，最後の式の左辺から $\theta_{t-1}c_{t-1}$ を引くと，

$$\begin{aligned}\frac{\theta_t c_t+rc_{t-1}}{(1+r)}-\theta_{t-1}c_{t-1}&=\frac{\theta_t c_t}{(1+r)}-\left(1-\frac{1}{(1+r)^{T-t+2}}-\frac{r}{(1+r)}\right)c_{t-1}\\&=\frac{\theta_t c_t}{(1+r)}-\frac{1}{(1+r)}\left(1+r-\frac{1}{(1+r)^{T-t+1}}-r\right)c_{t-1}\\&=\frac{\theta_t c_t}{(1+r)}-\frac{1}{(1+r)}\left(1-\frac{1}{(1+r)^{T-t+1}}\right)c_{t-1}\\&=\frac{\theta_t \Delta c_t}{(1+r)}. \end{aligned}\tag{5.10}$$

したがって，(5.9)式の右辺から $\theta_{t-1}c_{t-1}$ を引き，整理すると，

$$\begin{aligned}\frac{\theta_t \Delta c_t}{(1+r)}&=\frac{r}{(1+r)}(a_{t-1}+y_{t-1})+\frac{r}{(1+r)^2}E_t\sum_{s=0}^{T-t}\frac{y_{t+s}}{(1+r)^s}-\theta_{t-1}c_{t-1}\\&=\frac{r}{(1+r)}(a_{t-1}+y_{t-1})+\frac{r}{(1+r)^2}E_t\sum_{s=0}^{T-t}\frac{y_{t+s}}{(1+r)^s}-\frac{rW_{t-1}}{1+r}\\&=\frac{r}{(1+r)}(a_{t-1}+y_{t-1})+\frac{r}{(1+r)^2}E_t\sum_{s=0}^{T-t}\frac{y_{t+s}}{(1+r)^s}\\&\quad-\frac{r}{1+r}\left(E_{t-1}\sum_{s=0}^{T-t+1}\frac{y_{t+s-1}}{(1+r)^s}+a_{t-1}\right). \end{aligned}\tag{5.11}$$

さらに，整理可能であり，

$$\theta_t \Delta c_t = ry_{t-1} + \frac{r}{1+r} E_t \sum_{s=0}^{T-t} \frac{y_{t+s}}{(1+r)^s} - rE_{t-1} \sum_{s=0}^{T-t+1} \frac{y_{t+s-1}}{(1+r)^s}$$

$$= \frac{r}{1+r} E_t \sum_{s=0}^{T-t} \frac{y_{t+s}}{(1+r)^s} - rE_{t-1} \sum_{s=1}^{T-t+1} \frac{y_{t+s-1}}{(1+r)^s}$$

$$= \frac{r}{1+r} E_t \sum_{s=0}^{T-t} \frac{y_{t+s}}{(1+r)^s} - \frac{r}{1+r} E_{t-1} \sum_{s=1}^{T-t+1} \frac{y_{t+s-1}}{(1+r)^{s-1}}$$

$$= \frac{r}{1+r} E_t \sum_{s=0}^{T-t} \frac{y_{t+s}}{(1+r)^s} - \frac{r}{1+r} E_{t-1} \sum_{s=0}^{T-t} \frac{y_{t+s}}{(1+r)^{s-1}}$$

$$= \frac{r}{1+r} \sum_{s=0}^{T-t} \frac{(E_t - E_{t-1})\, y_{t+s}}{(1+r)^s}. \tag{5.12}$$

すなわち，

$$\Delta c_t = \left(\frac{1}{\theta_t}\right) \frac{r}{1+r} \sum_{s=0}^{T-t} \frac{(E_t - E_{t-1})\, y_{t+s}}{(1+r)^s}. \tag{5.13}$$

もしも無限視野であれば $\theta_t = 1$ となり，

$$\Delta c_t = \frac{r}{1+r} \sum_{s=0}^{T-t} \frac{(E_t - E_{t-1})\, y_{t+s}}{(1+r)^s}. \tag{5.14}$$

これは，今期における消費の変化分は，今期において新たに判明した生涯所得の変化の現在割引価値の和に等しいことを意味する．ここで，所得が下記のような AR(1) に従うと仮定する．

$$y_{t+1} = \rho y_t + \varepsilon_{t+1}, \quad (0 < \rho < 1), \tag{5.15}$$

すると，

$$\begin{aligned}(E_t - E_{t-1})\, y_{t+s} &= E_t y_{t+s} - E_{t-1} y_{t+s} \\ &= \rho^{s-1} y_t - \rho^s y_{t-1} \\ &= \rho^s y_{t-1} + \rho^{s-1} \varepsilon_t - \rho^s y_{t-1} \\ &= \rho^{s-1} \varepsilon_t. \end{aligned} \tag{5.16}$$

したがって，

$$\sum_{s=0}^{T-t} \frac{(E_t - E_{t-1})\, y_{t+s}}{(1+r)^s} = \sum_{s=0}^{T-t} \frac{\rho^{s-1}\varepsilon_t}{(1+r)^s}$$

$$= \frac{1}{1+r} \left(\frac{1-\left(\dfrac{\rho}{1+r}\right)^{T-t+1}}{1-\dfrac{\rho}{1+r}} \right) \varepsilon_t$$

$$\equiv \kappa_{T-t}\varepsilon_t, \tag{5.17}$$

κ_{T-t} は，無限視野の場合は定数であり，有限視野の場合は，最終期から現在時点までの長さに依存する関数である．

上式より，消費と所得の系列は，下記の連立方程式で描写可能になる．

$$\Delta c_t = \kappa_{T-t}\varepsilon_t, \tag{5.18}$$

$$y_{t+1} = \rho y_t + \varepsilon_{t+1}. \tag{5.19}$$

消費データの計測誤差を u_t と表し，他の変数と直交し，かつ系列相関がないものとする．もしも消費がマルチンゲールであれば，下記の連立方程式，

$$\Delta c_t = \gamma + \beta \Delta y_t + \kappa_{T-t}\varepsilon_t + u_t, \tag{5.20}$$

$$y_{t+1} = \rho y_t + \varepsilon_{t+1}, \tag{5.21}$$

を推定すれば，β はゼロでなければならない．

Flavin(1981)は，無限視野ではあるが，所得過程としてより高次のラグを許容した，より一般的なモデルをアメリカ合衆国のマクロデータを用いて推定し，β がゼロではないことを報告している．これは，消費が所得の変化に対し，合理的期待に基づく恒常消費・ライフサイクルモデルが予測するよりも過剰(excess)に反応していることを意味している．また，Flavin は，所得変化のラグも統計的に有意な効果を消費変化に与えることも報告しており，Hall(1978)の結果がサンプル期間に依存するものであることも示唆している．Flavin は四半期データを用いていたが，Hayashi(1982, 1987)はアメリカの年次データを用い，やはり，所得と消費変化の間に強い相関があることを報告している．

Flavin や Hayashi の結果は多くの注目を集めた．彼らの結果は，家計の消費行動は経済理論が予測するよりも現在所得に過度に依存している，すなわち，合理的期待に基づく家計消費行動は現実に適合していないこと

を意味するためである．また，消費が当期所得に強く依存するという結果は，伝統的なケインズ経済理論に近いものでもあり，マクロ経済政策にとって重要な含意をもつ．そのため，消費の過剰反応については，様々な検証が行われた．消費の過剰反応の検証は，1980年代から1990年代にかけて，マクロ実証分析における最大の課題の一つであったと言っても過言ではない．以下，特に影響力の強かった論点をいくつか紹介する．

5.2.1 所得の非定常性

Mankiw and Shapiro (1985) は，Flavin が定常所得過程を仮定する一方，実証分析の際にはデータのトレンドを除去した上で推定していることを指摘し，このデトレンド作業により，本来存在しない過剰反応を作り出している可能性を指摘した．所得過程が非定常であり，

$$\Delta y_t - v = \rho(\Delta y_{t-1} - v) + \varepsilon_t, \tag{5.22}$$

のようなものであるとしよう．そして，Hall (1978) のモデルが正しく，消費はランダムウォークになっており，過剰反応が発生していないような状況を想定し，シミュレーションにより消費と所得の系列を作成する．この場合，所得過程に定常性の仮定を置かない Hall (1978) の手法であれば，シミュレートされた消費の系列はマルチンゲールとなり，所得のラグ値には依存せず，今期の所得への反応も限定的なものとなる．しかしながら，Flavin (1981) のように，所得をデトレンドし，定常過程で近似すると，シミュレートされた消費と所得系列の間に，本来存在しない正の相関が生じてしまうことを Mankiw and Shapiro (1985) は指摘した．この問題は非定常過程である所得を定常過程である消費階差と同時に推定することから生じている．Stock and West (1988) は，非定常過程をデトレンドした後に，デトレンド操作を無視した回帰分析等を行うと，バイアスが生じてしまう可能性を認めつつ，Hall (1978) のスペシフィケーションに限っては，非定常過程をデトレンドした場合でもみせかけの過剰反応を作り出すようなバイアスは生じないことを示している．Flavin (1981) 等の過剰反応に対するより深刻な批判は，次に紹介する時間集計と季節性処理の問題に関して投げかけられている．

5.2.2　時間集計(Temporal Aggregation)

Hall(1978)による家計の消費決定モデルでは，各期に所得の実現値が決まり，その観察後に消費を決定すると仮定しているが，その際の，1 期，という意思決定期間として，はたして四半期，あるいは 1 年という単位が適切であるかは自明ではない．収入を年単位で固定されている家計がある一方，失業や給料の変化，病気等の事象は，1 年に 1 度，あるいは四半期に 1 度等，最適消費計画において重要な出来事は，1 年のうちでいつ生じるかわからない．年の途中で重要な変化が生じたときには，将来の消費計画はその時点で変更されると考えることが自然である．

一つの極端な立場は，連続時間を仮定し，経済現象や消費計画も連続的にコントロールされていると考えることである．Christiano, et al.(1991)は連続時間モデルを考え，四半期データで連続時間モデルの検証を考える場合のバイアスを考察している．Christiano, et al.(1991)のモデルを解くにはかなり複雑な操作が必要であるが，その基本メカニズムは単純である．Deaton(1992)に従い，下記のような例を考えよう．Hall(1978)のように，消費および所得の時間集計(Temporal Aggregation)を考える．τ は半年，t は 1 年とし，家計の意思決定は半年単位でなされるが，経済学者に観察可能なのは 1 年間の集計量のみであると仮定する．すると，1 年単位の階差は下記のようになる．

$$\begin{aligned}\Delta c_t^* &= c_\tau + c_{\tau+1} - c_{\tau-1} - c_{\tau-2} \\ &= \Delta c_{\tau+1} + 2\Delta c_\tau + \Delta c_{\tau-1} \qquad (5.23)\end{aligned}$$

$$\Delta y_{t-1}^* = \Delta y_{\tau-1} + 2\Delta y_{\tau-2} + \Delta y_{\tau-3.} \qquad (5.24)$$

消費がマルチンゲールであれば Δc_τ と $\Delta y_{\tau-1}$ は無相関になる．しかし，その場合でも，Δc_t^* と Δy_{t-1}^* は無相関にならない．なぜなら，上の二式で，$\Delta c_{\tau-1}$ と $\Delta y_{\tau-1}$ という同時点の変数が入っており，両者は正の相関があることが期待されるため(予期せざる所得の上昇は消費も上昇させる)，Δc_t^* と Δy_{t-1}^* の間には正の相関が生じてしまうのである．Christiano, et al.(1991)は，連続時間で定義された最適家計消費系列を導き，四半期データに集計された系列に対し，時間集計が与えるバイアスを考慮し推定を行うと，過剰反応は検出されないと論じている．

分析に用いる消費データが四半期単位の集計量である一方，真実の消費系列が日次等の，より高頻度の期間で生成されている場合，消費データの階差の自己相関は恒常所得仮説が予測するものと大きく異なるものとなる．真の消費系列がマルチンゲールであれば，全ての $s(>)$ に関して，$Cov\,(\Delta c_\tau, \Delta c_{\tau+s})=0$ であるから，

$$\begin{aligned} &Cov\,(\Delta c_t^*, \Delta c_{t-1}^*) \\ &\quad = Cov\,(\Delta c_{\tau+1}+2\Delta c_\tau+\Delta c_{\tau-1}, \Delta c_{\tau-1}+2\Delta c_{\tau-2}+\Delta c_{\tau-3}) \\ &\quad = Vav\,(\Delta c_{\tau-1}). \end{aligned} \tag{5.25}$$

したがって，消費データの階差の自己相関は正になる．時間集計が，本来存在しない正の系列相関を作り出すのである．

一方，時間集計問題が存在しないと仮定し，さらに消費データに計測誤差があり，その計測誤差が $i.i.d.$ であるとする．このとき，マルチンゲールに従う消費を c，計測誤差を含む消費データを c^+ とし，計測誤差を v とすると，

$$c_t^+ = c_t+v_t, \tag{5.26}$$

$$\Delta c_t^+ = v_t-v_{t-1}, \tag{5.27}$$

$$Cov\left(\Delta c_t^+, \Delta c_{t-1}^+\right) = -Var\,(v_{t-1}). \tag{5.28}$$

したがって，真の消費系列がマルチンゲールに従い，実際の消費データに系列相関のない計測誤差が含まれている場合，消費データの階差の一階の自己相関は負になることはあっても正になることはありえないのである．

四半期の消費データでは消費階差の自己相関の符号がたまに正になることが知られている．表 5.1 は，日本における国民所得計算データから計算した季節調整済みの消費と国内総生産の対数階差に関する特徴をまとめたものである．

第 2 列で示されている消費の自己相関は，有意で負になっているケースが 2 回あるが，全体として明確な傾向は存在しない．また，消費と所得の同時点での相関は正になっているが，その係数の大きさは時代により大きく異なっており，安定していないことも注目に値する．マクロの消費・所得の階差系列に関しては，安定した関係を見つけることは困難なの

表 5.1　マクロデータにおける家計消費支出と国内総生産の特徴

Date	$Corr(\Delta C, \Delta C(-1))$	$Corr(\Delta Y, \Delta Y(-1))$	$Corr(\Delta Y, \Delta C)$	SD(ΔY)	SD(ΔC)
1955-1959	−0.4112	−0.2177	0.8685*	0.0149	0.0170
1960-1964	−0.6548*	−0.4961*	0.8958*	0.0147	0.0143
1965-1969	0.1580	−0.1034	0.5487	0.0111	0.0084
1970-1974	−0.2733	0.2049	0.8775*	0.0155	0.0208
1975-1979	0.0256	−0.0762	0.3794	0.0061	0.0073
1980-1984	0.3178	−0.1240	0.2523	0.0043	0.0055
1985-1989	−0.5143*	−0.3407	0.7774*	0.0074	0.0084
1990-1995	−0.0768	0.3900	0.6148*	0.0063	0.0058

注）C：季節調整済み家計最終消費支出（自然対数）.
Y：季節調整済み国内総生産（自然対数）.
68SNA：1955 年は 1955 年第 2 四半期から.
SD：標準偏差：相関係数における * は 5% で有意であることを意味する.

である.

Ermini(1993) および Heaton(1993) は，月次データの消費変化率の一階の自己相関が常に負で有意となっており，四半期データと非整合的であることを指摘し，時間集計のみでは消費の過剰反応を説明できないと論じている．消費データの中心がミクロデータに移った近年，時間集計に対する関心は低下している．しかしながら，時間集計の存在は，Δc_t^* と Δy_{t-1}^* の相関を検証する場合，高次のラグを操作変数として使用する必要があることを明確に示した点で，その後の実証分析に大きな影響を与えている.

5.2.3　季節性（Seasonality）

図 5.1 は季節調整前と季節調整後の日本の実質家計最終消費支出を描いたものである[1]．

家計最終消費支出には強い季節変動があり，10 月から 12 月までの第 4 四半期における支出は，通常，第 1 四半期に比べ 1 割以上大きくなっている．図 5.2 からわかるように，国内総生産も同様に強い季節性があり，そのパターンは家計消費支出と極めてよく似ている.

1）　図 5.1 と図 5.2 は共に 1980 年第 1 四半期の値を 1 に基準化している.

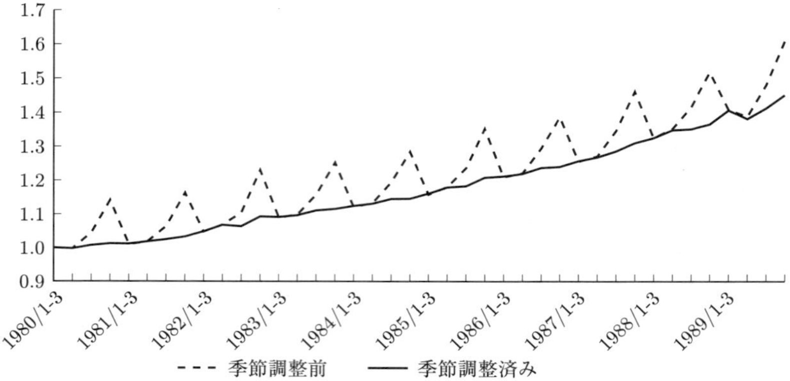

図 **5.1** 実質家計最終消費支出の季節調整

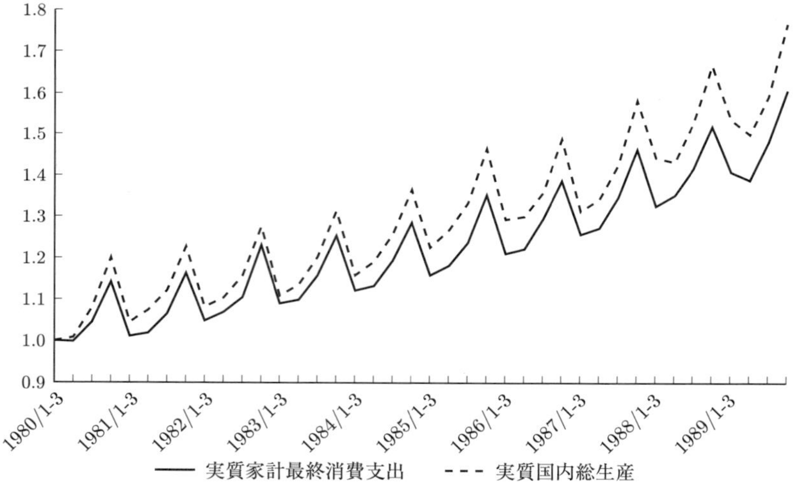

図 **5.2** 季節調整前総生産と家計消費

季節変動の原因は様々であり，天候や気温などによる自然現象要因や夏休み・クリスマスのような社会慣習，夏と冬に支払われるボーナスの影響など，非常に多くの要因を考えることが可能であり，様々な要因が背後にある極めて複雑な現象であると考えられる．その要因が何であれ，図 5.1，5.2 が示すように，データには明確な季節変動が記録されており，このまま消費と所得の相関を計算すると，その相関のほとんどは季節性変動によるものになってしまい，季節性とは関係のない，景気循環などの影響がかき消されてしまうことになる．そのため，季節変動を有するデータを用いた実証分析において，季節調整済みデータを用いて分析することが一般的に行われている．家計消費分析においても，Davidson and Hendry(1981)や Hayashi(1982)等，一部の分析を除き，マルチンゲール性や過剰反応の検証において，季節調整済みデータが実際に使用されている．季節調整に限らず，マクロ経済学の実証分析では，原データにHodrick-Prescott(hp)フィルターやバンドパスフィルターにより特定周波数変動の除去をあらかじめ行い，定常でスムーズな系列に変換してからマクロの構造モデルにFit させることがよく行われている．しかしながら，計量経済学の教科書である Davidson and MacKinnon(1993)が指摘しているように，動学モデルの推定に季節調整済みデータを使用すると大きなバイアスが生じることがある[2)]．

アメリカ合衆国や日本の国民経済計算では，X-12 ARIMA と呼ばれる，アメリカ合衆国のセンサス局が作成している季節調整プログラムを利用して季節調整が行われている．X-12 ARIMA は，それ以前に採用されていた X-11 の改良版であり，200 ページを超えるマニュアルが示すように，休日数の効果や時間に関して変化する季節性パターン等を扱うために，極めて複雑な処理が行われている[3)]．大雑把に解説すると，X-12 ARIMA による季節調整は原データに対し (1) 曜日変動等を考慮し，異常値と思われるものを系列から除去，(2) 異常値を削除した系列の将来予測値をARIMA を用い計算し，将来・過去の両方を用いた移動平均を季節調整済みデータとして作成，(3) 得られた季節調整済みパターンの診断，の3段階からなる．最も重要な段階は(2)の移動平均である．X-12 ARIMA と X-11 のいずれにおいても，公式統計の季節調整は過去と将来の移動平均により作成されており，季節性変動をもたらす構造的なモデルに基づくものではないのである．また，t 期の季節調整値が発表された後も，t 期

---

2)　"For dynamic models, the potential inconsistency from using seasonally adjusted data appears to be severe." p. 696, Davidson and MacKinnon (1993).

3)　詳細は X-12 ARIMA reference mannual(2009)を参照せよ．

以降のデータが利用可能になった時点で季節調整が再度かけられ，修正されていき，最終的に季節調整済みデータが確定するのは，数年後になることも珍しくない．すなわち，直近以外の季節調整済みデータは，将来の実現値の情報も含まれた加重平均となっているのである．

将来の実現値も含めた加重平均として季節調整済みデータが作成されていることは，マルチンゲール性の検証に限らず，多くのマクロ経済学の実証分析，特に条件付き期待値を用いる分析に対し深刻な問題を投げかける．マルチンゲールの検証で極めて重要な仮説は，1 期より前の実現値は将来の期待形成に直接影響を与えない，というものであった．例えば，1 期前の所得の実現値は，現在の消費に影響を与えない．なぜなら，1 期前の所得の情報は全て 1 期前の消費データに含まれており，1 期前の消費データを用いる限り，過去のいかなるデータをもってきても，現在の消費を説明することはできないためである．Hall (1978) 等による合理的期待に基づく最適消費経路の検証の際には，この直交条件が用いられてきた．しかしながら，X-12 ARIMA による季節調整済みの所得データには，将来の所得の実現値も含まれた加重平均となっており，将来の経済状態の期待値ではなく実現値の情報が反映されていることになる．マクロ経済の実証分析では，消費や所得のラグが操作変数として，将来の最適条件から独立しているという前提で用いられているが，季節調整済みデータでは，その前提が成立しないことになる．Sims (1993) が述べるように，「季節調整済みデータを用いる場合，ほとんど全ての計量分析は誤りとなる」のである[4)]．特に，価格粘着性や消費平滑化など，ある変数の動学的な安定性を分析するときや，過去の変数と将来の期待の直交性を利用するとき，もしくは経済主体のもつ情報の update を重視する分析において，季節調整済みデータを用いる場合，深刻なバイアスが生じる可能性は否定できないのである．

各期に多くの観察値があるミクロデータを用いる場合は，季節性変動が家計間で共通であれば時間ダミーで季節性変動を処理することが可能であ

4) "..., it is clear that use of seasonally adjusted data in estimating practically any model is a mistake." Sims (1993).

り，Kohara, et al.(2002)等が採用している．しかしながら，各期に一つの実現値しかないマクロ時系列データではそのような単純な解決策が存在しない．四半期や月次データ等の季節変動を有するマクロデータを用い，かつ，X-12 ARIMA 等の移動平均を用いた季節調整済みデータを用いずに分析する場合は，(1) 1 年前との階差を利用する，もしくは (2) 推定モデルの中に季節性変動を組み込み原系列を利用する，の 2 種類の方法がある．Davidson and Hendry(1981)は前者の手法を用いているが，近年では季節変動メカニズムを組み込んだ推定が試みられている．

この分野の初期の研究である Miron(1986)は，通常の CRRA 型効用関数を仮定しつつ，各期の効用は消費水準ではなく，以下のような家計内生産関数を反映しているとする．

$$\ln c_t^q = F_q \ln K_t^q + \sum_{s=1}^{S} G_s^q \ln X_t^s, \tag{5.29}$$

ここで，K_q は消費財 q の在庫水準，F と G は係数であり，X は定数，四半期ダミー，トレンドおよびトレンドの二乗を含むベクトル，すなわち，

$$X = [const, \exp\left(d_t^2\right), \exp\left(d_t^3\right), \exp\left(d_t^4\right), \exp\left(t\right), \exp\left(t^2\right)], \tag{5.30}$$

である．Miron(1986)は，トレンドと四半期変動をモデルに組み込むことで，季節調整済みデータやデトレンド済みデータの使用を回避し，原データを直接用いて消費のオイラー方程式を GMM により推定した．その結果，先行研究と異なり，過去の情報と消費の一階条件の直交性を検証する過剰識別検定は棄却されなかった．Miron(1986)は，季節調整済みデータを用いることが，本来正しい Hall(1978)のモデルの棄却につながっていると解釈した．この結果は，後にプログラムエラーの存在が指摘され，結果は撤回されてしまった[5]．結果は否定されたものの，Miron(1986)による季節性やトレンド処理をモデルに組み込む手法はその後も Attanasio and Weber(1993)等により採用されている．Elwood(1998)は Flavin(1981)流の所得過程と消費過程の同時推定を行う際に，所得を観察不可

5)　English, et al.(1989)を参照せよ．

能な恒常的変動，一時的変動，および季節性変動の3種類に分解し，また消費データにも観察不可能な季節性変動要因を加え，カルマンフィルターを用いて所得・消費の動学システムの推定を試みた．その結果，季節性変動をモデルに組み込んだ場合は，同時点所得に対する消費の過剰反応は観察されないが，季節調整済みデータを用い，推定モデルから季節性変動メカニズムを取り除く通常の分析では，消費の過剰反応が観察されることを報告している．

Sims(1993)は，季節調整済みデータを用いる限り，マクロ実証分析にバイアスが生じることは避けられないとしながらも，季節調整をモデルに組み込む際に，誤った形式で導入する場合，季節調整済みデータを用いる方がバイアスが少ないケースがあることを，消費関数の推定を例にとり指摘している．デトレンドや季節調整処理等を行ったデータを用いた場合の，より一般的な推定バイアスはHansen and Sargent(1993)が導出している．

年次よりも高頻度のデータを扱う際に，季節調整パターンを正しくモデルに組み込むことが最も望ましいことであることは自明である．しかし，季節調整パターンそのものが時代により変化しており，正しい季節調整パターンをモデル化することは容易ではない．マクロ計量モデルにおいて季節調整済みデータを用いるべきであるか否かについては，現在においても決着がついておらず，研究者にとり極めて困難な選択となっている．Sims(1993)が指摘するように，誤った季節変動システムをモデルに組み込むよりは，既存の季節調整済みデータを用いる方がよい可能性は否定できないものの，それがはたしてどのようなケースに当てはまるのかは明らかではない．マクロデータを用いる多くの実証分析では，季節調整済みデータを用いることの危険性について何も議論しておらず，操作変数としてラグ値を用いることが標準的に行われているが，それがどの程度のバイアスをもたらすかについては，もう一度真剣に考える必要があるように思われる．

5.2.4　習慣形成仮説

消費の当期所得，あるいは過去の所得への有意な反応が恒常所得仮説に反する最大の理由は，恒常所得仮説において，今期の消費と前期の消費が加法に関して分離可能な形で効用関数に組み込まれているためである．もしも前期の消費が今期の消費からの限界効用に影響を与えるならば，前期の消費に影響を与えた前期の所得が今期の消費水準に影響を与えるのは不思議ではない．消費の異時点間における分離可能性を廃した効用関数である習慣形成仮説，耐久消費財モデルにおいては，過剰反応は自然に生じる．

第 1 章で簡単に紹介した習慣形成仮説における消費経路を本項では具体的に導出してみる．下記の習慣形成仮説における最大化問題を考える．ただし，金利と時間選好を無視し，所得 y_t に不確実性があると仮定する．

$$\max \quad u = E_0 \sum_{t=1}^{T} v\left(c_t - \gamma c_{t-1}\right), \tag{5.31}$$

$$\text{s.t.} \quad A_{t+1} = A_t - c_t + y_t, \quad \text{for all } t. \tag{5.32}$$

ラグランジュアンを作ると，

$$L = \sum_{t=1}^{T} v\left(c_t - \gamma c_{t-1}\right) + \sum_{t=1}^{T} \lambda_t \left(A_t - c_t + y_t - A_{t+1}\right). \tag{5.33}$$

一階条件は，

$$v'_t - \gamma E_t v'_{t+1} = \lambda_t, \tag{5.34}$$

$$\lambda_t = E_t \lambda_{t+1.} \tag{5.35}$$

もしも，

$$v(x) = ax - \frac{b}{2} x^2, \tag{5.36}$$

$$x \equiv c_t - \gamma c_{t-1}, \tag{5.37}$$

ならば，

$$v'_t = a - b\left(c_t - \gamma c_{t-1}\right). \tag{5.38}$$

したがって，

$$-b\left(c_t - \gamma c_{t-1}\right) + \gamma b E_t \left(c_{t+1} - \gamma c_t\right) + a - a\gamma = \lambda_t, \tag{5.39}$$

$$-\left(c_t - \gamma c_{t-1}\right) + \gamma E_t \left(c_{t+1} - \gamma c_t\right) = E_t \left[-\left(c_{t+1} - \gamma c_t\right) + \gamma \left(c_{t+2} - \gamma c_{t+1}\right)\right]. \tag{5.40}$$

整理すると，

$$-E_t\left(c_{t+1}-c_t\right)+\gamma\left(c_t-c_{t-1}\right)+\gamma E_t\left(c_{t+2}-c_{t+1}\right)-\gamma^2 E_t\left(c_{t+1}-c_t\right)=0. \tag{5.41}$$

したがって，

$$\begin{aligned}&-E_t \Delta c_{t+1}+\gamma\Delta c_t+\gamma E_t\Delta c_{t+2}-\gamma^2 E_t\Delta c_{t+1}\\&=\left(-1-\gamma^2\right)E_t\Delta c_{t+1}+\gamma\Delta c_t+\gamma E_t\Delta c_{t+2}=0.\end{aligned} \tag{5.42}$$

整理すると，

$$E_t\Delta c_{t+1}=\frac{\left(1+\gamma^2\right)}{\gamma}\Delta c_t-\Delta c_{t-1}. \tag{5.43}$$

上式は，消費がもはやマルチンゲールではなく，前期までの所得変化に依存することを意味する．t+1 期の消費変化率は t 期および t−1 期の消費変化率に依存している．そして，t 期と t−1 期の消費変化率は，各期における予期せざる所得変化に依存するため，今期の消費と前期の所得の間に有意な相関が生じるのである．$\gamma>0$ のとき，$Corr\left(\Delta c_{t+1},\Delta c_t\right)>0$ であるため，今期の消費と前期の所得の間には正の相関が生じる．Sommer (2007) は，習慣形成仮説を採用することにより，過剰反応を含む，マクロ経済学上の消費のパズルの多くを解決可能であると主張している．習慣形成仮説を採用するマクロモデルは多く，近年では Christiano, et al. (2005)，日本においても Sugo and Ueda (2008) が採用している．しかしながら，ミクロデータによる検証では多くの場合，習慣形成仮説の存在は確認できないか，棄却されている．このマクロとミクロのギャップに関しては，本章の最後にまた議論する．

習慣形成仮説と同様に，異時点間の加法分離可能性を廃したモデルとして，下記のような単純な家庭内在庫モデルを考えてみよう．

$$\max \quad u=E_0\sum_{t=1}^{T}v\left(S_t\right), \tag{5.44}$$

$$\text{s.t.} \quad A_{t+1}=A_t-c_t+y_t, \tag{5.45}$$

$$S_t=(1-\delta)S_{t-1}+c_t, \quad \text{for all } t. \tag{5.46}$$

このとき，ラグランジュアンは，

$$L=E_0\sum_{t=1}^{T}v(S_t)+\sum_{t=1}^{T}\lambda_t\left[A_t-S_t+(1-\delta)S_{t-1}+y_t-A_{t+1}\right]. \tag{5.47}$$

一階条件は，

$$v_t'=\lambda_t-(1-\delta)E_t\lambda_{t+1}, \tag{5.48}$$

$$\lambda_t=E_t\lambda_{t+1}. \tag{5.49}$$

各期の効用関数を前と同様に二次式，すなわち，

$$v(x)=ax-\frac{b}{2}x^2, \tag{5.50}$$

と仮定すると，一階条件は下記のように整理できる．

$$a-bS_t=\lambda_t-(1-\delta)E_t\lambda_{t+1}, \tag{5.51}$$

$$a-bE_tS_{t+1}=E_t\lambda_{t+1}-(1-\delta)E_t\lambda_{t+2}. \tag{5.52}$$

上の二式の差をとると，

$$b(S_t-E_tS_{t+1})=E_t(\lambda_{t+1}-\lambda_t)-(1-\delta)E_t(\lambda_{t+2}-\lambda_{t+1}). \tag{5.53}$$

すなわち，

$$\Delta E_tS_{t+1}=0. \tag{5.54}$$

ところで，(5.45)式より，

$$\begin{aligned}E_tS_{t+1}-S_t&=(1-\delta)(S_t-S_{t-1})+E_t(c_{t+1}-c_t)\\&=(1-\delta)\left[(1-\delta)(S_{t-1}-S_{t-2})+(c_t-c_{t-1})\right]+E_t(c_{t+1}-c_t)\\&=0.\end{aligned} \tag{5.55}$$

したがって，

$$E_t\Delta c_{t+1}=-(1-\delta)\Delta c_t-(1-\delta)^2\Delta S_{t-1}. \tag{5.56}$$

上の式は，$Corr(\Delta c_{t+1},\Delta c_t)<0$ であるため，習慣形成仮説とは対照的に，今期の消費と前期の所得には負の相関が生じることがわかる．

5.3　予測された所得変化に対する過剰反応

Flavin(1981)に始まる消費の過剰反応に関する分析では，当期所得と消費の間に，理論が予測する以上の強い正の相関があることを問題視してきた．その際，当期の所得と消費の相関を求めるには，所得の決定過程をモデル化し，その所得過程を所与とした最適消費経路を導く必要があり，モ

デルの推定を複雑にしていた．しかしながら，そのような複雑な経済システムの推定をせずとも，恒常所得仮説の検証は可能である．もしも，「明らかに」予期されている所得変化が消費に影響を与える場合，恒常所得仮説の予測と反するので，恒常所得仮説を棄却することになる．この単純だが強力な検証方法を用い，近年，非常に多くの論文が書かれている．

Shapiro and Slemrod (1995) はブッシュ政権下のアメリカ合衆国で 1992 年に行われた税制改正の影響を用いて分析した．景気対策の一環として行われた税制の一時的改正は以下の通りである．1992 年 2 月 28 日より後に支払われる賃金から，有配偶家計者には毎月 28.8 ドルの源泉徴収額の軽減(夫婦共働きであれば家計 2 人で 57.5 ドルの軽減)を行った．この軽減は 1992 年の間だけの一時的なものであり，年間の所得税の総額は不変であるため，家計にとっては税を今月払うか，年度末に払うかの違いだけである．Shapiro and Slemrod (1995) は源泉徴収額が軽減されている 1992 年の 4 月にアンケートを行い，翌年に多くの税を払うことを確認した上で，当時の源泉徴収額軽減が消費の拡大につながっているかどうかを調べ，かなり多くの消費が増加するという結果を得た．これは，家計が合理的に行動していない，あるいは流動性制約に陥っている家計が多いことを示唆している．同様の，予期された所得変化，あるいは予期された一時的な所得変化に関する分析は各地で行われており，代表的なものに Parker (1999)，Browning and Collado (2001)，Hsieh (2003)，日本の家計調査を用いた Hori and Shimizutani (2009) 等がある．Shapiro and Slemrod (1995) では極めて大きな消費拡張効果が報告されているが，アラスカ家計の特殊な分配金に注目した Hsieh (2003) は消費が予期された所得に対し反応していないことを報告する等，その結果は研究により様々であり，統一されていない．

労働経済学や財政学等では，税制改正のような自然実験を利用するアプローチが増加しており，Flavin (1981) のような構造モデルの推定と並ぶ一大分野になりつつある．特に，ある施策の影響のあった家計となかった家計を明確に分離可能で，かつその選択がランダムであった場合，Difference in Differences (DID) と呼ばれる手法が利用可能であり，複雑な構造モデルを用いずに施策の効果を抽出可能になる[6)]．家計消費においても，特殊な制度や事象を利用した分析は今後も増加していくと思われるが，マクロデータや PSID，CEX のような標準的なデータではなく，特殊な制度やデータに依存した分析の場合は，データが収集された地域やその自然実験の性質により全く異なる結果が得られる傾向があり，統一した解釈を行うことが困難になっている．さらなる研究の蓄積が進み，統一した解釈が可能になるまでは，まだ時間がかかりそうである．

5.4　マクロ・ミクロデータに基づく分析結果の乖離

5.4.1　マクロデータとミクロデータの挙動の違い

家計消費分析に限らず，ある経済モデルを推定する際に，ミクロデータとマクロデータで全く異なる結果になることは決して珍しいことではない．例えば，企業の設備投資行動は，マクロ経済データを用いた分析では Kiyotaki and West (1996) 等，設備投資の調整費用を投資額の二次関数とする，いわゆる Tobin Q モデルに基づく推定が標準となっているが，工場レベルのミクロデータでは，Doms and Dunne (1998) のように，投資額に関して連続な調整費用ではなく，たとえわずかな設備投資額であっても，投資を行う場合は固定費用を必要とするモデルが標準となっている．ミクロとマクロの設備投資行動は異なるモデルで描写されているわけであるが，設備投資分析の場合は，Caballero and Engel (1999) のように，異なる工場の設備投資行動を集計することで，マクロでは連続な調整費用で描写可能になるような，マクロ・ミクロの両方のデータと整合的な統合理論モデルの構築が行われている．

一方，家計消費分析の場合，マクロの家計消費を説明する際に，個別家計の最適化行動をそのままマクロデータに適用させる場合が多い．これは，完備資本市場下であれば正当化可能であるが，家計固有ショックが存在する不完備資本市場の場合は家計レベルの動向をそのままマクロに

6)　詳細は，Wooldridge (2002) 等のミクロ計量の専門書を参照されたい．

集計することはできない．不完備資本市場の下で，異なる家計の動きを集計し，マクロの動向を説明する分析は，Krusell and Smith(1998)等があるが，DSGE等，近年主流のマクロモデルでは家計間の異質性はおろか，ミクロデータとマクロデータの挙動の違いに注意を払っていることもほとんどない．

家計消費研究において，マクロ分析とミクロ分析間の相違がいかなる理由で発生しているかは非常に大きな問題であり，本章で扱う範囲を超えるものであるがマクロとミクロのデータのどのような挙動の違いが実証分析の違いを生み出しているかは容易に理解可能である．表5.2は家計経済研究所による日本の若年有配偶家計に関するパネルデータを用い，年齢ごとの家計所得・消費の共分散構造をまとめたものである[7)]．第4列からわかるように，家計消費変化率の一階の自己相関は一貫して負の値をとっており，所得と消費の相関は極めて小さい．また，消費の標準偏差は所得よりも遥かに大きく，消費支出の変動は極めて大きくなっている．この結果は，前に掲載した表5.1におけるマクロデータの共分散構造とは大きく異なるものである．表5.1では，消費変化率の自己相関は正になることがあり，かつ，消費変化率と所得変化率の共分散は正で有意であった．これらの結果は，Christiano, et al.(2005)やSommer(2007)の支持する習慣形成仮説，あるいはFlavin(1981)等の主張する消費の過剰反応と整合的である．一方，ミクロデータを用いた表5.2では，消費の自己相関は負になっており，所得と消費の間の共分散も大きな値にはなっていない．ミクロデータを用いた習慣形成仮説の検証では，PSIDを用いたDynan(2000)が否定的な結果を導いており，むしろ，Hayashi(1985a)が指摘しているように，(5.56)式より自己相関が負となることを予測する耐久消費財モデルの方がデータと整合的となるのである．また，消費・所得変化率間の共分散が大きく正とならないのは，過剰反応が観察されないことを意味する．

---

7) 詳細は阿部・稲倉(2007)を参照せよ．

表 5.2　消費・所得の共分散構造

年齢	$Corr(\Delta Y, \Delta Y(-1))$	$SD(\Delta Y)$	$Corr(\Delta C, \Delta C(-1))$	$SD(\Delta C)$	$Corr(\Delta Y, \Delta C)$
25	−0.4387	0.1980	−0.5335	0.4489	−0.2114
26	−0.5548	0.2602	−0.6798	0.5223	−0.1231
27	−0.2574	0.2577	−0.4680	0.5097	−0.0094
28	−0.3952	0.2518	−0.3040	0.4540	−0.0308
29	−0.5622	0.2768	−0.5498	0.4863	0.0638
30	−0.4852	0.2886	−0.5415	0.4808	0.0956
31	−0.3803	0.2339	−0.4955	0.4607	0.0223
32	−0.2977	0.2592	−0.4351	0.4163	−0.0492
33	−0.3058	0.2358	−0.4632	0.4271	0.0422
34	−0.5313	0.2753	−0.5504	0.4699	0.0311
35	−0.4494	0.2371	−0.5251	0.4504	0.0140
36	−0.3630	0.2606	−0.4323	0.4138	0.0340
37	−0.3013	0.2022	−0.5079	0.4107	0.0161
38	−0.3121	0.1732	−0.4369	0.4057	0.0269
39	−0.3460	0.1830	−0.3561	0.3587	−0.0316
40	−0.3484	0.2546	−0.4996	0.3636	0.0815
41	−0.3656	0.2579	−0.3303	0.3624	0.1227
42	−0.6754	0.3277	−0.5583	0.3932	0.0558
43	−0.1903	0.2629	−0.3247	0.4250	−0.0414
44	−0.3773	0.3165	−0.4092	0.4293	0.0102
45	−0.1783	0.5232	−0.5668	0.4351	0.0006

注）出典：阿部・稲倉(2007).
家計経済研究所によるパネルデータの第 1 回(1993 年)から第 10 回(2002 年)調査に基づく.
年齢：男性配偶者の年齢.
Y：男性配偶者の税引き前勤労所得(自然対数).
C：家計消費支出(自然対数).
Y，C 共に(1)家族構成ダミーおよび(2)期間ダミーに回帰，その残差の階差を用いている.

5.4.2　集計バイアス

マクロデータはミクロデータを集計したものと本来一致するはずである．ミクロデータのサンプリングが正しく行われ，かつ変数の定義がマクロデータと整合的であれば，ミクロデータの支出を集計すれば，国民経済計算の支出データと一致することになる．しかしながら，ミクロデータのサンプリングやデータの定義がマクロデータと整合的であると仮定した場合においても，ミクロとマクロの実証結果が異なることは十分おこりうる．その一つの理由は，集計バイアスである．消費がマルチンゲールに従うという仮定を置くとき，実証研究の多くは消費水準そのものではなく，対数値をとった上で，対数消費がマルチンゲールに従うとするケースが多い．各期の効用関数がCRRAのとき，標準的な消費のオイラー方程式は

$$E_t\left[(c_{t+1})^{-\rho}(1+r_{t+1})\beta\right]=(c_t)^{-\rho}, \tag{5.57}$$

となり，これを対数消費で近似するか，消費水準で近似するかにより，導かれるマルチンゲールの式は異なってくる．対数消費で近似する場合，所得ショック等の影響がパーセンテージで現れることになり，水準よりも成長率で議論することの多いマクロ経済学上扱いやすくなる．しかしながら，マクロの家計消費データが，多くの家計単位の消費の総和として作成されていることを考えると，マクロデータの対数消費を用いることは大きな問題を含んでいる．二つの家計を考え，それぞれの家計消費がマルチンゲールに従っていると仮定すると，

$$\ln c_{t+1}^1=\ln c_t^1+\varepsilon_{t+1}^1, \tag{5.58}$$

$$\ln c_{t+1}^2=\ln c_t^2+\varepsilon_{t+1}^2. \tag{5.59}$$

ここで，家計1,2の期待誤差，ε_{t+1}^i は両者の間で相関がないと仮定しよう．このとき，マクロの消費データは，

$$c_t^a=c_t^1+c_t^2, \tag{5.60}$$

となるが，このとき，

$$\ln c_{t+1}^a=\ln c_t^a+\varepsilon_{t+1}^a, \tag{5.61}$$

とはならない．なぜなら，

$$\ln c_{t+1}^a=\ln\left(c_t^1+c_t^2\right)\leq\ln\left(c_t^1\right)+\ln\left(c_t^2\right), \tag{5.62}$$

となり，対数で定義されたオイラー方程式は，消費に関して線形ではなく，強く凹となっているためである．Attanasio and Weber(1993)は，イギリスの家計データ，Family Expenditure Survey(FES)の個票データを用い，コホートデータを作成した上で，(1) コホート内で単純な総和をとった消費データ，および (2) 家計単位で対数をとった上で，それを集計した消費データ，の2種類を作成した．そして，各コホートを h とし，

$$\Delta E\left(\log\left(c_{t+1},h\right)\right)-\Delta\log\left(E\left(c_{t+1},h\right)\right), \tag{5.63}$$

を計算した．第一項は家計単位で対数をとった上で，その平均値を求めた

ものであり，第二項はコホート内で平均値を計算した後に対数をとったものである．これはタイルのエントロピー測度と呼ばれるデータの非線形性の程度を示す指標であるが，Attanasio and Weber (1993) はこの値が強い系列相関を有することを報告している．そして，Attanasio and Weber (1995) では，アメリカの CEX を用い，

$$\frac{1}{H}\sum_h \Delta(\log(c_{t+1},h)) \\ = const+\sigma r_{t+1}+\theta\frac{1}{H}\sum_h \Delta\log(family\ size,h)+v_{t+1}, \tag{5.64}$$

$$\Delta\log\frac{1}{H}\left(\sum_h(c_{t+1},h)\right) \\ = const+\sigma r_{t+1}+\theta\Delta\log\frac{1}{H}\sum_h(family\ size,h)+v_{t+1}, \tag{5.65}$$

を比較し，対数をとってから集計する (5.64) 式では恒常所得モデルの過剰識別検定を棄却できないが，集計してから対数をとる (5.65) 式では棄却してしまう，すなわち，誤った集計によりモデルを棄却してしまうことを報告している．Attanasio and Weber (1993, 1995) は，集計バイアス以外にも，家計属性を十分に考慮しないことによるバイアスも強調しており，マクロデータを用いる分析を強く批判している．なお，Attanasio and Weber (1993) は四半期データを用いているが，その際，季節調整前のデータに基づき，家計の効用関数に季節性を導入することで季節性変動を処理している．これは，家計間で季節性が共通であれば非常に強力な季節性の除去となり，ミクロデータを用いるもう一つのメリットとなっている．

もっとも，集計バイアスのみにより，はたして，表 5.1 と表 5.2 のような大きな違いが生じるかどうかは自明ではない．Attanasio and Weber (1995) は，ミクロデータから計算した集計量とミクロデータそのものの比較を行っているが，マクロ分析で用いられるデータの多くは国民経済計算のフレームワークで作成されており，1 年間の総生産量を確定した後で，産業連関表を用い，コモディティ・フロー法に従い作成されている．さら

に，実際の分析の際にはトレンドや季節性を各種のフィルターを用いて除去した後の加工データを用いる場合がほとんどであり，家計に配布される調査票から作成されるミクロデータとの違いは非常に大きい．両者の間を埋めるのは容易ではなく，マクロデータとミクロデータを用いる研究の乖離は今後も続くものと思われる．

第6章　予備的貯蓄

6.1　導　　入

第5章の(5.4)式で示されたように，各期の効用関数が消費の二次関数のとき，t期の消費は，その時点での生涯所得および資産の和であるW_tと年齢，および金利に依存し，

$$\theta_t c_t = \frac{rW_t}{1+r}, \tag{6.1}$$

と書くことができる．このとき，各期の消費は生涯所得の現在価値の平均値のみに依存しており，生涯所得の分散や高次のMomentには依存しない．これは，所得の変動に家計は関心はなく，その平均値のみが重要となっていることを意味する．無論，この性質は，効用関数が消費の二次関数であるという確実性等価の仮定に全面的に依存している．確実性等価のモデルは非常に扱いやすいというメリットがあるものの，所得の不確実性が消費水準に与える影響を無視することになってしまい，不確実性下の行動を分析する際には大きな制約となる．将来の不確実性のための備えとしての貯蓄は予備的貯蓄(Precautionary Savings)と呼ばれ，非常に古くから貨幣等の流動性保有動機の一つとして重視されているが，確実性等価モデルでは予備的貯蓄が発生しないのである[1]．予備的貯蓄の重要性は，古くはFriedman(1957)による有名な恒常所得仮説に関する著作においても，家計の資産保有動機の一つとして定義されている等，家計消費分析において，重要な貯蓄動機とみなされてきており，その点で，確実性等価モデル

1)　予備的動機は，Keynesの『一般理論』において，流動性保有動機の一つとして定義されている．また，Keynes(1936)の前に，Hayek(1933)やFisher(1930)が不確実性と貯蓄の関係について議論している．さらに古くはThornton(1802)が，予備的，という言葉は使っていないものの，将来の不確実性への対処のため，銀行が流動性を保持する必要性を述べている．

は消費・貯蓄選択のモデルとしては不完全なものなのである[2)].

消費・貯蓄選択において，将来の不確実性に対処する動機が重要であることは19世紀から指摘されていたが，実際に動学モデルの定式化が進み，その重要性に関する定量的分析が進んだのは1990年以降のことである．Deaton(1992)による消費に関する優れた教科書が書かれてから今日まで消費分析には多くの進展があった．予備的貯蓄の定量的評価が可能になり，その理解が深まったことは，特に大きな変化の一つである．

前章まで頻繁に登場してきた線形のオイラー方程式では予備的動機の貯蓄は発生しない．予備的貯蓄を分析するためには，非線形のオイラー方程式を取り扱わねばならないが，このとき，消費のマルチンゲール性が成立せず，したがって，予算制約，

$$E_t \sum_{s=0}^{T-t} \frac{c_{t+s}}{(1+r)^s} = E_t \sum_{s=0}^{T-t} \frac{y_{t+s}}{(1+r)^s} + a_t \equiv W_t, \qquad (6.2)$$

に含まれる消費の期待値を簡単に消去できなくなる．各期の効用関数としてCRRA，あるいは対数という強い仮定を課しても，消費の最適動学経路，すなわち各期の消費水準を資産総額の関数としてClosed Formで解き切ることは原則不可能であり，数値的に解くことが必要になる．もっとも，その基本的な特徴を見るためだけであれば，コンピューターを駆使しなくともある程度は可能である．

6.2 予備的貯蓄の基本理論

6.2.1 二期間モデル

まず，Leland(1968)に従い，最も基本的な予備的貯蓄の発生を二期間モデルで考察する．家計が0期と1期に所得を得るとする．0期の所得には不確実性はないが，1期の所得は確率変数であると仮定する．

単純化のため，金利と時間選好率は共にゼロとする．0期の所得がy_0，

2) "This new motive is the availability of a reserve for emergencies-for unexpectedly low receipts, on the other hand, or unexpectedly high levels of consumption on the other hand." (p. 16, Friedman (1957)).

1 期の所得が Y_1 であり,

$$Y_1 = \overline{y}_1 + q_1, \quad E_0 q_1 = 0, \tag{6.3}$$

と書くことにする．すなわち，0 期における 1 期所得の期待値は $\overline{y}_1$ である．このとき，0 期における期待総資産は

$$Ew = y_0 + EY_1.$$

予算制約は

$$c_0 + Ec_1 = y_0 + EY_1, \tag{6.4}$$

あるいは

$$c_1 = w - c_0 + Y_1. \tag{6.5}$$

貯蓄を

$$s = w - c_0, \tag{6.6}$$

と定義すると，オイラー方程式は,

$$u_c(c_0) = E_0 u_c(s + q_1). \tag{6.7}$$

上式では，q_1 が確率変数となっている．

今，単純化のために，q_1 は二つの値，$-\varepsilon$ と $+\varepsilon$ をそれぞれ 1/2 の確率でとる，と仮定する．ただし，2 期目の所得がマイナスになることを避けるため，$0 < \varepsilon < \overline{y}_1$ とする．このとき，2 期目の所得の分散は,

$$\sigma_y^2 = \frac{1}{2}\varepsilon^2 + \frac{1}{2}\varepsilon^2 = \varepsilon^2, \tag{6.8}$$

である．

オイラー方程式は,

$$u_c(c_0) = \frac{1}{2} u_c(w - c_0 + \varepsilon) + \frac{1}{2} u_c(w - c_0 - \varepsilon). \tag{6.9}$$

ε に関して微分すると,

$$u_{cc}(c_0)\frac{dc_0}{d\varepsilon} = \frac{1}{2} u_{cc}(s + \varepsilon)\left[-\frac{dc_0}{d\varepsilon} + 1\right] + \frac{1}{2} u_{cc}(s - \varepsilon)\left[-\frac{dc_0}{d\varepsilon} - 1\right]. \tag{6.10}$$

整理すると,

$$2u_{cc}(c_0)\frac{dc_0}{d\varepsilon}=-\frac{dc_0}{d\varepsilon}\left[u_{cc}(s+\varepsilon)+u_{cc}(s-\varepsilon)\right]+\left[u_{cc}(s+\varepsilon)-u_{cc}(s-\varepsilon)\right], \tag{6.11}$$

$$\frac{dc_0}{d\varepsilon}=\frac{u_{cc}(s+\varepsilon)-u_{cc}(s-\varepsilon)}{2u_{cc}(c_0)+u_{cc}(s+\varepsilon)+u_{cc}(s-\varepsilon)}. \tag{6.12}$$

$u_{cc}<0$ より，(6.12)式の分母は常に負である．したがって，右辺の符号は分子の符号の逆になる．(6.12)式の分子は，u_{cc} が消費の増加関数であれば，すなわち，$u_{ccc}>0$ のとき，常に正となる．したがって，1 期目の消費は，2 期目の所得の不確実性が増加するとき，u_{cc} が増加関数である限り減少する，すなわち，貯蓄が増加するのである．この貯蓄の増分は，所得の期待値が一定のまま分散が大きくなるために生じる貯蓄，すなわち，不確実性に対処するために生じる貯蓄であり，予備的貯蓄とみなすことができる．

上記の結果は，二期間であることや，金利がゼロであること等には依存しない．各期の効用関数の三回微分が正であると，予備的動機による貯蓄が発生するのである．CRRA の場合は $\sigma>0$ である限り，

$$u=\frac{c^{1-\sigma}}{1-\sigma}, \tag{6.13}$$

$$u_{ccc}=\sigma(1+\sigma)c^{-\sigma-2}>0, \tag{6.14}$$

となり，予備的動機による貯蓄が生じる．Constant Absolute Risk Aversion (CARA) の場合も，

$$u=-e^{-\sigma c}, \tag{6.15}$$

$$u_{ccc}=(\sigma c)^3 e^{-\sigma c}>0. \tag{6.16}$$

となり，やはり，$\sigma>0$ である限り，予備的貯蓄が発生する．リスク回避度の強度の指標として，相対的リスク回避度があるように，予備的貯蓄の強度を，下記のような，相対的慎重度係数で表すことも可能である．

$$\text{Relative Prudence}=\frac{-cu_{ccc}}{u_{cc}}. \tag{6.17}$$

この，相対的慎重度が正であれば，消費の限界効用に対するイェンセンの不等式に起因する予備的貯蓄が発生する．しかしながら，後述するよう

に，たとえこの係数がゼロであっても，予備的貯蓄が生じるケースがあることに注意するべきである．各期の効用関数が二次関数であれば慎重度係数はゼロとなり，イェンセンの不等式に起因する予備的貯蓄は発生しない．しかし，流動性制約が存在し，自由な借り入れができない場合，不確実性の存在による貯蓄の増加，すなわち，予備的貯蓄が発生する．なぜなら，流動性制約に陥ると消費のオイラー方程式が等号で成立しなくなるため，流動性制約に陥らないように，正の資産を保有するインセンティブが生じるためである．このことは，第 1 章 4 節で紹介したモデルの各期効用関数を CRRA ではなく二次関数にし，不確実性のあるケースとないケースの資産プロファイルを比較することで簡単に確認可能である．

6.2.2　多期間モデル

本項では，前項の二期間モデルを拡張し，多期間における予備的貯蓄とオイラー方程式の関係を導出する[3]．

下記のような消費に関するオイラー方程式を考える．

$$u_c\left(c_t, s^t\right)=\left(\frac{1+r}{1+\rho}\right) E_t u_c\left(c_{t+1}, s^{t+1}\right). \tag{6.18}$$

選好ショックと消費が分離可能で，かつ，効用関数が CRRA であれば，

$$\left(\frac{1+r}{1+\rho}\right) E_t\left[\left(\frac{c_{t+1}}{c_t}\right)^{-\sigma}\right]=1. \tag{6.19}$$

上式は，非線形関数の期待値をとっているため，このままでは扱いにくい．そこで，所得ショックが全て恒常的であり，所得の階差が対数正規分布に従うと仮定すると，$\ln\left(c_{t+1}\right)$ は分散 σ_c^2，期待値 $\mu=E_t \ln\left(c_{t+1}\right)$ の正規分布に従うことになる．このとき，(6.19)式は，

---

3)　予備的貯蓄を一般的な家計のライフサイクルモデルにより明確に描写したのは，おそらく Nagatani (1972) である．Nagatani (1972) は連続時間モデルを用い，現在の予備的貯蓄モデルにおいて極めて重要な特徴と認識されている様々な現象を 40 年近く前に既にシミュレーションで明らかにしている．しかしながら，予備的貯蓄モデルが一般的に認知され，広く利用されるようになったのは Zeldes (1989a) 以降のようである．

$$\varDelta \ln (c_{t+1}) = \frac{1}{\sigma}\left[\ln (1+r) - \ln (1+\rho)\right] + \sigma \frac{\sigma_c^2}{2}, \tag{6.20}$$

と書くことができる．不確実性のないときは，

$$\left(\frac{1+r}{1+\rho}\right)\left[\left(\frac{c_{t+1}}{c_t}\right)^{-\sigma}\right] = 1, \tag{6.21}$$

であったから，期待値オペレーターを考えずに対数をとることが可能であり，

$$\varDelta \ln (c_{t+1}) = \frac{1}{\sigma}\left[\ln (1+r) - \ln (1+\rho)\right]. \tag{6.22}$$

したがって，不確実性が存在することにより，(6.20)式における右辺第二項の分散項の分だけ消費成長率は増加することになる．これは，各期において，不確実性が存在するために貯蓄し，将来の消費を増加させる，すなわち，予備的貯蓄が発生していることを意味している．

なお，

$$\varDelta \ln (c_{t+1}) = \frac{1}{\sigma}\left[\ln (1+r) - \ln (1+\rho)\right] + \sigma \frac{\sigma_c^2}{2} < g : \text{所得成長率の平均} \tag{6.23}$$

を満たすとき，無限視野モデルにおけるベルマン方程式は収束し，消費関数が一意に定まることが知られている．上記の条件を満たすには，時間選好率が十分に高いことが必要である．予備的貯蓄の分析では，時間選好率を高く設定し，

$$r < \rho, \tag{6.24}$$

を仮定することは珍しくない．Deaton (1991) に沿って，この意味を整理してみよう．

$r=\rho$ であり，かつ所得が *i.i.d.* のとき，消費は所得の平均値に収束する．このとき，資産は無限に増加する．この性質は流動性制約があろうがなかろうが変わらない．資産が無限に成長する結果，消費の変動はいずれ全くなくなる．しかしながら，このような消費関数は，実際のデータからはサポートされない．

$r>\rho$ のとき，家計は資産を無限に蓄積していき，そのうち，資産所得が所得に比べて極めて大きくなり，所得が消費に与える影響はほぼ皆無となる．無限視野の場合は，流動性制約も予備的貯蓄も意味のない状態となり，定常状態がなくなってしまう．有限視野の場合は，若年期に貯蓄をすることになるが，金利が高い場合，若年期の貯蓄が急速に進み，やはり，予備的貯蓄や流動性制約が意味のないものとなるのである．

無限視野における収束を保証する条件は，所得過程の定式化にも依存しており，特定の所得過程に従う場合は，必ずしも，金利が時間選好率よりも低い必要はない．Carroll(1997)は，所得が恒常的変動と一時的変動の両方の変動を含む場合の収束条件を導いている．

6.3　オイラー方程式に基づく予備的貯蓄の実証分析

(6.20)式は，所得過程に関し厳しい仮定を課した上で成立しているものであり，より一般的な状況の下では，そのような綺麗な式を得ることはできない．そこで，CRRA 型効用関数にオイラー方程式，

$$\left(\frac{1+r}{1+\rho}\right) E_t\left[\left(\frac{c_{t+1}}{c_t}\right)^{-\sigma}\right] = 1, \tag{6.25}$$

に戻り，二階のテイラー展開を行うと，

$$\Delta \ln(c_{t+1}) = \frac{1}{\sigma}(r-\rho)+\frac{1+\sigma}{2}E\left(\Delta \ln(c_{t+1})^2\right)+\upsilon_t, \tag{6.26}$$

となる[4)]．この式の推定は，Dynan(1993)を嚆矢とし，多くの推定が試みられている．なお，(6.26)式は(6.20)式と違い，右辺にテイラー展開の剰余項 υ_t が存在することに注意する必要がある．この剰余項は対数消費に関する三次以上の高次式となっており，右辺第二項の消費分散項と相関をもってしまう．したがって，この式を回帰分析で推定する際には，誤差項が説明変数と相関をもってしまうため，操作変数が必要となる．Dynan(1993)は 1985 年のアメリカ合衆国における CEX のデータを用い，

4)　この式の導出の際，金利に不確実性はないと仮定していることに注意せよ．金利に不確実性がある場合，消費と金利の共分散項が生じる．

操作変数として教育歴，職業および産業等を用いている．第3章で紹介したように，CEXのインタビューサンプルでは，各家計に関し，四半期に1度，5回にわたり消費額を調査しており，家計ごとに消費変化率の分散を求めることが可能となっている．第一項の金利と時間選好率の差に関しては，時間選好率を0.05で固定した上で，金利を全家計共通と仮定する場合(この場合は単なる定数項となる)，および家計ごとの課税後金利収入を用い，家計間で金利が異なる場合の2種類の推定を行っている．Dynan(1993)の推定結果によると，消費分散項の係数は非常に小さい値となり，有意とならない．また，スペシフィケーションによっては負の値となり，モデルと矛盾する結果となっている．このことから，Dynanは予備的貯蓄の重要性は確認されない，と結論づけている．

Kuehlwein(1991)はPSIDで4年以上の観察値がある家計に限定し，まず線形のオイラー方程式を推定し，その予測値と実現値の乖離の分散を消費分散項とみなす二段階推定を試みた．その結果もまた，Dynan(1993)と同様に，分散項の係数が負となり，予備的貯蓄モデルと矛盾する結果となっている．Guiso, et al.(1992)はイタリアの家計パネルデータを用い，所得変化の分散と消費の関係を分析したが，所得変化の分散と消費変化率の間に正の有意な関係は確認できないとしている．

一方，Merrigan and Normandin(1996)はイギリスのFESを用い，予備的貯蓄モデルと整合的な結果を得ている．FESは家計パネルになっておらず，そのため，家計属性を用い，疑似的な家計ごとの消費変化率を計算する必要がある．Merrigan and Normandin(1996)は，そのようなコホートパネルを用い，オイラー方程式(6.26)式を推定している．その結果，消費分散項の係数は正で有意となり，予備的貯蓄の存在を示すものになっている．日本ではオイラー方程式ベースの推定で，ミクロデータを用いた予備的貯蓄の研究は少ない[5)]．Hori and Shimizutani(2006)は『家計

5) マクロデータを用いたものは数多く存在する．代表的なものとしては，小川(1991)や土居(2001)が，家計貯蓄率が所得の不安定性に依存するか否かを検証している．小川(1991)は所得リスクの増大は貯蓄を増加させるという結果を得ているが，土居(2001)はその結果はサンプル期間に依存しておりロバストではなく，その代わりに有効求人倍率等の情報を用い，雇用リスクを利用することを提唱している．

調査』の個票データを用いDynan(1993)に近い推定を行い，1995-98年のうち，1998年以外は予備的貯蓄の重要性を確認できないと報告している[6)]．

オイラー方程式を用いずに，不確実性指標と貯蓄高の関係を用いたCarroll and Samwick(1997, 1998)は，不確実性指標と資産高の間に明確な正の相関があることを報告している．しかしながら，予備的貯蓄の存在を検証する際に，オイラー方程式の二次近似式，(6.26)式を用いる多くの分析は，予備的貯蓄の存在を否定する結果を報告している．この理由として，Carroll(2001)およびLudvigson and Paxson(2001)はテイラー展開の二次項と残差に含まれている三次項の間に存在する相関がオイラー方程式の推定における障害になっていると指摘し，モンテカルロシミュレーションにより，実際に無視できないバイアスが生じることを示している．Dynan(1993)は，二次項と残差の間の相関に対処するために操作変数を用いているが，第一段階における決定係数は0.1を遥かに下回っており，操作変数として強力とは言えず，その推定に説得力があるとは言い難い．一方，Attanasio and Low(2004)は，オイラー方程式の近似として，三次はおろか，二次近似の必要もなく，一次の単純な対数線形近似で十分な精度に達するというモンテカルロシミュレーションの結果を報告している．Attanasio and Low(2004)は，彼らの結果がCarroll(2001)と正反対である理由を，両者のシミュレーション手法の違いに求めている．Carroll(2001)によるシミュレーションは，所得と消費のエルゴード性を利用し，消費変化とその分散の，クロスセクション方向の情報を利用した回帰分析を行っている一方，Attanasio and Low(2004)は同一家計の消費変化分散の情報を用いて推定している．はたして，両者の結果のどちらが，オイラー方程式のテイラー展開を用いた分析にとり適切かは，彼らの論文を比

6)　オイラー方程式から導かれる誘導形に基づく分析としては，Zhou(2003)，村田(2003)等がある．Zhou(2003)はモデルの誘導系を用い，消費と所得の分散の相関を用い勤労世帯の予備的貯蓄を計算し，資産の6% 以下と推定している．村田(2003)は家計経済研究所のパネルデータを用い，家計の将来不安のインデックスの金融資産との相関を調べ，将来不安の大きい家計ほど金融資産の保有割合が大きいことを明らかにしている．その他にも中川(1999)，齊藤・白塚(2003)等がある．日本家計の高齢化と共に貯蓄動機への関心が高まっていることもあり，貯蓄率を様々なリスク指標に回帰する分析は増加傾向にある．

較して読んでも明らかではなく，今後も論争は続くものと思われる．

オイラー方程式の二次近似を用いる場合の第二の問題は，適切な消費データが存在しないことである．Dynan(1993)はCEXを用いているため，彼女が用いた消費分散は四半期単位で1年間に発生した変化のみを反映している．四半期の間に生じる消費変化分散は，予備的貯蓄モデルが捉えるべき最適消費決定の結果，というよりは，モデルが想定していないような一時的な支出，あるいは十分にコントロールできない季節性変動によるものである可能性が高い．また，Kuehlwein(1991)が用いたPSIDは長期のデータであるが，その消費データは，食料支出に限定されており，家計消費全体に占める割合は少ない．また，PSIDは家計に過去の支出を思い出してもらうことで作成されており，計測誤差が極めて大きく，得られた消費分散のほとんどが計測誤差によるものである可能性がある．消費を被説明変数として利用する場合は，計測誤差が他の変数と直交している限り，決定係数を引き下げるだけで，回帰係数にはバイアスを与えない．しかしながら，消費を説明変数として利用する場合は，特にその二乗を利用する場合は，消費データに含まれる計測誤差は極めて大きな下方バイアスを引き起こしかねない[7)]．

予備的貯蓄の重要性を計測する際にオイラー方程式のテイラー展開を利用するアプローチは，非線形の動学問題を解く必要がないため，パネルデータと簡単な統計ソフトがあれば容易に実行可能である．しかしながら，誤差の少ない，そして長期にわたる消費データがPSIDやCEXに存在しないということは極めて深刻な問題であり，これまで非常に多くの分析がなされてきたにもかかわらず，一致した結果は得られていない．予備的貯蓄分析が1990年以降，急速に発展した一つの理由は，動学最適化問題の数値解析が進み，オイラー方程式を推定せずに，構造パラメターの推定が可能になったことがある．

7） 消費データに含まれる計測誤差に関しては第10章で詳しく議論する．

6.4　予備的貯蓄モデルの動的計画法による解法

予備的貯蓄は，第1章4節で紹介した単純な不確実性下のライフサイクルモデルでも発生するが，実際の分析でよく使用されるのは，Carroll (1997)による緩衝在庫モデル(Buffer Stock Saving Model)である．このモデルはCarroll本人によるMathematicaやMATLABのCodeが公開されており，Gourinchas and Parker (2002)等，多くの実証分析で応用されている．そのモデルの構造は極めてシンプルである．

T 期間(無限期間であっても構わない)生きる家計が，下記の最大化問題に直面していると仮定する．

$$\max \quad E_t \sum_{s=0}^{T} \beta^{t-s} u(C_s), \tag{6.27}$$

$$\text{s.t.} \quad W_{t+1} = R[W_t + Y_t - C_t], \tag{6.28}$$

$$Y_t = P_t V_t, \tag{6.29}$$

$$P_t = G_t P_{t-1} N_t. \tag{6.30}$$

ここで，Y は現在所得，P は恒常所得，V は一時所得，G は恒常所得の中の成長要因，N は恒常ショックのシフト要因であり，金利は一定と仮定する[8)]．(6.30)式の両辺の対数をとると，

$$\ln P_t = \ln G_t + \ln P_{t-1} + \ln N_t, \tag{6.31}$$

となる．G_t は確率変数ではなく，年功賃金のように，その実現値が事前にわかっているものである．したがって，N_t が *i.i.d.* であれば，上の式は，対数をとった恒常ショックがランダムウォークであることを意味している．ここで，t期首の資産と所得の和，

$$X_t = W_t + Y_t, \tag{6.32}$$

を手元現金(Cash on Hand)，と定義すると，

$$X_{t+1} = R[X_t - C_t] + Y_{t+1}, \tag{6.33}$$

となる．ベルマン方程式で定式化すると，t期首の状態変数はCash on

---

8)　また，式としては明示しないが，No Ponzi Game Conditionが課されている．

Hand と，恒常ショックの水準であり，

$$V_t\left(X_t, P_t\right)=\max_{C_t}\left\{\frac{C_t^{1-\sigma}}{1-\sigma}+\beta E_t V_{t+1}\left(X_{t+1}, P_{t+1}\right)\right\}, \tag{6.34}$$

となる．X_t と P_t はどちらも連続の値をとる状態変数であり，このままでは 2 変数の状態変数を有する動的計画法を解かねばならない．しかしながら，各期の効用関数が CRRA であれば，Carroll Trick と呼ばれる下記の操作が可能である．各変数を恒常所得 P_t で割ったものを小文字で定義する．すなわち，

$$c_t = C_t/P_t,$$
$$x_t = X_t/P_t,$$

とすると，消費のオイラー方程式を変形することが可能であり，

$$C_{t-1}^{-\sigma}=E_{t-1}\left[C_t^{-\sigma}R\beta\right], \tag{6.35}$$

$$\begin{aligned}
1 &= E_{t-1}\left[C_t^{-\sigma}C_{t-1}^{\sigma}R\beta\right] \\
&= R\beta E_{t-1}\left[\left(\frac{c_t}{c_{t-1}}\right)^{-\sigma}\left(\frac{P_t}{P_{t-1}}\right)^{\sigma}\right] \\
&= R\beta E_{t-1}\left[\left(\frac{c_t}{c_{t-1}}\right)^{-\sigma}\left(G_t N_t\right)^{-\sigma}\right].
\end{aligned} \tag{6.36}$$

$$c_{t-1}^{-\sigma}=R\beta E_{t-1}\left[\left(c_t\right)^{-\sigma}\left(G_t N_t\right)^{-\sigma}\right]. \tag{6.37}$$

また，予算制約は，

$$\begin{aligned}
x_{t+1} &= X_{t+1}/P_{t+1} \\
&= R\left[X_t - C_t\right]/P_{t+1} + Y_{t+1}/P_{t+1} \\
&= R\left[x_t - c_t\right]P_t/P_{t+1} + P_{t+1}V_{t+1}/P_{t+1} \\
&= R\left[x_t - c_t\right]/\left(G_{t+1}N_{t+1}\right) + V_{t+1},
\end{aligned} \tag{6.38}$$

と書くことができる．オリジナルのベルマン方程式は Cash on Hand と恒常ショックの二つを状態変数とするが，このような変換を行うことで，状態変数を x の一つに減らすことが可能であり，最適消費水準を恒常ショックで基準化された Cash on Hand の関数として，$c_t(x)$ と表すことができる．

基準化されたベルマン方程式は下記のようになる．

$$v_t(x_t) = \max_{c_t} \left\{ \frac{c_t^{1-\sigma}}{1-\sigma} + \beta E_t \Lambda_{t+1}^{1-\sigma} v_{t+1}(x_{t+1}) \right\}, \tag{6.39}$$

$$\text{where} \quad \Lambda_{t+1} \equiv G_{t+1} N_{t+1}. \tag{6.40}$$

このとき，$V_t = P_t^{1-\sigma} v_t$ と置くことにより，(6.34)式と(6.39)式は同じ Policy Function をもたらすことが Carroll(2006)により示されている．

この問題を数値的に解く手法としては様々なものがあるが，第1章で用いた Backward Induction に基づき，しかし，今回は価値関数ではなくオイラー方程式を用いる手法を以下で紹介する．

予算制約式を用いオイラー方程式を整理すると，

$$\begin{aligned} c_t^{-\sigma} &= R\beta E_t \left[(c_{t+1})^{-\sigma} (G_{t+1} N_{t+1})^{-\sigma} \right] \\ &= R\beta E_t \left[c_{t+1} \left(R[x_t - c_t] / (G_{t+1} N_{t+1}) + V_{t+1} \right)^{-\sigma} (G_{t+1} N_{t+1})^{-\sigma} \right]. \end{aligned} \tag{6.41}$$

まず，最終期の T 期では全ての Cash on Hand が消費に用いられるため，$c_T(x_T) = x_T$ となる．したがって，

$$c_{T-1}^{-\sigma} = R\beta E_{T-1} \left[\left(R[x_{T-1} - c_{T-1}] / (G_T N_T) + V_T \right)^{-\sigma} (G_T N_T)^{-\sigma} \right]. \tag{6.42}$$

次に，x_{T-1} をグリッドに分割し，各グリッドに対し，(6.42)式の右辺を計算する．その際，確率変数 V_T と N_T および時間の関数である G_T の影響を考え，期待値を計算する必要がある．そこで，一時的所得ショックおよび恒常的所得ショックに関する確率過程として，

$$\begin{aligned} V &= 0 \quad \text{with Probability } p = 0.005, \\ &= Z \quad \text{with Probability } 1-p. \end{aligned}$$

$$\ln Z \sim TN\left(\mu_z, \sigma_{\ln Z}^2\right): \text{ Normal Truncated at } \pm 3\sigma_{\ln Z} + \mu_z.$$

$$\ln N \sim TN\left(\mu_N, \sigma_{\ln N}^2\right): \text{ Normal Truncated at } \pm 3\sigma_{\ln N} + \mu_N.$$

$$E_t N_{t+1} = E_t V_{t+1} = 1, \tag{6.43}$$

と仮定する．一時的所得ショックにより，今期の所得がゼロになる確率が年に0.5% あると仮定されているが，わずかの確率であっても，全ての期の所得がゼロになる可能性があるため，No Ponzi Game Condition より，家計は一切の借り入れが不可能になる．すなわち，明示的に流動性制約を導入しなくとも，負債を発行する家計，あるいは資産がゼロとなる家

計は発生しなくなってしまう．ゼロ所得の可能性が与える影響は大きく，各期効用関数の三回微分と無関係に，全家計に予備的貯蓄をもたせることになるのである．実際の経済において所得がゼロになることは，社会保障等の様々な移転支出があるため考えにくいが，生きていくには最低限度の支出が必要であることを考えると，効用関数の生存レベル近辺の所得水準に低下する可能性は，それほど非現実的なものではないであろう．この場合は，Natural Debt Limit がゼロ以上となり，予備的貯蓄が全家計で発生する．以上の準備の下で，(6.42)式の右辺を計算し，左辺と右辺の両方に含まれる c_t を得ることができる．この作業を x_{T-1} の各グリッドに行うと，各グリッドに対し最適な消費水準 c_{T-1} を求めることが可能になる．

最後に，グリッドは離散で取られているが，状態変数である Cash on Hand は連続の値をとるものであるため，各グリッドにおける消費と Cash on Hand の対応の点を，Cubic Spline でつなげ，連続関数として $c_{T-1}(x_{T-1})$ を得る．同じ作業を繰り返していけば，初期の $t=1$ まで遡ることが可能である．

上記の手法はオイラー方程式を用いたバックワードによる解法でありアルゴリズムとしては単純である．しかしながら，各期の各グリッドに対し，(6.41)式を数値的に解かねばならず，時間がかかるという欠点がある．この点を改善したアルゴリズムとして，Carroll(2006)による Endogenous Gridpoints Solution Method と呼ばれるものがある．詳しくは技術的になり過ぎるのでここでは紹介しないが，間接効用関数を用い，最初に作成した x_{T-1} の各グリッドに対応するグリッドを毎期作成することで，不要なグリッドの数を減らし，計算負荷を抑えることに成功している[9]．

数値解を求める際の構造パラメターとして，$\sigma=2$，$r=0.04$，$\beta=0.96$，$\sigma_{\ln Z}=0.1$，$\sigma_{\ln N}=0.1$，$g=0.02$ と設定する．なお，μ_z と μ_N は $E_tV_{t+1}=E_tN_{t+1}=1$ となるような値として決定される．ここで，金利と時間選好

9) Carroll の Web ページに Endogenous Gridpoints を用いるプログラムが公開されている．

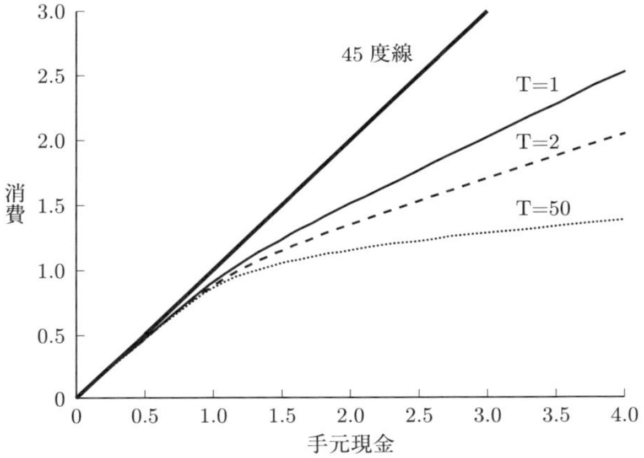

図 **6. 1**　緩衝在庫モデルにおける消費関数の形状

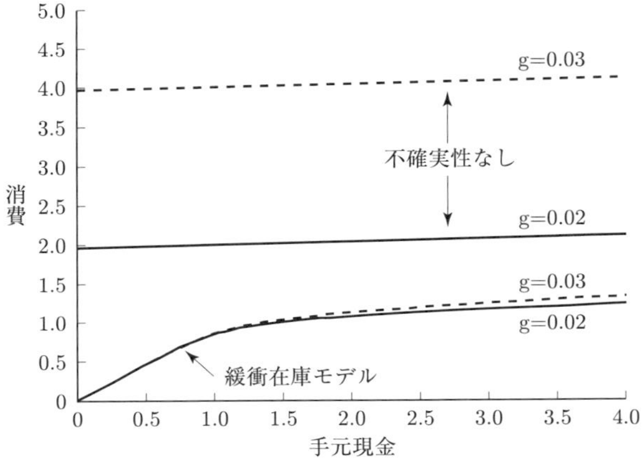

図 **6. 2**　確実性等価モデルとの比較

率が同じ値としたのは，不確実性のないケースと比較するためであり，所得過程が *i.i.d.* でないため，このケースでは予備的貯蓄モデルは無限期間でも収束することが Carroll(1997)により示されている．

図 6. 1 は消費関数(Policy Function)の形状と，年齢の関係を表している．最終期では，もっている Cash on Hand の全てを消費するため，45 度線が消費関数となる．その 1 期前(T=1)では，45 度線に近いが，消費関数はその下にあり，資産の一部を来期のために残していることがわかる．

2期前ではかなりの屈折が発生し，資産が増えても消費量はそれほど増加しないことがわかる．このカーブは10期間くらいでほぼ収束する．50期前は，事実上，無限視野の場合と同じカーブとなる．この，消費関数の凹性は，予備的貯蓄モデルの特徴である．

図6.2は，消費関数の収束先と，不確実性がない場合の消費関数をそれぞれ，所得成長率が2% と3% の下で描いたものである[10)]．不確実性のない場合の消費はHall(1978)のケースとほぼ同じになり，消費水準は恒常所得とほぼ一致し，資産が増加すると，それに応じてわずかに消費水準が増加する．したがって，不確実性のない場合の消費関数はほぼ横軸に平行の直線となる．また，所得成長率が増加すると，恒常所得が増加するため，消費の水準は大幅に増加する．一方，予備的貯蓄モデルの場合は，所得成長率が増加しても，消費の水準そのものはほとんど増加しない．将来の所得増加が見込まれる場合でも，その所得の実現は不確実であるため，借金をし消費を増加させても，その借金を返済できない可能性がある．そのため，たとえ将来高い所得成長が予測されていても，現在の消費水準を高めないのである．

Carroll(1997)による予備的貯蓄モデルが緩衝在庫モデル(Buffer Stock Saving Model)と呼ばれる理由は，図6.3から知ることができる．

図6.3は，縦軸に消費変化率，横軸にCash on Handをとったものである．$\phi(x)$が消費成長率である．水平線$\sigma^{-1}(r-\delta)$は，通常の，不確実性のない場合の消費変化率であり，δは時間選好率である．通常のオイラー方程式にはCash on Handが出てこないため，消費変化率はCash on Handに依存せず，金利と時間選好率の差に比例する．しかしながら，予備的貯蓄モデルにおいて，もしもCash on Handの水準が低い場合，家計は現在の消費水準を低くし，資産の蓄積を行う．資産蓄積には最適水準があり，

$$E_t x_{t+1} = x_t, \tag{6.44}$$

を満たす水準x^*が，目標資産水準(Target Wealth)，として定義される．

10) Carroll(1997)のFigure IIIを再現している．

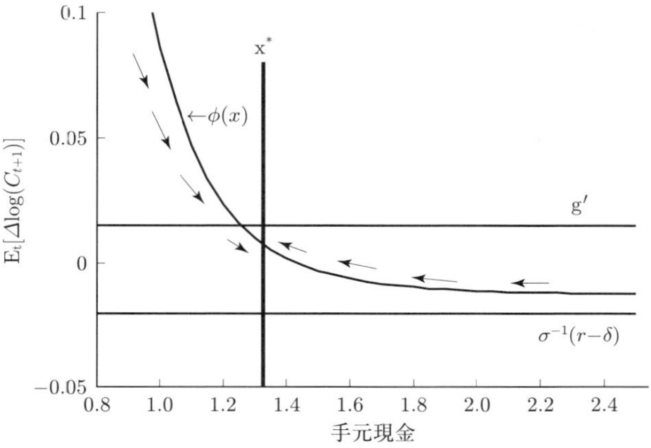

図 6.3　緩衝在庫モデルにおける位相図

Cash on Hand が x^* よりも多ければ資産を減らし，それよりも小さければ資産の蓄積を行う．すなわち，x^* よりも左側では資産は増加し，右側では資産は減少する．また，目標資産額の下では，消費の変化率はほぼ g'，すなわち所得の成長率に一致する[11)]．貯蓄率は現在の Cash on Hand が Target Level からどれだけ離れているかにより決まっており，その Target Level の資産こそ，不確実性に対処するための緩衝(Buffer)となっているのである．貯蓄が行われるのは不確実性に対処するためであり，十分な蓄積が進めば，所得の実現値が低くても消費は増加する．緩衝在庫モデルでは貯蓄率という概念は意味のないものとなっているのである．消費変化率が金利と時間選好率の差ではなく，現在の Cash on Hand に決定的に依存する，というこの理論モデルの予測は，非常に強い実証的インプリケーションを有する．緩衝在庫モデルに従うと，資産蓄積が十分に進めば，消費変化率は所得変化率とほぼ一致することになる．すなわち，消費経路と所得成長経路はほぼパラレルになることを意味する．

図 6.4 は，Carroll(1997)と同様に，アメリカの経営者の所得経路を所与とし，その所得経路の下で，予備的貯蓄モデルにおける消費・年齢プ

11)　正確な値に関しては Carroll(1997)を参照せよ．

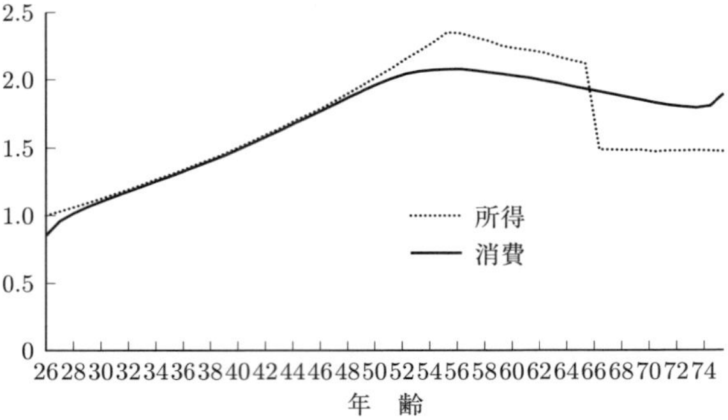

図 **6.4**　緩衝在庫モデルにおけるライフサイクルプロファイル
(Carroll(1997)の図 V より)

ロファイルを描いたものである．まず，人生の初期において，消費は所得よりも低く，資産蓄積を行っている．その資産蓄積は，目標資産額に達するまで続くが，その期間はわずか数年であり，50 歳くらいまで消費はほぼ所得と平行して増加していく．50 歳を過ぎると，消費は所得よりも少ない額となり，人生の残りの期間の消費水準を平滑化させるように動いていく．すなわち，50 歳くらいまでの消費決定行動は，資産額を Target Level に留めるように，平均的には所得額をそのまま消費しており，50 歳を過ぎて，引退後の消費を考慮した消費・資産蓄積が始まる，すなわち，ライフサイクル動機による貯蓄が行われるのである．Friedman (1957)等の恒常所得仮説では，消費水準は恒常所得に依存して決まり，現在の所得水準に直接依存しないが，予備的貯蓄モデルでは，目標資産額の蓄積を達成した段階で，消費と所得はほぼパラレルに動くようになり，消費は恒常所得水準と一致しなくなるのである．これは，前章で議論した消費の過剰反応が，予備的貯蓄モデルではパズルではないことを意味する．

Carroll(1997)による予備的貯蓄・緩衝在庫モデルは，そのモデルの単純さにかかわらず，緩衝在庫水準への回帰や，所得と消費のライフサイクルプロファイルが若年期においてほぼ一致するなど，モデルが生み出す消費の挙動が標準的な恒常所得モデルと大きく乖離しており，より現実に近いものになる．そのため，現在の予備的貯蓄モデルにおける標準となっている．一方，批判が多いのもまた事実である．緩衝在庫モデルに基づき，構造パラメターを推定した研究に Gourinchas and Parker(2001, 2002)，批判する立場の研究では Attanasio(1999)がある．これらは，消費のライフサイクルプロファイルを論じる第9章で紹介する．

第7章　流動性制約

7.1 導　入

若年期に所得が低く，後に所得が上昇していくケースを考えてみよう．若年期の所得が，生涯に得られる平均的な所得(恒常所得)よりも低い水準に留まっている場合，若年期において借金をし，後に返済することが生涯効用を最適化させる消費計画となる．ここで，もしも何らかの理由で，家計が望むほどの借り入れが不可能であるなら，最適な消費計画は実現されなくなる．自由に負債を発行できない家計は，消費のオイラー方程式が成立していない可能性が高くなり，前章まで展開してきた様々な消費理論が成立しなくなる．自由に借り入れができない状況は流動性制約(Liquidity Constraint)と呼ばれ，消費が今期の所得，あるいは前期の所得に対し恒常所得が予想するよりも過剰に反応しているというFlavin(1981)等の結果に関する，一つの有力な説明として重視されてきており，大量の実証分析が行われている[1)]．

流動性制約は，マクロ経済学や家計消費分析以外にも，多くの分野で頻繁に登場する概念であるが，その定義は必ずしも統一されているわけではない．マクロ経済学では，現金制約(Cash in Advanced Constraint)，すなわち，商品を購入する際には，それに見合うだけの現金を保有していなければならないという制約として扱われることが多い[2)]．この場合，流動性制約下にある家計の消費額と当期の所得額は一致することになる．一方，ミクロデータを用いた分析では，流動性制約をより広義にとらえ，家計が望むだけの借り入れを行えない場合，すなわち信用(借り入れ)制約下(Credit Constraint，もしくはBorrowing Constraint)にある場合を流動性制

1)　1980年代半ばまでに行われた流動性制約に関する分析に関してはHayashi(1987)がサーベイを行っている．

2)　貨幣理論の背景として流動性制約を用いるときは，Clower Constraintと呼ばれることもある．詳細はBlanchard and Fischer(1989)の第4章を参照せよ．

約下にあると定義される．現金制約，信用・借り入れ制約いずれの場合においても，制約下にある家計にとり，最適な消費計画が実現できず，オイラー方程式が等号で成立しなくなる．

なお，No Ponzi Game Condition より，通常のモデルにおいては，家計は最終期までに負債を全て返却せねばならない．家計が返済可能な最大の負債額は，今期以降の全ての消費をゼロにしたときの，将来所得の現在割引価値の総和と現在保有する純資産高の合計値であり，この額以上の負債は，仮定より家計の最適化問題において排除されている．この，生涯で返済可能な最大の負債額は自然負債限度(Natural Debt Limit)と呼ばれる．Natural Debt Limit は負債総額に対する制約ではあるが，合理的な家計にとり，各期の消費の限界効用が消費のゼロ点において無限大になっている限り(CRRA 型効用関数等)，その制約がバインドすることはありえない．したがって，No Ponzi Game Condition では流動性制約に直面する家計をモデル化することは不可能であり，モデルの外から外生的に家計に負債発行限度を設定するか，流動性制約が発生するようなメカニズムをモデルに組み込まねばならない．

流動性制約をモデル化する，ということは，Arrow-Debreu モデルから離れることを意味する．なぜなら，金利は信用市場における価格であり，完全競争下では，需要と供給が一致するような水準で決定される，すなわち，均衡金利では，借り手と貸し手が任意の額の信用を取引できることになるためである．信用制約のモデル化は古くから行われているが，影響力の強かった Stiglitz and Weiss(1981)では，貸し手と借り手の間の情報の非対称性を仮定し，貸し手にとり，借り手が破産するリスクを正確に把握できないため，十分に返済能力のある借り手が融資を受けられない状況をモデル化している．また，近年では，Alvarez and Jermann(2000)が，ソルベンシー制約(Solvency Constraint)を導入した動的契約モデルを構築している．そこでは，家計が負債を返却しなかった場合のペナルティとして，その後二度と借り入れができなくなるような動的契約が導入されており，家計は，自発的に返済する意志のある金額までしか借り入れができなくなる，すなわち，流動性制約が動的契約の中で内生的に生じるようなモデルとなっている[3]．

家計が直面する流動性制約の重要性を実際に計測することは容易ではない．第一の理由は，流動性制約下にある家計とそうでない家計の識別が困難であることである．マクロデータしか利用できない場合はもちろん，家計レベルのミクロデータがあっても，年間所得と消費および資産の総額全ての情報があることは稀であり，したがって，消費が所得と完全に連動しているか否かを正確に把握することは容易ではない．第二に，たとえ流動性制約がバインドしていなくとも，将来流動性制約に陥る可能性がある，という理由で，家計行動が変化することがある．例えば，第 1 章の 4 節で紹介したライフサイクルモデルのシミュレーションでは，負債保有を許容しておらず，家計は借り入れができなくなっている．そのモデルでは若年期において所得が恒常所得水準よりも低いため，全ての家計は負債を保有するインセンティブがある．しかし，人々の消費・貯蓄行動をシミュレートすると，引退 20 期前に資産保有がゼロになっている家計，すなわち流動性制約が実際にバインドしている家計は全体の 4 割弱でしかない．全ての家計は，借り入れが可能であれば可能であったであろう最適な消費水準よりも低い水準の消費を行っている，という点で，流動性制約の影響を受けているが，実際に，流動性制約がバインドし，オイラー方程式が等号で成立していない家計はその一部に過ぎないのである．流動性制約に陥ると，オイラー方程式を満たすことができず，消費平滑化ができなくなる．人々は，流動性制約に陥ることを恐れ，事前に資産蓄積を行うため，流動性制約がバインドしなくなる家計が発生するのである．前章で紹介した Carroll の緩衝在庫モデルでは，所得がゼロになるリスクがあるため，流動性制約がバインドする経路は No Ponzi Game 条件を満たさない．したがって，資産がゼロになる家計は存在せず，全ての家計は消費のオイラー方程式を等号で満たす．流動性制約がバインドしない状況も含めた流動性制約の影響を分析するためには，家計の動学問題を完全に解き切る必

3)　ソルベンシー制約を用いた動学モデルは現在急速に研究が進展している分野である．近年の代表的な研究の一つである Lustig and Nieuwerburgh (2005) はソルベンシー制約を導入したマクロモデルをカリブレートし，アメリカの住宅価格と金融市場の動きの再現に成功している．

要があり，所得過程や資産分布等に関して強い仮定が必要になる．そのため，多くの実証分析では，第二の点よりも第一の点を重視し，実際に流動性制約にある家計をどう識別するか，そのような家計がどの程度存在するか，の検証が主に行われている．

7.2　流動性制約下にある家計割合の推定

家計レベルで，流動性制約に直面しているか否かに関する情報が全くないと仮定しよう．例えば，マクロデータしかない場合，あるいはミクロデータが利用可能でも，資産や流動性保有，信用に関する情報が全くない状況を想定する．このようなときでも，消費関数に強い仮定を設けることにより，流動性制約に直面している家計の割合を計算することが可能である．Hall(1978)は，その非常に有名な論文の中で，消費が過去の所得に対し過剰に反応する理由として，経済の一定割合の家計が流動性制約下にあり，当期所得をそのまま消費に回している可能性を指摘している．その後，Hall(1978)の示唆に基づき，消費の過剰反応を利用し，流動性制約に直面している家計の割合を求める多くの試みがなされた．そのアイディアはいたってシンプルである．

経済には2種類の家計が存在し，タイプ1の家計は，流動性制約に直面しており，その消費額は当期の可処分所得に一致している．一方，タイプ2の家計はHall(1978)流の恒常所得仮説に従い，消費は恒常所得に一致していると仮定する．タイプ1の家計は全可処分所得のうち割合 λ, λY_t を受け取り，一方，タイプ2の家計は $(1-\lambda)\,Y_t$ の所得を受け取っていると仮定する．このとき，タイプ1の家計消費，c_t^1 は流動性制約に直面しているので，

$$\Delta c_t^1 = \lambda \Delta Y_t, \tag{7.1}$$

一方，タイプ2では

$$\Delta c_t^2 = u+(1-\lambda)\,\varepsilon_t, \tag{7.2}$$

ただし，u は時間に依存しないパラメターであり，ε_t は恒常所得の予測に関する期待誤差である．タイプ2の家計消費はHall(1978)のモデルと同

様に，マルチンゲールとなっている．このとき，実際に観察される総消費 c_t の階差は

$$\Delta c_t = u+\lambda\Delta Y_t+(1-\lambda)\,\varepsilon_t, \tag{7.3}$$

となる．マクロの総消費と可処分所得は観察可能であるため，(7.3)式から λ の推定が可能である．この推定は容易であり，かつ，流動性制約に直面している家計の割合を推定可能であることから，非常に多くの分析が現在まで行われている．おそらく，最初の推定は Hall and Mishkin (1982) によるものであり，PSID を用い，λ=0.2 という結果を得ている．日本のマクロデータを用いた竹中・小川 (1987) もほぼ同じ値である 0.23 程度という結果を得ている．DeLong and Summers (1986) は，1899 年から 1982 年までのアメリカの長期年次データを用い，流動性制約に陥る家計の割合が時期により大きく変動することを報告している．Campbell and Mankiw (1990) はアメリカの四半期マクロデータを用い，λ はほぼ 0.5 であるという結果を得ている．Ogawa (1990) は，日本のマクロデータを用い，λ を観察不能なランダムウォークに従う潜在変数とみなし，カルマンフィルターを用いた推定を行った．その結果，日本でもアメリカと同様に λ の値は大きく変動することを報告している．Campbell and Mankiw (1991) は，アメリカ，イギリス，カナダ，フランス，日本，スウェーデン各国のマクロデータを用い，λ の値の国際比較を行った．その結果，日本のみ λ の値が有意に検出されないと報告している．

今まで紹介した分析では，ミクロデータを用いた Hall and Mishkin (1982) も含め，家計レベルの金融資産保有状況等の情報を一切用いず，観察される消費と所得パターンの情報のみを用いた推定が行われていた．Hayashi (1985b) は，アメリカの Survey of Financial Characteristics of Consumers[4] の個票データを用い，下記のようなモデルの推定を行っている．ここでは，各期の家計の最適消費水準 c_t^* が，下記のような観察可能な変数 X_t の線形関数で描写されるとする．

$$c_t^* = X_t\beta+\varepsilon_t, \tag{7.4}$$

4）現在行われている Survery of Consumer Finance (SCF) につながる家計レベルの金融資産保有に関する調査である．

ここで，ε_t は観察不可能な誤差項で正規分布に従うと仮定する．各家計は，流動性制約に陥る可能性があり，そのとき，最適消費は実現できず，観察される消費は下記のような上限をもつとする．

$$c_t \leq L \equiv 0.85\,(Y_t{+}0.2{\times}LIQ)\,, \tag{7.5}$$

なお，Y_t は家計の可処分所得，LIQ は家計の保有する金融資産，L は流動性制約による消費の上限値である[5]．そして，下記のような TOBIT モデルの推定を行っている[6]．

$$c_t = c_t^* \quad \text{if } c_t^* < L, \tag{7.6}$$

$$= L \quad \text{otherwise.} \tag{7.7}$$

誤差項 ε_t が正規分布に従っているという仮定により，このシステムは最尤法で推定可能である．Hayashi (1985b) は，流動性制約の存在のため，消費は平均して 5.5% 低下しているという結果を報告している．また，流動性制約に直面している家計の割合は約 56% と高い値になっている．新谷 (1994) は同様の推定を『日経 NEEDS-RADAR 金融行動調査』(金融 RADAR) を用いて行っている．金融 RADAR に含まれるクレジットカード保有状況および消費者ローン使用実績等の情報も利用した推定の結果，流動性制約に陥った場合の消費下落率は Hayashi (1985b) の推定量よりも大きく，60 歳以上家計の場合は 30% 程度にも達すると報告している．

7.3 流動性制約下のオイラー方程式

Hayashi (1985b) や新谷 (1994) はミクロデータを利用しているものの，静学モデルに基づく誘導形を用いた分析であった．Zeldes (1989b) は，オイラー方程式を利用し，流動性制約の影響を分析している．

第 4 章で紹介した Hall (1978) のモデルに従い，無限視野で，流動性制約が存在しない家計の行動について考える．t 期の予算制約は下記で与えられると仮定する．

5) 0.2 および 0.85 というパラメター値の根拠に関する説明はなく，他のパラメター値での結果も報告している．

6) Hayashi (1985b) のモデルでは，さらに消費データの計測誤差も考慮されている．

$$a_{t+1}-(1+r)\,a_t=(1+r)\,(y_t-c_t)\,. \tag{7.8}$$

No Ponzi Game Condition を用い，生涯の予算制約を下記のように書く．

$$E_t\sum_{s=0}^{\infty}\frac{c_{t+s}}{(1+r)^s}=E_t\sum_{s=0}^{\infty}\frac{y_{t+s}}{(1+r)^s}+a_t\equiv W_t. \tag{7.9}$$

各期の効用関数が消費に関する二次関数のとき，消費はマルチンゲールとなり，

$$E_tE_{t+1}c_{t+2}=E_tc_{t+1}=c_t. \tag{7.10}$$

したがって，

$$E_t\sum_{s=0}^{\infty}\frac{c_{t+s}}{(1+r)^s}=c_t\sum_{s=0}^{\infty}\frac{1}{(1+r)^s}=\frac{(1+r)}{r}c_t. \tag{7.11}$$

単純化すると，

$$c_t=\frac{r}{(1+r)}W_t. \tag{7.12}$$

ところで，資産の階差をとると，

$$\begin{aligned}
\Delta a_{t+1}&\equiv a_{t+1}-a_t\\
&=(1+r)\,(y_t-c_t)+ra_t\\
&=(1+r)\,y_t-(1+r)\,c_t+ra_t\\
&=(1+r)\,y_t-\frac{r\,(1+r)}{(1+r)}\left(E_t\sum_{s=0}^{\infty}\frac{y_{t+s}}{(1+r)^s}+a_t\right)+ra_t\\
&=(1+r)\,y_t-rE_t\sum_{s=0}^{\infty}\frac{y_{t+s}}{(1+r)^s}\\
&=y_t-rE_t\sum_{s=1}^{\infty}\frac{y_{t+s}}{(1+r)^s}\\
&=y_t-E_t\sum_{s=1}^{\infty}\left[\frac{y_{t+s}}{(1+r)^{s-1}}-\frac{y_{t+s}}{(1+r)^s}\right]\\
&=-E_t\sum_{s=1}^{\infty}\left[\frac{\Delta y_{t+s}}{(1+r)^{s-1}}\right].
\end{aligned} \tag{7.13}$$

ここで，もしも所得が $i.i.d.$ で $y_t=\varepsilon_t$ とし，階差をとると，

$$E_t\Delta y_{t+s}=E_t\,(\varepsilon_{t+s-1}-\varepsilon_{t+s})=-\varepsilon_t\quad\text{if } s=0, \tag{7.14}$$

$$E_t\Delta y_{t+s}=E_t\,(\varepsilon_{t+s-1}-\varepsilon_{t+s})=0\quad\text{if } s>0. \tag{7.15}$$

したがって，

$$\Delta a_{t+1} = -E_t \sum_{s=1}^{\infty} \left[\frac{\Delta y_{t+s}}{(1+r)^{s-1}} \right] = \varepsilon_t. \tag{7.16}$$

すなわち，所得が $i.i.d.$ のとき，資産保有高はランダムウォークとなる．これは，資産，あるいは負債が有界でなくなることを意味する．非定常過程の特徴として，無限先には，確率 1 で，負債額は Natrual Debt Limit を超えてしまう．無限視野で，効用関数が二次のとき，流動性制約が全く存在しないと仮定することは，そもそもモデル設計上無理があるのである[7)]．

ここで，流動性制約として

$$a_{t+1}\left(s^t\right) \geq 0 \quad \text{for all } s^t, \tag{7.17}$$

を導入する．これは，各家計は借り入れが全くできないと仮定していることを意味する．この制約に対するラグランジュ乗数を $\mu\left(s^t\right)$ とする．

$$\begin{aligned} L = &\sum_{t=0}^{\infty} \beta^t \pi_t\left(s^t\right) u\left(c_t\left(s^t\right), s^t\right) \\ &+\sum_{t=0}^{\infty} \sum_{s^{t+1}|s^t} \lambda_t\left(s^t\right)\left(y_t\left(s^t\right)+a_t\left(s^{t-1}\right)-c_t\left(s^t\right)-\frac{a_{t+1}\left(s^t\right)}{1+r}\right) \\ &+\sum_{t=0}^{\infty} \sum_{s^{t+1}|s^t} \mu\left(s^t\right) a_{t+1}\left(s^t\right). \end{aligned} \tag{7.18}$$

このとき，資産に関する一階条件は下記のスラック補完性条件を含む．

$$\frac{\lambda_t\left(s^t\right)}{1+r} - \mu\left(s^t\right) = \sum_{s^{t+1}|s^t} \lambda_{t+1}\left(s^{t+1}\right), \tag{7.19}$$

$$\mu\left(s^t\right) a_{t+1}\left(s^t\right) = 0, \tag{7.20}$$

$$\mu\left(s^t\right), a_{t+1}\left(s^t\right) \geq 0. \tag{7.21}$$

消費に関する一階条件は

$$\beta^t \pi_t\left(s^t\right) u_c\left(c_t\left(s^t\right), s^t\right) = \lambda_t\left(s^t\right). \tag{7.22}$$

したがって，

7)　なお，効用関数が二次関数のとき，すなわち Hall のランダムウォークモデルでは，ベルマン方程式を満たす価値関数は一意に定まらない．ベルマン方程式が縮小写像にならないためである．

$$u_c\left(c_t\left(s^t\right), s^t\right) - \mu\left(s^t\right)(1+r) = (1+r)\sum_{s^{t+1}|s^t} \beta^t \pi_{t+1}\left(s^{t+1}\right) u_c\left(c_{t+1}\left(s^{t+1}\right), s^{t+1}\right). \tag{7.23}$$

スラック条件を用い，上式における選好ショックを無視すると

$$\begin{aligned} u_c(c_t) &\geq \frac{1+\rho}{1+r} E_t u_c(c_{t+1}) \\ &= \frac{1+\rho}{1+r} E_t u_c(c_{t+1}) \quad \text{if } a_{t+1} \geq 0. \end{aligned} \tag{7.24}$$

ところで，予算制約式から，負債を発行できないという条件の下では，消費は手元現金(Cash on Hand)よりも小さくなる．すなわち，

$$\begin{aligned} c_t &= y_t + a_t - \frac{a_{t+1}}{1+r} \\ &\leq y_t + a_t. \end{aligned} \tag{7.25}$$

効用関数の二階微分が負であれば，$a_{t+1}=0$ のとき，

$$u_c(y_t + a_t) = u_c(c_t). \tag{7.26}$$

$a_{t+1}>0$ のとき，

$$u_c(y_t + a_t) < u_c(c_t) = \frac{1+\rho}{1+r} E_t u_c(c_{t+1}). \tag{7.27}$$

したがって，流動性制約が存在するときのオイラー方程式は，

$$u_c(c_t) = \max\left[u_c(y_t + a_t), \frac{1+\rho}{1+r} E_t u_c(c_{t+1})\right], \tag{7.28}$$

と書くことができる．

オイラー方程式を用いて流動性制約の重要性を分析し，後に大きな影響を与えた Zeldes(1989b)の分析は，下記のオイラー方程式に準拠して行われる．

$$u_c(c_t) \begin{cases} = \dfrac{1+\rho}{1+r} E_t u_c(c_{t+1}) + \lambda_t > \dfrac{1+\rho}{1+r} E_t u_c(c_{t+1}) : \text{流動性制約下}. \\ = \dfrac{1+\rho}{1+r} E_t u_c(c_{t+1}) : \text{内点解}. \end{cases} \tag{7.29}$$

なお，$\lambda_t>0$ は流動性制約に対するクーンタッカー乗数である．流動性制約に陥っている家計の今期の消費の限界効用は，来期の限界効用よりも高い(消費は低い)はずである．なぜなら，流動性制約に陥っている家計は消費を増やすことができず，その分消費の限界効用が高まっているためである．一方，消費をさらに減らすことは可能なので，クーンタッカー乗数は正となる．Zeldes(1989b)は，アメリカのPSIDを用い，下記の推定を行っている．

$$GC_{it+1}=\sum_{j=1}^{N}c^jFD_i^j+\sum_k d^kWD_{it}^k+a_1age_{it}+a_2GAFN_{it+1}$$
$$+a_3\ln(1+r_{it})+\varepsilon_{it+1}. \qquad (7.30)$$

ここで，GC_{it+1} は家計食料消費成長率，FD_i^j は家計ダミー，WD はPSIDの調査年ダミー，$GAFN$ は食料支出必要性指標であり，家計構成人年齢の加重平均と総家計人数で代理されている．$(1+r_{it})$ は税引き後資産収益率であるが，これはt期首では実現しておらず，消費成長率の予測誤差と相関をもつ可能性がある．そこで，t期の所得と限界税率を操作変数とした二段階推定が行われている．

Zeldesの推定では，家計を流動性制約に陥っているものとそうでないものに分類することが必要である．ZeldesはPSIDに含まれる資産保有情報を用い，流動性制約に陥っている可能性の高い家計を選別している．基本的な区分けは，(1) 2か月分の所得に相当する流動資産を有しているか否か，(2) 6か月分以上の所得に相当する流動資産を有するか否か，の情報を用い，流動資産保有量の低い家計をグループ1と定義し，流動性制約に陥っている可能性が高いとみなす．一方，豊富な流動資産を保有する家計をグループ2と定義し，流動性制約に陥っていないとみなす．

Zeldesは，まず，(7.30)式にt期の可処分所得を加え，その係数がグループ1では負で有意であるが，グループ2では有意でないことを報告している．次に，グループ2での推定値にグループ1の説明変数の値を代入し，生み出される残差の平均値が正で有意になることを報告している．これは，クーンタッカー乗数の推定量となっており，それが正で有意であるということは，流動性制約の存在が有意に検証できたことになる．

Runkle(1991)は，Zeldes(1989b)の結果が，消費の計測誤差の影響を無視していること，および推定手法に誤りがあることを指摘し，全く異なる結果を導いている．(7.30)式に所得を加えて推定する際，合理的期待に従えば，確かに，t+1期の消費成長率の予測誤差はt期の所得と相関をもたない．t期の所得はt期における条件付き期待値の情報集合に含まれているからである．しかしながら，Zeldes(1989b)は(7.30)式を固定効果で推定しており，実際に推定する際には，被説明変数，説明変数の全てに固定効果変換，すなわち，家計ごとの時間平均からの乖離値が用いられる．この場合，誤差項もまた前後の時間に依存することになり，t期の所得と直交しなくなる．Runkle(1991)はGMMを用いこのバイアスを修正し，さらに消費データに含まれる計測誤差もモデル化した上で，過去の所得データが流動性制約下にあると思われる家計に関しても有意な説明力をもたないことを報告し，単純な恒常所得・ライフサイクルモデルとPSIDの家計データが整合的であると論じている．

7.4　流動制約下にある家計の識別

Zeldes(1989b)やRunkle(1991)が用いている家計分割法には問題があることが指摘されている．資産額が少ない家計と流動性制約に陥っている家計とは必ずしも一致しないからである．Zeldes(1989b)同様に後に大きな影響を与えたJappelli(1990)は1983年のSurvey of Consumer Finance (SCF)を用い，家計に対し，実際に金融機関で借り入れを拒否された経験をもつかどうか，あるいは，断られることを予想し借り入れを申し込まなかったか否かの情報を用い，流動性制約に陥る家計を定義している[8)]．Jappelli(1990)によると，家計の19%が流動性制約に陥っている．そして，流動性制約に陥る可能性は，所得や資産に強く依存していることが示されている．

8)　英文は "Was there any time in the past few years that you (or your husband/wife) thought of applying for credit at a particular place but changed your mind because you thought you might be turned down?"

SCFは同一家計を追跡するパネルデータではないため，消費のオイラー方程式を家計レベルで推定することができない．そこで，Jappelli, et al.(1998)では，SCFでの流動性制約に陥る確率を計算し，得られた確率をPSIDに応用し，家計のグルーピングを行っている．Zeldes(1989b)が，資産・所得比率のみを用いているのに比べ，より多くの情報を用いているのが特徴である．Jappelli, et al.(1998)は，流動性制約に陥っている家計とそうでない家計をスイッチング回帰を用いて分割し，消費のオイラー方程式と流動性制約に陥る確率の同時推定を行い，Zeldes(1989b)よりも強い流動性制約の効果を見出している．

小原・ホリオカ(1999)は，日本の家計経済研究所によるパネルデータ(JPSC)を利用し，流動性制約がオイラー方程式に与える効果を分析している．JPSCはパネルデータであり，なおかつSCFのように，借り入れを断られた経験があるか否か，または断られるとの予想の下で申し込まなかったかの情報を有するパネルデータである．さらに，家計消費や所得データに関する情報も有するという利点もある．すなわち，所得・消費・資産に加え詳細な家族情報を有し，流動性制約に陥っている家計を直接識別できるパネルデータであり，流動性制約の検証にとり非常に望ましいデータである[9]．小原・ホリオカ(1999)によると，Zeldes(1989b)やHayashi(1985b)のように，流動資産情報を用いる分割とJappelli(1990)に従った彼らの分割では，流動性制約下にある家計の識別に大きな違いがあり，流動資産情報を用いた区分けでは，流動性制約に直面している家計を誤って直面していないと判断する可能性が高いと論じている．小原・ホリオカ(1999)による流動性制約がバインドしている家計の割合は有配偶で8.5%，無配偶で5.2% 程度である[10]．

Meghir and Weber(1996)はZeldesやJappelliとは全く異なるアプローチをとっている．流動性制約の存在は，消費の限界効用がマルチンゲール

9) ただし，JPSCは若年女性にサンプルが限定されており，中高年層の情報が不十分であるという欠点がある．

10) Kohara and Horioka(2006)は，同じくJPSCのより長期の個票データを用いて，流動性制約が消費のオイラー方程式に影響を与えているか否かを検証し，たとえ流動性制約に直面していなくとも，日本においてはオイラー方程式が成立していないことを報告している．

にならないことを意味する．また，マルチンゲール性そのものは効用関数が時間に関して分離可能であるという仮定に依存している．したがって，限界効用のマルチンゲール性を否定できなければ，もしくは効用関数の時間に関する分離可能性が否定できなければ，流動性制約の存在は，少なくとも重要ではないことになる．Meghir and Weber(1996)は，消費財を食品，交通，サービスの 3 種類に分け，t 期の効用関数を

$$u_t = u_t\left(X_t, X_{t-1}\right), X_t : \text{Food, Transportation, and Service at } t, \tag{7.31}$$

とし，トランスログ型の効用関数を仮定している．これにより，3 種類の商品間の限界代替率とオイラー方程式が出てくるが，時間に関する分離可能性が仮定されていないため，t 期の食品と交通の間の限界代替率は，t−1 期および t+1 期の消費水準にも依存してくる．もしも効用が時間に関し分離可能，あるいは流動性制約がなければ t 期の限界代替率は t 期の消費と価格比のみに依存するはずである．また，オイラー方程式も同様に，一階の差分方程式ではなく，高階の差分方程式となる．CEX のコホートデータを用い，Meghir and Weber(1996)は，効用が分離可能であり，かつ限界効用がマルチンゲールであることを棄却できない，すなわち，流動性制約の存在を確認できないことを報告している．

7.5　シミュレーションによる流動性制約の分析 (Hubbard, et al.(1995))

Hubbard, et al.(1995)は流動性制約の論文として極めて著名なものである．これまで紹介した分析と違い，Hubbard, et al.(1995)はカリブレーションを用い，流動性制約，将来の不確実性，および社会保障制度が合わさり，極めて大きな資産蓄積上の歪みが生じていることを示したものである．

まず，典型的な事実(Stylized Facts)として，PSID に基づき，(1) 低学歴家計の資産蓄積が乏しく，50 代家計でも，3 割の家計が年収以下の資

産しか有しておらず，資産のコブ型(Hump Shape)が弱い[11)]，(2) 学士号を有している家計では，50代家計の95% 以上が年収以上の資産を有しており，資産のコブ型も強い，の2点を指摘している．次に，アメリカの社会保障制度の特徴として，Food Stamp や Medicaid 等の社会保障を受け取る際，その資格要件として資産額に上限があることを指摘している．また，医療支出や所得に関する不確実性，特に uninsurable な不確実性は無視できないほど大きいとしている．

以上の Stylized Facts を基に，Hubbard, et al.(1995) は下記のような議論を展開している．Uninsurable な不確実性が存在する場合，Carroll や Deaton の予備的貯蓄モデルに従うと，資産蓄積が促進される．Carroll や Deaton は時間選好率が金利よりも高いことを仮定し，資産蓄積がそもそも少なくなるようにしている．この論法に従うと，アメリカの低学歴家計の時間選好率は高学歴家計よりも高いことになる．しかしながら，この仮定を支持する実証分析は多くない．低学歴家計と高学歴家計の両方が同一の選好を有していると仮定しても，社会保障制度が存在すれば，政府によるリスクシェアリングが提供され，予備的貯蓄動機が小さくなり，低学歴家計の資産蓄積が阻害される．さらに，社会保障制度を利用する際に，資産の上限が決まっている場合は，資産蓄積の阻害がさらに強化される．以下，Hubbard, et al.(1995) のモデルをより詳しく見てみよう．

効用関数は CRRA であり，$\gamma=3$ と仮定されている．

$$E_t \sum_{s=t}^{T} \frac{D_s}{(1+\delta)^{s-t}} \left(\frac{c_s^{1-\gamma}}{1-\gamma} \right). \tag{7.32}$$

家計は100歳を上限として，各期で死ぬ確率$(1-D_s)$に直面している．経済に参加するのは21歳からであり，それ以降，最大80期の間，家計は消費・貯蓄決定を行う．予算制約は

$$A_t = A_{t-1}(1+r)+E_t+TR_t-M_t-c_t, \tag{7.33}$$

$$A_t \geq 0, \tag{7.34}$$

ただし，A_t: 資産，E_t: 税引き後労働所得(外生)，M_t: 医療支出(外生)，

11) 標準的なライフサイクルモデルでは，資産額は引退時をピークとする山型になっている．

TR_t: 社会保障受け取り，である．なお，Cash on Hand は

$$X_t = A_{t-1}(1+r)+E_t+TR_t-M_t, \tag{7.35}$$

と定義できる．そして，社会保障受け取りは

$$TR_s = \max\left[0, (\overline{c}+M_t)-\{A_{t-1}(1+r)+E_t\}\right], \tag{7.36}$$

と定義される．ただし，$\overline{c}$ は政府により定められる最低保障消費水準である．上式は，社会保障抜きの Cash on Hand が，最低保障消費水準よりも下回っていれば，その不足分が社会保障として支払われることを意味する．逆に，社会保障抜きの Cash on Hand が少しでも最低保障消費水準を上回っていれば社会保障は提供されない．また，例えば Cash on Hand が最低保障水準よりも 10 万円低かったと仮定し，所得が 5 万円増加したとすると，5 万円社会保障が減額されてしまう．これは資産所得に関しても同様であり，資産蓄積に対し，100% の課税がなされるのと同じである．したがって，このような社会保障プログラムは資産蓄積に対し強い負の効果を与える．

不確実性の発生要因として，Hubbard, et al.(1995) は医療支出および勤労期の所得に関して下記のような確率過程を仮定する．まず所得に関しては，

$$y_{it} = Z_{it}\beta+u_{it}+v_{it}, \tag{7.37}$$

$$u_{it} = \rho_e u_{it-1}+e_{it}. \tag{7.38}$$

ここで，Z_{it} は年齢と年ダミーに関する三次関数であり，v_{it} と e_{it} は白色ノイズの誤差項である．ただし，以降の分析では v_{it} は存在しないものと仮定されている．すなわち，一時的所得は存在せず，すべてのショックは持続的であると仮定される．医療支出は下記のように仮定される．

$$m_{it} = G_{it}\Gamma+\mu_{it}+\omega_{it}, \tag{7.39}$$

$$\mu_{it} = \rho_u \mu_{it-1}+\varepsilon_{it}. \tag{7.40}$$

所得過程と同様に，ω_{it} は以降の分析では無視される．PSID および 1977 年の National Health Care Expenditure Survey および Naional Nursing Home Survey のクロスセクションデータを用い，各学歴別に上記の確率過程を推定し，その推定パラメターをそれ以降のカリブレーションで用いている．最低保障消費水準として，1000 ドルと 7000 ドルの両方を仮定

し，カリブレーションを行っている．

この動学問題の状態変数は，健康状態，資産，所得，そして年齢の4種類であり，かつ，ショック項に一階の自己相関が仮定されているため予備的貯蓄モデルにおいてCarrollが用いた技術が使えず，多くの状態変数に対処する必要がある．Hubbard, et al.(1995)は，健康と所得をそれぞれ9グリッド，資産を61グリッドのマルコフ・チェーンで近似している．65歳までの所得には不確実性があり，それ以降は存在しない．最終期における境界条件からBackward Inductionを用いてオイラー方程式を解いているが，極めて多くのグリッドで最適消費水準を計算せねばならず，高度な数値解析技術を駆使した分析となっている．

結果は極めて明快で，最低保障消費水準を7000ドルと設定すると，高学歴家計の資産蓄積は順調だが，低学歴家計の多くは資産蓄積をせず，社会保障に頼るようになってしまう．社会保障と流動性制約，予備的貯蓄と不確実性が組み合わさり，大規模な資産蓄積の歪みが発生しているのである．所得や健康状態に関する不確実性があるときの，社会保障システムの影響を動学モデルを用いて分析する試みは近年増加しており，政治過程を導入したConesa and Krueger(1999)，社会保障システムの民営化の効果を分析したNishiyama and Smetters(2007)等がある[12)]．

流動性制約の分析は，予備的貯蓄分析と密接な関係があり，予備的貯蓄のシミュレーション分析では，流動性制約の効果も合わせて報告していることが多い．Carroll and Kimball(2001)は流動性制約と予備的貯蓄が消費と貯蓄のライフサイクルパターンにどのような影響を与えるかを詳細に説明しており，Nirei(2006)は予備的貯蓄と流動性制約を共に含む一般均衡動学モデルを構築し，モンテカルロシミュレーションを行うことで，Zeldes(1989b)による(7.30)式の推定にどの程度のバイアスがあるかを分析している．異質な個人を含むマクロ動学モデルではHuggett(1993)やAiyagari(1994)等，流動性制約の存在を仮定することが一般的に行われており，最初に紹介したAlvarez and Jermann(2000)による内生的流

12) Nishiyama and Smetters(2007)は流動性制約の存在を仮定しておらず，借り入れは可能になっている．

動性制約のモデル化等，近年では最も進展が速い分野の一つにもなっている．

7.6 まとめ

流動性制約がバインドし，消費が所得と一致すると，消費平滑化ができなくなり，消費のオイラー方程式やリカードの等価定理が成立しなくなる．この経済学的含意は大きく，そのため，流動性制約の有無やその重要性に関して非常に多くの分析がなされてきた．本章では，1980 年代におけるマクロデータを用いた流動性制約の推定から，近年の様々な家計パネルデータを用いた分析結果を紹介した．初期のマクロデータを用いた分析結果では，5 割程度の家計が流動性制約下にあるとする推定が多く，その割合は時間と共に大きく変化していた．マクロデータを用いた分析では，流動性制約下にある家計割合は，消費の過去所得への過剰反応の程度により推定されており，消費が過剰反応をしている限り，流動性制約下にある家計割合は正の値で推定される．一方，ミクロデータを用いた分析では，消費の過剰反応の存在そのものが議論の対象となっており，分析者により結果が大きく分かれている．そのため，流動性制約の存在に関する推定結果もマクロデータを用いた分析以上に統一性を欠いたものとなっている．

流動性制約と前章で紹介した予備的貯蓄は密接に関係している．流動性制約がバインドしなくても，流動性制約が存在し，将来バインドする可能性があるとき，家計は予備的貯蓄を行い，オイラー方程式を等号で満たしつつも，流動性制約がないときよりも過小の消費しか行わなくなる．一方，流動性制約が存在しないと仮定しても，予備的貯蓄モデルの仮定によっては，家計があたかも流動性制約に陥っているかのような動きを見せることもある．より詳細な分析のためには，オイラー方程式のみに依存するのではなく，境界条件も用い，家計の動学的な意思決定の諸側面を見る必要がある．そのためには，初期の資産保有量，所得に含まれる不確実性，おそらくは最大の負債保有要因である住宅購入の有無等に関する強い仮定が必要となる．より現実的な，そして一般的な状況下での最適消費行動の分析は現在も精力的に行われているが，そのためには，複雑な動学モデルの数値解析はもちろんのこと，住宅価格の動向や人々の健康リスク，資産ポートフォリオに関する詳細な情報が必要となり，金融や医療等，関連諸分野との一層の連携が重要となっている．

第 8 章　所得過程の推定

8.1　導　　入

家計が所得や選好に対し様々なショックにさらされていたとしても，効用関数が時間に関して加法に分離可能である限り，消費のオイラー方程式は単純な条件付き期待値を用いて描写可能であり，所得や選好ショックが具体的にどのような確率過程に従うかを考慮する必要はなかった．各期の効用関数が CRRA であるとき，消費のオイラー方程式は，今期と来期の消費の関係を表す．しかし，各期の消費の水準がどのような値になるべきかについては，我々はオイラー方程式から学ぶことができず，No Ponzi Game 条件等の境界条件を用い，動学最適化問題を完全に解き切らねばならない．オイラー方程式は最適消費経路の必要条件の一部に過ぎないのである．

もしも，分析者の関心が不確実性が存在することによる消費の減少や，将来流動性制約にバインドすることを考慮にいれた消費計画にあるのであれば，オイラー方程式のみでなく，消費の水準も含め，最適消費経路全てを導かねばならない．そのためには，家計がどのような不確実性に直面しているかを明確にする必要がある．具体的には，所得や健康状態，選好の変化等の確率過程を定式化した上で，動学最適化問題を解かねばならないのである．

所得の不確実性の推定は家計消費行動に興味をもつマクロ経済学者や教育投資の収益率に関心をもつ労働経済学者等，非常に多くの研究者の関心事であり，膨大な量の論文が書かれている．古くは，50 年以上前に Friedman and Kuznets(1954)が小規模のサンプルを用いて分析を行ったものまで遡ることが可能であるが，本格的な分析は，スウェーデンの家計パネルデータを用いた Hause(1973)および PSID やアメリカ合衆国の Ph.D. 取得者 1 万人強のパネルデータを用いた Lillard and Willis(1978)

および Lillard and Weiss(1979)から始まる．所得過程の推定の際，特に次の二つの点が重視されてきた．第一の論点は，家計所得変動の持続性である．恒常所得仮説に従うと，人々は一時的な所得ショックに対しては消費を変化させず，一方，恒常的なショックに対しては消費を変化させる．したがって，消費研究の視点では，所得変動に占める恒常的要因の推定は極めて大きな問題となっている．第二の論点は，観察される家計間の所得格差は，どの程度が労働市場参入時点で決定されてしまうか，家計固定効果によるものであるか，という問題である．例えば，能力のある家計は，年率 7% で所得が成長し，一方能力のない家計所得は年率 1% でしか成長しないと仮定すると，自由に貸借可能であれば，所得分散は年齢と共に増加しても，消費分散は変化しない．将来の所得経路を家計は正確に予測可能であるためである．

所得過程に関しては膨大な量の研究があり，Meghir and Pistaferri (2010)のような優れたサーベイがある．そのため，本章では，所得過程推定の論点を整理するにとどめ，日本における所得過程の推定結果を主に紹介する．

8.2　所得分散の加齢効果と所得過程

図 8.1 は，アメリカ合衆国における家計所得(対数値)の年齢・分散プロファイルを示している[1)]．この図から直ちに，対数家計所得の分散は年齢と共に増加していることがわかる．この所得分散は異なる家計間の分散であり，同一家計の生涯を通じた所得変化の分散ではないことに注意する必要があるが，もしも，各家計が Idiosyncratic な所得リスクに直面しており，所得の実現値の違いは，そのようなリスクの帰結であると仮定すると，所得分散の年齢と共に増加するという事実は，所得の不確実性に直面しており，家計 i が h 歳のとき，t 年に受け取る所得(あるいは賃金)の対数

1)　データは Consumer Expenditure Survey(CEX)．1980 年から 2007 年までの対数家計所得を年ダミーや家計構成人数ダミーに回帰し，その残差の分散を年齢ごとに計算しプロットしたもの．横軸は世帯主の年齢である．なお，年齢間の平均値の違いは，年齢ごとの対数分散であるため，分散の推計値には影響を与えないことに注意する必要がある．

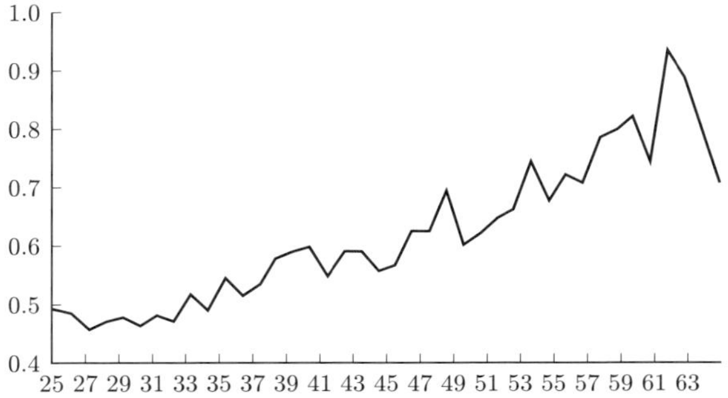

図 8.1　アメリカの家計所得(対数値)の年齢・分散プロファイル

注）出所：Consumer Expenditure Survey(CEX).
データ期間：1980-2007 年．対数所得を年ダミー，家計人数ダミー等に回帰した後の残差分散.

値を $y_{i,h,t}$ とすると，多くの研究では下記のような所得過程が推定されている．

$$\begin{aligned} y_{i,h,t} &= X_{i,h,t}\beta+\alpha_i h_{i,t}+\varepsilon_{i,h,t}+\omega_{i,h,t}, \\ \omega_{i,h,t} &= \rho\omega_{i,h-1,t-1}+\varsigma_{i,h,t}, \end{aligned} \tag{8.1}$$

$X_{i,h,t}$ は観察可能であり，かつ家計間で共通な効果をもつ所得の説明要因．α_i は所得成長率の家計間格差である．$\varepsilon_{i,h,t}$ は系列相関をもたない誤差項であり，一時的な所得ショック，あるいは所得データの計測誤差に対応する．$\omega_{i,h,t}$ は一次の自己回帰に従う持続的($\rho=1$ のときは恒久的)所得変動であり，$\varsigma_{i,h,t}$ は系列相関がなく，かつ，$\varepsilon_{i,h,t}$ およびそのラグ項とも相関をもたない，持続的(恒久的)所得ショックである．なお，ここでは $\omega_{i,h,t}$ が一次の自己回帰に従うと仮定しているが，より高次のラグを含めることも，あるいは移動平均で定式化されることもある[2)]．

今，単純化のため観察可能な変数の効果 $X_{i,h,t}\beta$ を無視し，さらに α_i の分散 σ_α^2 がゼロで $\rho=1$ を仮定しよう[3)]．すると，

$$y_{i,h,t} = \alpha h_{i,t}+\varepsilon_{i,h,t}+\omega_{i,h,t}. \tag{8.2}$$

さらに，ε および ς の分散が一定であると仮定し，同一時点における年

2)　ショック項の分散が変動することを許容する分析もある．詳しくは Meghir and Pistaferri (2004) を参照せよ．

3)　計量分析の際には $X_{i,h,t}\beta$ の効果は，対数所得を説明変数 $X_{i,h,t}$ に回帰した残差を用いることで取り除くことが可能である．

齢別の分散を計算すると，α は確率変数ではなく，かつ，$h_{i,t}$ の値も同一なので，

$$Var\left(y_{i,h,t}\right) = \sigma_{\varepsilon}^{2} + Var\left(\omega_t\right), \tag{8.3}$$

$$Var\left(y_{i,h-1,t-1}\right) = \sigma_{\varepsilon}^{2} + Var\left(\omega_{t-1}\right). \tag{8.4}$$

ところで，

$$Var\left(\omega_t\right) = Var\left(\omega_{t-1}\right) + \sigma_{\varsigma}^{2}. \tag{8.5}$$

したがって

$$Var\left(y_{i,h,t}\right) = Var\left(y_{i,h-1,t-1}\right) + \sigma_{\varsigma}^{2}, \tag{8.6}$$

すなわち，所得の分散は，恒常所得ショックの分散 σ_{ς}^{2} の分だけ，図 8.1 のように加齢と共に増加していくことになる．

再び，(8.1)式に戻り，今度は $\sigma_{\alpha}^{2}>0$，$\rho=0$ を仮定しよう．前と同様に，$X_{i,h,t}\beta$ を無視し，各ショック項の分散が一定であると仮定すると，

$$Var\left(y_{i,h,t}\right) = h^2\sigma_{\alpha}^{2} + \sigma_{\varepsilon}^{2} + \sigma_{\varsigma}^{2}, \tag{8.7}$$

$$Var\left(y_{i,h,t}\right) = \left(2h-1\right)\sigma_{\alpha}^{2} + Var\left(y_{i,h-1,t-1}\right), \tag{8.8}$$

となり，$h>1$ であることから，加齢と共に所得分散は増加していくが，それは，所得ショックによるものではなく，家計間で所得成長率が異なるためである．

(8.6)式と(8.8)式は，どちらも図 8.1 で観察される，加齢に伴う所得分散の増加を説明することが可能である．しかし，その経済学的含意は大きく異なる．(8.6)式の場合，所得分散の増加は，Ex-ante で同質な家計に発生する，保険の存在しない各家計間で独立の Idiosyncratic な所得ショックによるものである．したがって，もしも恒常的所得ショックに対する保険が存在すれば，経済厚生を改善することが可能である．一方，(8.8)式の場合は，所得格差の増加は生まれたときから決まっている個人の能力の差により生じているものであり，不確実性やリスクとは関係ない[4)]．所得格差の拡大は，能力という固定された初期資源配分の結果を反映しているのみであり，政策により厚生を改善することはできない

4)　通常の固定効果分析では，階差あるいは固定効果変換を行うことで家計間異質性が水準に与える影響を除去可能であるが，ここでの家計間異質性は水準ではなく，傾きに与える影響であることに注意する必要がある．

のである．

8.3　所得成長率の家計間異質性の識別

8.3.1　所得データのみを用いる推定

スウェーデンの家計パネルデータを用いた Hause(1973)，PSID を用いた Lillard and Willis(1978) およびアメリカの Ph.D. 保有者のデータを用いた Lillard and Weiss(1979) 等，初期の所得過程の推定結果は，σ_α^2 の値を有意に推定しており，かつ，Lillard and Willis(1978) によると，クロスセクション方向で観察される所得分散の 75% が固定効果により説明されるという結果を報告している．また，ρ の値は小さく，所得の誤差項は定常であり，$\rho=1$ は棄却されている．

今，単純化のために持続性パラメターに関し，$\rho=1$ と仮定しよう．このケースを分析した MaCurdy(1982) は，PSID を用い，σ_α^2 はゼロであるという結果を得ている．(8.1)式に戻り，$X_{i,h,t}$ を無視，あるいは $X_{i,h,t}$ に対数所得を回帰した残差を用いて分析すると仮定しよう．このとき，所得の階差を用いると，

$$\Delta y_{i,h,t} = \alpha_i + \Delta\varepsilon_{i,h,t} + \varsigma_{i,h,t}. \tag{8.9}$$

ここで，ショック項同士は無相関で，かつ分散が一定であると仮定し，$\Delta y_{i,h,t}$ の一次の自己共分散を計算すると，

$$Cov\left(\Delta y_{i,h,t}, \Delta y_{i,h-1,t-1}\right) = Cov\left(\alpha_i + \Delta\varepsilon_{i,h,t}, \alpha_i + \Delta\varepsilon_{i,h-1,t-1}\right), \tag{8.10}$$

$$= \sigma_\alpha^2 - \sigma_\varepsilon^2. \tag{8.11}$$

2 期以上離れると，

$$Cov\left(\Delta y_{i,h,t}, \Delta y_{i,h-s,t-s}\right) = \sigma_\alpha^2 \quad \text{where } s > 2. \tag{8.12}$$

したがって，所得変化率の自己共分散は，2 期以上離れると定数 σ_α^2 に収束していく．実際には，一時ショックや持続ショックの誤差項に系列相関が発生している可能性があり，自己共分散はより複雑になる可能性があるが，長期的には σ_α^2 に収束していくはずである．MaCurdy(1982) は，所得の自己相関係数を報告し，1 期で -0.32，2 期で -0.09，3 期で

-0.01 と 2 期以降では非常に小さく，かつ統計的には 3 期以降は全てゼロを棄却できないことから，σ_α^2 はゼロであるという結論を導いている．そして，σ_α^2 をゼロと仮定して推定する場合，ρ の推定値は 0.975 となり，$\rho=1$ は棄却できず，所得過程はランダムウォークと $\sigma_\alpha^2=0$ を仮定した確率過程により描写可能であるとしている．同様の結果は，より一般的な確率過程の可能性を調べた Abowd and Card (1989)，労働者・企業のマッチングデータを用いた Topel and Ward (1992) でも得られている．MaCurdy (1982) や Abowd and Card (1989) の結果は長らく標準的なものとみなされ，Carroll 等による一連の予備的貯蓄モデルのカリブレーションにおいても，所得過程は一時ショックとランダムウォークに従う恒常ショックの 2 種類に分離された形で定式化されている．

近年，Guvenen (2009) は，この結論を批判する研究を発表している．彼は，もしも，真の所得過程が $\rho<1$ かつ，$\sigma_\alpha^2>0$ であるならば，所得変化率の自己共分散は

$$Cov\left(\Delta y_{i,h,t}, \Delta y_{i,h-s,t-s}\right) = \sigma_\alpha^2 + \rho^{s-1}\left[\frac{\rho-1}{\rho+1}\right]\sigma_\varsigma^2, \qquad (8.13)$$

となることを指摘した．$\rho<1$ である限り，右辺第二項は負の値となる．もしも，家計パネルの期間を十分に長くとることができない場合，所得変化の自己共分散は σ_α^2 よりもかなり小さな値となり，統計的にゼロを棄却できない可能性が高くなる．Guvenen (2009) は，シミュレーションを行い，PSID の所得変化の自己相関から σ_α^2 の検証を行うのは不可能であると論じている．さらに，$\sigma_\alpha^2>0$ を許容し所得過程を推定すると，Lillard and Willis (1978) と同様に，所得変化率の家計間異質性は極めて重要であり，一方，ρ は 0.82 となり，1 よりも小さくなることを報告している．

Hryshko (2009) は，真の所得過程が $\sigma_\alpha^2=0$，$\rho=1$ であると仮定し，さらに，AR(1) に従う (自己相関係数は 0.5 および 0.25 と仮定) 一時ショックを導入したシステムを仮定し，所得系列をシミュレートした上で，Guvenen (2009) のモデルに従って σ_α^2 と ρ を推定すると，σ_α^2 は有意な正の値となり，一方，ρ は 1 よりもかなり小さな値となることを報告している．さらに，PSID を用い，様々なスペシフィケーション下で所得過程を推定する

と，$\sigma_\alpha^2=0$，$\rho=1$ を支持する結果が多く得られると報告している．

家計間で所得成長率が異なり，なおかつ恒常所得ショックが存在するケースも考えられるが，この場合，両方ともよく似た効果を所得分散に与えるため，どちらが支配的な要因であるか見極めることが難しくなる．両者の識別は困難であり，特に，所得データそのものに計測誤差があり，それが系列相関をもつ場合は，両者の識別はさらに困難になる．

8.3.2　消費データを用いる推定

所得データを用いて，所得過程の推定を行うことには限界がある．所得データに含まれる計測誤差と一時的な所得変動を識別できないのである．本章の最初で，所得過程は家計消費の動学最適化問題を具体的に解くために必要であると議論したが，その議論を逆転し，家計消費行動がよくわかっていれば，家計消費の動向から所得に含まれる不確実性を推定することも可能である．

第5章では，Hall (1978) による恒常所得モデルに基づき，所得と消費の間の下記の関係を導いた．

$$\theta_t \Delta c_t = \frac{r}{1+r}\sum_{s=0}^{T-t}\frac{(E_t - E_{t-1})\, y_{t+s}}{(1+r)^s}, \tag{8.14}$$

$$\text{where} \quad \theta_t = \left(1 - \frac{1}{(1+r)^{T-t+1}}\right). \tag{8.15}$$

ここで，今，観察される対数所得が下記のような，恒常的所得変動 y_t^p と恒常ショック v_t，一時ショック u_t，および計測誤差 ω_t で描写可能であるとする．

$$y_t = \alpha + y_t^p + u_t + \omega_t, \tag{8.16}$$

ただし，各ショック項と計測誤差に系列相関はなく，かつ互いに無相関であり，期待値はゼロであるとする．

$$y_t^p = y_{t-1}^p + v_t, \tag{8.17}$$

すると

$$y_{t+s} = y_{t-1} + u_{t+s} - u_{t-1} + \sum_{\tau=t}^{t+s} v_\tau + \sum_{\tau=t}^{t+s}\omega_\tau. \tag{8.18}$$

ところで,

$$E_{t-1}y_{t+s}=y_{t-1}-u_{t-1}, \tag{8.19}$$

したがって,

$$\begin{aligned}\theta_t\varDelta c_t &= \frac{r}{1+r}\sum_{s=0}^{T-t}\frac{(E_t-E_{t-1})\,y_{t+s}}{(1+r)^s} \\ &= \frac{r}{1+r}u_t+\theta_t v_t.\end{aligned} \tag{8.20}$$

$$\varDelta c_t=v_t+\frac{r\theta_t^{-1}}{1+r}u_t. \tag{8.21}$$

消費変化率の分散は

$$Var\,(\varDelta c_t)=Var\,(v_t)+\left(\frac{r\theta_t^{-1}}{1+r}\right)^2 Var\,(u_t)\,. \tag{8.22}$$

消費変化率と所得変化率の共分散を計算すると

$$\varDelta y_t=\varDelta u_t+\varDelta\omega_t+v_t, \tag{8.23}$$

$$Cov\,(\varDelta c_t,\varDelta y_t)=Var\,(v_t)+\frac{r\theta_t^{-1}}{1+r}Var\,(u_t)\,, \tag{8.24}$$

となる．特に，共分散を用いる場合，消費データに計測誤差が含まれていても，それが系列相関がなく，真の消費データや所得と無相関である限り，共分散の値に影響を与えないため，信頼性が高くなる．

所得と消費の変化率の共分散情報を用いるには，所得と消費の両方のデータがあるパネルデータが必要である．Hall and Mishkin (1982) 等が用いている PSID は，消費項目として食料支出しか記録しておらず，構造モデルの推定には必ずしも向いていない．多くの分析は，(1) イタリア銀行が行っている Bank of Italy Survey of Household Income and Wealth (SHIW) を用いるか (Pistaferri (2001))，(2) FES 等のリピーティドクロスセクションからコホートデータを作成し，疑似パネルを作成する (Blundell and Preston (1998))，(3) CEX に含まれる全消費データを，PSID の食料支出等の情報を用いてマージして使用する (Blundell, et al. (2008)) の 3 種類のうちどれかを選択している．

イギリスの FES を用いた Blundell and Preston (1998) は，イギリス家

計が直面する一時的な所得ショックが 1968 年から 1992 年まで増加しているという結果を得ている．また，Blundell, et al.(2008)は，アメリカにおいて，所得分散と消費分散の乖離が大きくなった理由として，所得ショックに対する保険が充実したという Krueger and Perri(2006)の推測を否定し，所得変動に占める一時的ショックの割合が増加し，所得変動そのものは大きくなっていても，恒常的所得変動は増加していないためであるという結果を得ている．一方，Guvenen and Smith(2010)は，Blundell, et al.(2008)の手法を用い PSID と CEX のマージを行い，長期の消費・所得パネルデータを作成した上で，Guvenen(2009)同様，所得ショックの持続性は低い(ρ=0.76)という結果を得ている[5]．

上記で展開したモデルは，Hall(1978)の恒常所得モデルに準拠し，恒常的所得変動に対しては一切の保険が存在しないと仮定していたが，恒常的所得変動に対する保険の程度を推定することも可能である．無限視野のとき，(8.24)式は

$$Cov\,(\Delta c_t, \Delta y_t) = Var\,(v_t), \tag{8.25}$$

となる．今，一般的に所得ショック x_t に対する保険の程度の指標として，

$$\phi\,(x_t) = 1-\frac{Cov\,(\Delta c_t, x_t)}{Var\,(x_t)}, \tag{8.26}$$

を考えよう．x_t が恒常ショック($x_t=v_t$)のとき，恒常所得モデルでは ϕ=0 となり，恒常ショックに対する保険は存在しない．また，x_t が一時ショック($x_t=u_t$)のときは，ϕ=1 となり，完全な保険が存在する．

今，所得データに含まれる計測誤差 ω_t を無視すると，

$$\Delta y_t = \Delta u_t + v_t, \tag{8.27}$$

この共分散をとると，

$$Cov\,(\Delta y_{t+1}, \Delta y_t) = -Var\,(u_t). \tag{8.28}$$

また，

$$Cov\,(\Delta c_t, \Delta y_{t+1}) = -Cov\,(\Delta c_t, u_t). \tag{8.29}$$

恒常ショックに関しては，下記のような和を考える．

5)　労働市場参入時点での固定効果の重要性を指摘した近年の研究に Huggett, et al. (2007)がある．

$$\Delta y_{t+1}+\Delta y_t+\Delta y_{t-1} = \Delta u_{t+1}+\Delta u_t+\Delta u_{t-1}+v_{t+1}+v_t+v_{t-1},$$
$$= u_{t+1}-u_{t-2}+v_{t+1}+v_t+v_{t-1}, \tag{8.30}$$

すると，恒常ショックの分散は

$$Cov\,(\Delta y_t, \Delta y_{t+1}+\Delta y_t+\Delta y_{t-1}) = Var\,(v_t)\,, \tag{8.31}$$

で与えられる．したがって，一時ショックに対する保険の程度としては

$$\phi\,(u_t) = 1-\frac{Cov\,(\Delta c_t, \Delta y_{t+1})}{Cov\,(\Delta y_{t+1}, \Delta y_t)}, \tag{8.32}$$

恒常ショックに対しては

$$\phi\,(v_t) = 1-\frac{Cov\,(\Delta c_t, \Delta y_{t+1}+\Delta y_t+\Delta y_{t-1})}{Cov\,(\Delta y_t, \Delta y_{t+1}+\Delta y_t+\Delta y_{t-1})}, \tag{8.33}$$

で保険の程度を計測可能である．Blundell, et al.(2008)は，上述のようにアメリカのPSIDとCEXをマッチングさせたデータを用い，一時ショックに対する保険は95%，恒常ショックに対する保険は36% 存在するという結果を得ている．Kaplan and Violante(2010)は，第6章で議論したような，CRRA型効用関数と流動性制約を伴う予備的貯蓄モデルをシミュレートし，Blundell, et al.(2008)の結果が再現されるか否かを検証した．無限視野の確実性等価モデル(各期の効用関数が二次式)では，一時ショックに対する保険は完全で，恒常ショックに対する保険はゼロとなるが，より一般的なモデルでは，解析的に消費と所得の共分散を求めることは不可能であり，保険がどの程度存在するかはパラメターの値に依存してくる．Kaplan and Violante(2010)は所得過程として所得が$i.i.d.$ショックとランダムウォーク(恒常ショック)により構成されると仮定し，シミュレーションを行った．その結果，一時ショックに対してはほぼ完全な保険が観察されたが，恒常ショックに対する保険は23% と，Blundell, et al.(2008)よりも低い値となるとしている．所得と消費の相関を用いる分析を厳密に進めるためには，各家計が所得変化をいつの時点で認識したかを知る必要がある．これまでの分析では，所得変化はマルチンゲールとなっており，その変化は全く予期不可能とされていたが，Feigenbaum and Li(2010)およびPrimiceri and Rens(2009)は，家計単位の過去の所得等の情報を用い，将来の家計所得を予測し，実現値との乖離を用いて家計の直面するリ

スクとみなし，所得リスクの推定を行っている．

消費データを用いることで，将来に関する予測という所得データでは観察不可能な情報を用いることの利点は確かに大きく，また，所得の恒常的変動を求める際に過剰識別にできるという推定上の利点も無視できない．とはいえ，消費と所得両方のデータを高精度に記録している長期のパネルデータは少なく，いまだ，推定結果も分析者の間で一致を見ていない．Guvenen(2009)のような，家計間の所得変化率の異質性を強調する立場と，所得に占める恒常ショックの重要性を強調する立場の論争は今後も継続していくと思われる．

8.4　日本における所得過程の推定[6)]

8.4.1　導　　入

本セクションは，日本家計の消費・貯蓄行動を動学モデルを解く際に必要な，家計の直面する所得の動学的な確率構造に関して，限定的ではあるが，分析を試みるものである．その際に，特に二つの目標を設定している．第一は，一般の研究者に利用可能な唯一の長期にわたる日本の家計パネルデータである家計経済研究所のデータを用い，所得および労働時間のデータに含まれる真の情報と計測誤差を識別することである．より具体的には，経験年数や年齢などをコントロールした後の所得変動のどの程度が恒常的なものであり，どの程度が一時的な変動によるものかを計算する．第二の目標は，アメリカの PSID 等のデータを用いた先行研究である Abowd and Card(1989)により得られた共分散行列と同様の行列を計算し，日米比較を通じて日本家計の特徴を明らかにすることである．主要結果は下記の通りである．

(1) 日本の所得変化率の分散はアメリカの 1/3 程度である．

(2) 所得変化率の一階のラグとの共分散はマイナスであり，分散の 1/2 弱である．

6) この節は，阿部・稲倉(2007)を改訂したものである．

(3) 2期以上離れると，相関はほぼ消滅する．

(4) 所得と労働時間の相関は極めて小さく，多くの場合有意に検出されない．

(2)と(3)はアメリカでの先行研究とほぼ同じであり，(1)と(4)が大きく異なる．これは，日本の家計所得過程はアメリカと同様の傾向を有しているが，分散の大きさの点で相違があることを示している．また，所得および労働時間をランダムウォークと一時的変動の混合モデルにより近似し，推定した場合はMA(2)モデルよりも良好なFitを得ることができた．また，同時に観察される所得分散の2/3程度が一時的変動であるという結果を得た．なお，データセットの詳細および推定の技術的側面の説明は全てAppendixで説明している．

8.4.2 データ

本節では，財団法人家計経済研究所による『消費生活に関するパネル調査』(JPSC)を用いる．この調査における対象者は若年女性であり，収入・支出・貯蓄，就業行動，家族関係などの諸側面から若年女性の生活実態を明らかにすることが調査目的としてあげられている．調査対象として選ばれた若年女性には，学校卒業後就職し，結婚・出産を迎えるといったような世帯変動が大きく，または，シングルとしての生活を継続するなど個人のライフスタイルが多様な年齢にあるという点に大きな特徴がある．また，先にあげた生活実態の把握という特徴に加え，世代の違い，ライフステージの移行過程での変化，特別な出来事に直面しての変化に着目することによって，国民生活に関わる適切な提言を行うことも調査の大きな目的である[7)]．

次に，調査の具体的内容について以下に述べる．第1回調査が行われたのは1993年で，その時点における満24歳から34歳までの女性が調査対象となっている[8)]．第1回調査の完了数は1500票(コホートA)で，1997

7) 調査の目的については，財団法人家計経済研究所のホームページから引用した．URL:http://www.kakeiken.or.jp/research/aboutpanel.html

8) 調査対象は日本全国で，調査時期は毎年10月となっている．層化二段無作為抽出法で抽出された世帯に対し，留置法による調査が行われている．

年調査(第 5 回調査)で満 24 歳から 27 歳までのサンプル 500 票(コホート B)が追加されている．我々が使用したデータは，1993 年(第 1 回調査)から 2002 年調査(第 10 回調査)までの計 10 回分である．10 年間のサンプルサイズの推移については表 8.1 に示した．ここで，パネルデータを利用する際には，脱落データの問題について留意する必要がある．『消費生活に関するパネル調査』を用いて脱落サンプルの研究を行った坂本(2003)は，脱落サンプルには以下のような特徴があると報告している．それは，結婚予定者や新婚者といった，大きなイベント前後に脱落傾向が強く見られるという点であり，また，有配偶者については，本人，夫の収入変化額が正に大きいほど脱落する傾向があるという点である．さらに坂本(2003)は，脱落サンプルによる推定バイアスの影響について，世帯消費の推定を例に考察しており，脱落サンプルによる影響は観察されないと報告している．

調査の全体像は上に述べた通りであるが，これ以降，本章の分析で対象とする世帯，諸変数について説明を行う．はじめに勤労所得[9]，年間労働時間[10]の共分散構造を求める際に対象とした世帯の選択方法について述べ，次に Abowd and Card(1989)に即して分散共分散行列を推定する前段階での推定(First Stage の推定)について説明を行う．

対象とした世帯は，夫に関してプラスの勤労所得，プラスの労働時間[11]が確認される世帯である．これにより，配偶者のいない家計や，夫が勤労所得以外の所得を得ている家計などが除かれる[12]．これらの選択によって，サンプルサイズは以下のようになる．初年度における有配偶者

---

9)　夫の税込み勤労所得を指す．また，2000 年を基準年とした消費者物価指数(総合)を用いて実質化を行った．
　データ出所：http://www.stat.go.jp/data/cpi/2004np/zuhyou/a009-1.xls

10)　年間労働時間を直接回答させる設問が存在しないため，① 平日の 1 日あたり労働時間，② 1 日あたりサービス残業時間，③ 年間労働日数，の設問から (①−②)×③ として算出した．ちなみに，賃金の支払われていないサービス残業時間は含まない．

11)　夫が勤労者ではなく事業所得等を得ている世帯では，労働時間についての設問が存在しないため，労働時間を把握することができない．

12)　この他にも異常値と思われるサンプルを取り除いた．異常値の取り扱いについては，Appendix 1 を参照のこと．

表 8.1　サンプルサイズの変遷

全調査家計数				本論文で用いた家計数			
Year	Cohort A	Cohort B	Total	バランスデータ		アンバランスデータ	
				所得	労働時間	所得	労働時間
1993	1,500	-	1,500	262	262	798	-
1994	1,422	-	1,422	262	262	776	750
1995	1,342	-	1,342	262	262	795	765
1996	1,298	-	1,298	262	262	803	796
1997	1,255	500	1,755	262	262	937	931
1998	1,196	442	1,638	262	262	914	912
1999	1,137	412	1,549	262	262	899	908
2000	1,102	386	1,488	262	262	890	866
2001	1,059	366	1,425	262	262	904	835
2002	1,032	344	1,376	262	262	879	832
合計	12,343	2,450	14,793	2,620	2,620	8,595	7,595

注）推定に必要な変数に欠損がある家計を削除.

率は 66.8%(1002/1500 世帯)である[13)]．さらに，有配偶者のうち，初年度で夫が就業している世帯は 99.2%(994/1002 世帯)で，このうちの 84.6%(841/994 世帯)について夫が勤労者である．

次に，First Stage の推定について以下に説明する．Abowd and Card (1989)では，世帯間，世帯内での就業経験の相違をコントロールするために，勤労所得(Y_{it})と労働時間(L_{it})の対数差分を被説明変数とする以下の推定を第一段階で行っている．

$$\Delta \ln Y_{it} = X_{it}\beta' + \upsilon_{it}, \tag{8.34}$$

$$\Delta \ln L_{it} = X_{it}\beta' + \mu_{it}, \tag{8.35}$$

$$\Delta g_{it} = \widehat{\upsilon}_{it}, \quad \Delta h_{it} = \widehat{\mu}_{it}, \tag{8.36}$$

ここで得られた残差 $\Delta g_{it}, \Delta h_{it}$ が経験，年齢などでコントロールされた勤労所得，労働時間の変動分(Experience Adjusted Changes)であり，本セクションにおける分散共分散行列の推定もこれらを用いて行われる．

説明変数 X_{it} として Abowd and Card (1989)は，年次ダミー，年齢と就学年数から求めた就業年数[14)]を用いているが，本章ではこれに加え家族

13)　ちなみに，第 10 回調査での有配偶者比率は 81.5%(パネル B を含まない．パネル B を含んだ場合は 77.5%)．

表 8.2　アンバランスパネルデータにおける記述統計量

	平均値	中央値	標準偏差	最小値	最大値
世帯主年収(万円)	530.58	498.01	215.85	18.13	4055.78
年間労働時間(時間)	2,326.25	2,262.73	612.89	142.10	5,763.33
世帯主年齢	36.04	36	5.68	22	63
世帯主経験年数	15.55	15	6.11	0	48
家計構成ダミー					
夫婦のみ世帯	0.10	0	0.31	0	1
夫婦と子のみ	0.55	1	0.50	0	1
親と同居	0.35	0	0.48	0	1
その他	0.00	0	0.00	0	0
祖父母就業ダミー	0.11	0	0.32	0	1
サンプル世帯数=7,595					

注 1）年間労働時間を被説明変数とする推定で用いた変数についての基本統計量.
2）年間勤労所得のサンプル世帯数のみ 7,204.

表 8.3　バランスパネルデータにおける記述統計量

	平均値	中央値	標準偏差	最小値	最大値
世帯主年収(万円)	578.55	556.56	198.42	103.41	2,517.62
年間労働時間(時間)	2,300.39	2,236.82	535.99	273.95	4,987.50
世帯主年齢	37.51	37	5.12	24	55
世帯主経験年数	16.77	16	5.76	1	37
家計構成ダミー					
夫婦のみ世帯	0.05	0	0.21	0	1
夫婦と子のみ	0.58	1	0.49	0	1
親と同居	0.37	0	0.48	0	1
その他	0.01	0	0.10	0	1
祖父母就業ダミー	0.12	0	0.32	0	1
サンプル世帯数=262					

構成，同居の親に所得がある世帯を識別するダミー変数を用いた．

これまでにあげた変数について，各年において欠損値がある世帯を取り除いた結果，推定に用いたサンプルサイズは表 8.1 のようになる．ちなみに，サンプル期間全てを通じて当該変数に欠損値のない世帯を対象と

14）本セクションでは，就業年数を以下のように算出した．調査初年度において，学校卒業以降の通算就労期間に関する設問がある．これ以降，各調査年度において世帯主の就労が確認される場合は先の通算就労期間に 1 を加算し，各年における就業年数とした．

表 8.4　アンバランスパネルデータにおける所得と労働時間の変化

	Year	Annual Earnings	Annual Working Hours
Mean	1993	482.62	-
	1994	494.98	2,319.70
	1995	517.76	2,351.98
	1996	524.82	2,336.16
	1997	525.13	2,319.34
	1998	523.95	2,326.98
	1999	523.55	2,307.95
	2000	534.89	2,320.12
	2001	541.49	2,321.82
	2002	553.28	2,336.76
Log Difference	1993-1994	0.039	-
	1994-1995	0.027	0.011
	1995-1996	0.058	0.007
	1996-1997	0.035	−0.001
	1997-1998	0.005	0.006
	1998-1999	0.014	0.006
	1999-2000	0.026	0.014
	2000-2001	0.013	0.002
	2001-2002	0.011	0.004

した場合は，サンプル世帯数 262 のバランスパネルデータになる．First Stage の推定に用いた変数について基本統計量を表 8.2 に示した．年間勤労所得の平均値は 530 万円である．年間労働時間の平均値は 2326 時間で，例えば，1 年間に 52 週，週休 2 日で働いたとすると，1 日あたり 8.9 時間労働したことになる．世帯主年齢の平均値は 36 歳で，就業年数の平均値は約 15 年となっている．家族構成については，夫婦と子のみという世帯が最も多く(55%)，次いで親と同居している世帯が多い(35%)．また，同居している親が働いている世帯の割合は 11% で，親と同居している世帯のうち，約 3 分の 1 の世帯について親に所得があることがわかる．また，バランスパネルデータについての基本統計量を表 8.3 に示した．アンバランスパネルデータと比較した場合，年間勤労所得は 578 万円でアンバランスパネルデータよりも高く，年間労働時間は 2300 時間と若干短い．また，家族構成について，バランスパネルデータに該当する世帯では，夫婦のみの世帯の割合が 5% と低くなっている．

表 8.5　バランスパネルデータにおける所得と労働時間の変化

	Year	Annual Earnings	Annual Working Hours
Mean	1993	500.81	-
	1994	522.50	2,272.52
	1995	535.08	2,325.83
	1996	562.75	2,329.44
	1997	586.09	2,236.59
	1998	593.16	2,301.09
	1999	603.33	2,310.41
	2000	615.38	2,315.15
	2001	623.37	2,305.43
	2002	642.98	2,307.02
Log Difference	1993-1994	0.049	-
	1994-1995	0.022	0.019
	1995-1996	0.048	0.005
	1996-1997	0.040	−0.039
	1997-1998	0.012	0.029
	1998-1999	0.014	0.003
	1999-2000	0.018	−0.009
	2000-2001	0.007	0.004
	2001-2002	0.021	−0.011

次に，勤労所得と年間労働時間の推移について表 8.4 に示した[15)]．上段がレベルの推移で，下段は対数差分の推移を表している．年間勤労所得平均値は 1998 年，1999 年で若干減少するものの，サンプル期間を通じて緩やかに増加していることがわかる．一方，年間労働時間は年によって減少もしくは増加しており，一貫した傾向は見られない．バランスパネルデータについての勤労所得と年間労働時間の推移は表 8.5 に示した．勤労所得はサンプル期間を通じて一貫して上昇しているが，労働時間については，アンバランスパネルデータ同様，一貫した傾向は見られない．これら二つの表から，バランスパネルデータとアンバランスパネルデータでは，年間勤労所得の平均値を比べた場合，前者の方が常に上回っていることがわかる．この背後には，脱落せずに全サンプル期間中観察される世帯を用いたサンプルセットと，そうでない世帯のサンプルセットに何らかの

15)　第 1 回調査では年間労働時間に関する設問が存在しない．

表 **8.6** 所得と労働時間に

所得	OLS	変量効果	固定効果
log(世帯主年間勤労所得)$t-1$	0.819** (0.009)	0.680** (0.011)	0.131** (0.015)
Age	0.011 (0.009)	0.010 (0.011)	−0.003 (0.017)
Age^2	0.000 (0.001)	0.000 (0.001)	0.000 (0.001)
Experience(year)	−0.002 (0.003)	0.000 (0.004)	0.418** (0.02)
Experience(year)^2	0.000 (0.001)	0.000* (0.001)	−0.001** (0.001)
夫婦と子のみの世帯	−0.017 (0.012)	−0.012 (0.014)	0.020 (0.02)
親と同居している世帯	−0.034** (0.013)	−0.039** (0.016)	0.032 (0.024)
同居の親が働いているダミー	−0.003 (0.011)	0.000 (0.012)	0.005 (0.012)
切片	0.884** (0.14)	(dropped)	−2.735** (0.565)
R^2	0.654	0.651	0.020
(within)		0.054	0.145
(between)		0.839	0.025
サンプルサイズ	6,875	6,875	6,875

注） *, ** は，それぞれ 10%，5% 有意を示す.

違いが存在する可能性は否めない．ただし，対数差分に目を移した場合，これらのデータセット間で系統だった違いは観察されない．

8.4.3 予備的分析

共分散構造を用いた詳細なモデル分析の前に，本節では前節で説明したデータを用い，(1) 様々な回帰分析，および，(2) 共分散行列の観察を通じて，日本家計の所得・労働時間の特徴に関して考察する．

8.4.3.1 回帰分析

表 8.6 および表 8.7 は対数家計所得および対数労働時間を自己ラグ等に回帰した結果である．残念ながら，回帰分析の結果はあまり好ましいも

関する回帰分析

労働時間	OLS	変量効果	固定効果
log(世帯主年間労働時間)$t-1$	0.364** (0.012)	0.188** (0.013)	−0.072** (0.014)
Age	0.003 (0.01)	0.004 (0.013)	0.014 (0.022)
Age^2	0.000 (0.001)	0.000 (0.001)	0.000 (0.001)
Experience(year)	0.002 (0.004)	0.003 (0.005)	0.126** (0.039)
$\text{Experience(year)}^2$	0.000 (0.001)	0.000 (0.001)	0.000 (0.001)
夫婦と子のみの世帯	0.038** (0.013)	0.038* (0.016)	0.008 (0.025)
親と同居している世帯	0.024 (0.015)	0.023 (0.018)	−0.004 (0.03)
同居の親が働いているダミー	−0.005 (0.012)	−0.002 (0.013)	0.005 (0.015)
切片	4.859** (0.187)	(dropped)	5.220** (0.911)
R^2	0.143	0.141	0.001
(within)		0.004	0.009
(between)		0.464	0.001
サンプルサイズ	6,012	6,012	6,012

のとは言えない．被説明変数のラグを含む固定効果推定は，ラグ項に関しては負のバイアスが，通常の OLS に関しては正のバイアスが発生することが知られている．事実，表 8.6 における固定効果モデルの所得ラグ項の係数は 0.131 であり，OLS 推定量に比べて遥かに低い．また，変量効果モデルの決定係数の分解から，家計所得分散の大部分が家計間格差であることがわかる[16)]．

表 8.7 の Arellano and Bond による推定量では，一階のラグ項は有意であるか，有意であっても極めて小さい値となっている．ラグ項の推定

16）したがって，クロスセクションデータを用い，異なる家計の所得をプールし，その家計属性を十分に考慮することなく，観察される所得分散を同一家計が直面する所得の分散とみなすアプローチは危険であることが窺える．

表 8.7　所得と労働時間に

所得	GMM-one-step		
log (Head Annual Earnings)$t-1$	0.029 (0.03)	0.130* (0.056)	−0.124 (0.07)
log(世帯主年間勤労所得)$t-2$		0.062* (0.031)	−0.057 (0.039)
log(世帯主年間勤労所得)$t-3$			−0.057* (0.024)
Age	−0.019 (0.026)	0.011 (0.029)	(dropped)
Age^2	0.001** (0.001)	0.000 (0.001)	0.000 (0.001)
Experience(year)	0.388** (0.032)	0.321** (0.035)	0.311** (0.037)
Experience(year)^2	−0.002** (0.001)	−0.001** (0.001)	−0.001** (0.001)
夫婦と子のみの世帯	0.003 (0.026)	0.043 (0.037)	0.045 (0.045)
親と同居している世帯	−0.011 (0.032)	0.031 (0.042)	0.049 (0.048)
同居の親が働いているダミー	0.002 (0.013)	−0.005 (0.015)	−0.008 (0.015)
Constant	−0.356** (0.038)	−0.276** (0.04)	−0.234** (0.045)
The Sargan Test	$\chi^2(35)=41.36$ [0.21]	$\chi^2(33)=42.52$ [0.12]	$\chi^2(30)=40.58$ [0.09]
Arellano-Bond test that Average autocovariance in residuals			
of order 1 is 0	[0.00]	[0.00]	[0.00]
of order 2 is 0	[0.13]	[0.89]	[0.53]
サンプルサイズ	5,483	4,344	3,366

注）*, ** は，それぞれ 10%，5% 有意を示す．

値が極めて小さいことは，このデータに含まれる一時的変動，あるいは Measurement Error が大きいことを強く示唆している．計測誤差が深刻な問題である場合，回帰分析の推定量は下方バイアスをもち，この影響を是正するには操作変数が必要であるが，適切な操作変数を見つけるのは極めて困難である．

単純なモデルの推定結果が思わしくない場合，とるべき道の一つは，より複雑なモデルの推定を試みることであろう．Meghir and Pistaferri (2004)のようにパネル GARCH を行う試み，あるいは Alvarez, et al.

関する GMM 推定

労働時間	GMM-one-step		
log (Head Annual Working Hours)$t-1$	0.041 (0.022)	0.108** (0.032)	0.033 (0.042)
log (世帯主年間労働時間)$t-2$		0.074** (0.024)	0.014 (0.032)
log(世帯主年間労働時間)$t-3$			−0.028 (0.026)
Age	−0.006 (0.036)	−0.035 (0.043)	−0.260* (0.116)
Age^2	0.000 (0.001)	0.001 (0.001)	0.000 (0.001)
Experience(year)	0.220* (0.1)	0.205 (0.107)	0.257* (0.11)
Experience(year)^2	0.000 (0.001)	−0.001 (0.001)	−0.001 (0.001)
夫婦と子のみの世帯	−0.037 (0.034)	−0.122* (0.049)	−0.102 (0.071)
親と同居している世帯	−0.096* (0.042)	−0.166** (0.057)	−0.146 (0.077)
同居の親が働いているダミー	0.017 (0.018)	0.016 (0.02)	0.004 (0.023)
Constant	−0.218* (0.101)	−0.193 (0.109)	(dropped)
The Sargan Test	$\chi^2(27)=38.90$ [0.06]	$\chi^2(25)=35.95$ [0.07]	$\chi^2(22)=26.69$ [0.22]
Arellano-Bond test that Average autocovariance in residuals			
of order 1 is 0	[0.00]	[0.00]	[0.00]
of order 2 is 0	[0.10]	[0.88]	[0.76]
サンプルサイズ	4,704	3,619	2,705

(2001) のように，非常に多くのモデルを SMD で推定し比較していくアプローチも考えられる．本章では，このようなアプローチをとらず，データの共分散構造をまず眺め，その共分散行列が示唆する若干のモデルについて推定を行うことにする．このアプローチを採用する理由の一つは，共分散構造そのものは，特定のモデルに依存せず推定することが可能であることである[17]．どのようなモデルを仮定するにせよ，所得・労働時間の

17)　無論，First Stage で経験年数等をコントロールする際には「モデル」を考えていることになるが，所得の動きそのものに関しては特に強いモデルを仮定しているわけではない．

表 8.8 所得と労働時間の

with:	(1) $\Delta \log g$ 93-94	(2) $\Delta \log g$ 94-95	(3) $\Delta \log g$ 95-96	(4) $\Delta \log g$ 96-97	(5) $\Delta \log g$ 97-98	(6) $\Delta \log g$ 98-99	(7) $\Delta \log g$ 99-00	(8) $\Delta \log g$ 00-01
1. $\Delta \log g$ 93-94	0.0523 (0.0065)	−0.3339	0.0070	−0.0111	−0.0060	0.0545	−0.1023	−0.0322
2. $\Delta \log g$ 94-95	−0.0199 (0.0051)	0.0709 (0.0174)	−0.5208	0.0025	0.0110	0.0210	−0.0409	0.0305
3. $\Delta \log g$ 95-96	0.0004 (0.0025)	−0.0262 (0.0137)	0.0653 (0.0154)	−0.2730	0.0261	−0.0900	−0.0559	−0.0395
4. $\Delta \log g$ 96-97	−0.0005 (0.0025)	0.0001 (0.0015)	−0.0126 (0.0023)	0.0388 (0.0079)	−0.3756	0.0568	−0.1396	0.0909
5. $\Delta \log g$ 97-98	−0.0002 (0.0018)	0.0005 (0.0015)	0.0011 (0.0019)	−0.0113 (0.002)	0.0467 (0.0073)	−0.4796	0.0549	−0.1138
6. $\Delta \log g$ 98-99	0.0023 (0.0033)	0.0010 (0.008)	−0.0045 (0.007)	0.0019 (0.0015)	−0.0202 (0.0053)	0.0532 (0.0089)	−0.4027	0.0489
7. $\Delta \log g$ 99-00	−0.0044 (0.0043)	−0.0020 (0.0061)	−0.0026 (0.0057)	−0.0044 (0.002)	0.0025 (0.002)	−0.0215 (0.0059)	0.0582 (0.0105)	−0.3745
8. $\Delta \log g$ 00-01	−0.0017 (0.0036)	0.0018 (0.0034)	−0.0021 (0.0021)	0.0030 (0.0013)	−0.0055 (0.0029)	0.0026 (0.0027)	−0.0197 (0.0061)	0.0661 (0.0152)
9. $\Delta \log g$ 01-02	−0.0040 (0.0027)	0.0081 (0.0044)	−0.0039 (0.0039)	0.0035 (0.0021)	0.0018 (0.0024)	−0.0013 (0.0027)	−0.0041 (0.004)	−0.0136 (0.007)
10. $\Delta \log h$ 94-95	−0.0046 (0.0043)	0.0015 (0.0028)	0.0052 (0.003)	−0.0030 (0.003)	0.0003 (0.0022)	−0.0005 (0.0029)	0.0019 (0.0023)	−0.0007 (0.0026)
11. $\Delta \log h$ 95-96	−0.0048 (0.0027)	−0.0013 (0.0033)	0.0104 (0.0074)	0.0029 (0.0036)	−0.0034 (0.003)	−0.0023 (0.0043)	−0.0041 (0.0028)	0.0004 (0.0025)
12. $\Delta \log h$ 96-97	0.0057 (0.0036)	0.0013 (0.004)	−0.0035 (0.0024)	0.0053 (0.002)	0.0037 (0.0022)	0.0011 (0.0024)	−0.0036 (0.0022)	0.0001 (0.0023)
13. $\Delta \log h$ 97-98	−0.0016 (0.0053)	0.0010 (0.0038)	0.0010 (0.0027)	−0.0061 (0.0029)	0.0035 (0.0035)	−0.0020 (0.0037)	0.0066 (0.0029)	0.0013 (0.0028)
14. $\Delta \log h$ 98-99	−0.0012 (0.0031)	−0.0015 (0.0027)	0.0012 (0.0026)	0.0037 (0.002)	−0.0056 (0.003)	−0.0033 (0.0034)	0.0084 (0.0039)	−0.0024 (0.0043)
15. $\Delta \log h$ 99-00	0.0004 (0.0029)	0.0000 (0.0028)	0.0002 (0.0034)	0.0001 (0.0024)	0.0018 (0.0062)	0.0033 (0.0046)	0.0013 (0.003)	−0.0024 (0.0031)
16. $\Delta \log h$ 00-01	0.0046 (0.0028)	0.0022 (0.0052)	0.0019 (0.0031)	−0.0032 (0.0022)	0.0015 (0.0025)	−0.0053 (0.0029)	−0.0012 (0.0022)	0.0040 (0.0062)
17. $\Delta \log h$ 01-02	−0.0019 (0.0028)	−0.0054 (0.0048)	0.0000 (0.0035)	−0.0004 (0.0024)	0.0040 (0.0031)	−0.0016 (0.0035)	−0.0024 (0.003)	−0.0007 (0.0076)

共分散構造は極めて重要な情報であるし，まずそのパターンを眺めることは重要なステップであると考えられる．第二の理由は，所得・労働時間の共分散構造分析は，欧米において膨大な先行研究がある一方，日本において，筆者の知る限り存在しないことである．我々の用いるデータがはたして欧米のデータと比較可能であるか否かという問題は残るが，データの加工および統計手法に関しては他の先行研究と揃えることが可能であり，日本のデータの特徴を掴むことが可能となる．第三の理由は，データに含まれる一時的変動あるいは Measurement Error の大きさをある程度推定することが可能であることをあげることができる．モデルとデータを Fit させる際，データに潜む誤差をあらかじめ知っておくことは，モデルの評価の際に絶対に必要であるためである．

共分散構造

(9) $\Delta \log g$ 01-02	(10) $\Delta \log h$ 94-95	(11) $\Delta \log h$ 95-96	(12) $\Delta \log h$ 96-97	(13) $\Delta \log h$ 97-98	(14) $\Delta \log h$ 98-99	(15) $\Delta \log h$ 99-00	(16) $\Delta \log h$ 00-01	(17) $\Delta \log h$ 01-02
−0.0558	−0.0661	−0.0790	0.0945	−0.0282	−0.0201	0.0066	0.0715	−0.0275
0.1019	0.0242	−0.0230	0.0173	0.0165	−0.0222	−0.0010	0.0372	−0.0770
−0.0579	0.0787	0.1429	−0.0542	0.0151	0.0198	0.0017	0.0289	0.0001
0.0673	−0.0470	0.0470	0.1069	−0.1230	0.0719	0.0036	−0.0650	−0.0082
0.0275	0.0060	−0.0634	0.0776	0.0618	−0.0938	0.0285	0.0247	0.0579
−0.0196	−0.0108	−0.0406	0.0184	−0.0349	−0.0547	0.0512	−0.0844	−0.0228
−0.0584	0.0364	−0.0773	−0.0649	0.1132	0.1412	0.0211	−0.0208	−0.0397
−0.1681	−0.0138	0.0077	0.0012	0.0192	−0.0329	−0.0375	0.0598	−0.0096
0.1053 (0.0253)	0.0417	−0.0196	0.0037	−0.0732	−0.0188	0.0107	−0.0612	0.1431*
0.0040 (0.0036)	0.0927 (0.0148)	−0.5363	0.0668	−0.0573	0.0211	0.0061	0.0020	−0.0754
−0.0021 (0.0057)	−0.0436 (0.0087)	0.0964 (0.0138)	−0.3825	0.0363	0.0064	0.0462	−0.0041	0.0666
0.0004 (0.0039)	0.0050 (0.0058)	−0.0298 (0.0056)	0.0795 (0.0099)	−0.4187	0.0689	−0.0851	0.0539	−0.0742
−0.0062 (0.0047)	−0.0049 (0.0041)	0.0031 (0.0037)	−0.0321 (0.0057)	0.0979 (0.0117)	−0.4857	−0.0318	0.0160	−0.0163
−0.0017 (0.0051)	0.0016 (0.0038)	0.0005 (0.0031)	0.0051 (0.0039)	−0.0390 (0.0079)	0.1005 (0.0173)	−0.3969	−0.0570	−0.0296
0.0010 (0.0035)	0.0005 (0.003)	0.0037 (0.0029)	−0.0065 (0.0035)	−0.0025 (0.0031)	−0.0359 (0.0071)	0.1058 (0.015)	−0.5042	0.0776
−0.0044 (0.0051)	0.0002 (0.0029)	−0.0004 (0.0032)	0.0043 (0.0035)	0.0014 (0.0031)	−0.0053 (0.0039)	−0.0488 (0.0123)	0.1045 (0.0159)	−0.4797
0.0112 (0.0054)	−0.0054 (0.0033)	0.0057 (0.0034)	−0.0063 (0.0041)	−0.0015 (0.004)	−0.0031 (0.0036)	0.0075 (0.0051)	−0.0507 (0.0118)	0.1132 (0.0185)

8.4.3.2　共分散構造

表 8.8 は日本の勤労所得変化率($\Delta \log g$)および総労働時間変化率($\Delta \log h$)の共分散行列である．先行研究に従い，上三角部分は相関係数を，下三角部分は共分散成分を示し，括弧内の数値は共分散成分の標準誤差を示している[18)]．まず目につくのは，所得成長率の分散が年により一定ではなく，1996–97 年の 0.0388 と 2001–02 年の 0.1053 まで大きな変化が生じていることがあげられる．標準誤差が小さいことから，検定するまでもなく，所得過程が定常ではないことがわかる[19)]．それに比べると総労働時間変化率の分散は安定しており，0.09 から 0.1 程度である．次に，

18)　この表の導出の詳細は，Appendix 2 で説明している．

19)　First Stage において，年ダミーに回帰しているため，年による所得のレベルシフトはコントロールされている．

表 8.9　所得と労働時間の

with:	(1) $\Delta\log g$ 69-70	(2) $\Delta\log g$ 70-71	(3) $\Delta\log g$ 71-72	(4) $\Delta\log g$ 72-73	(5) $\Delta\log g$ 73-74	(6) $\Delta\log g$ 74-75	(7) $\Delta\log g$ 75-76	(8) $\Delta\log g$ 76-77	(9) $\Delta\log g$ 77-78
1. $\Delta\log g$ 69-70	0.161 (0.018)	−0.23	−0.04	0.00	0.02	0.03	−0.04	−0.01	−0.01
2. $\Delta\log g$ 70-71	−0.036 (0.013)	0.158 (0.019)	−0.39	−0.02	0.00	0.03	−0.04	0.00	0.04
3. $\Delta\log g$ 71-72	−0.007 (0.007)	−0.064 (0.013)	0.170 (0.019)	−0.41	−0.05	−0.06	0.05	0.05	−0.03
4. $\Delta\log g$ 72-73	0.000 (0.006)	−0.002 (0.008)	−0.062 (0.013)	0.134 (0.014)	−0.28	−0.07	0.00	0.07	0.04
5. $\Delta\log g$ 73-74	0.003 (0.005)	0.000 (0.005)	−0.007 (0.005)	−0.036 (0.007)	0.129 (0.016)	−0.35	−0.01	−0.06	−0.01
6. $\Delta\log g$ 74-75	0.004 (0.005)	0.005 (0.005)	−0.010 (0.007)	−0.011 (0.006)	−0.054 (0.015)	0.181 (0.021)	−0.44	−0.06	−0.03
7. $\Delta\log g$ 75-76	−0.007 (0.006)	−0.007 (0.005)	0.010 (0.008)	0.000 (0.008)	−0.001 (0.006)	−0.088 (0.015)	0.224 (0.032)	−0.42	−0.07
8. $\Delta\log g$ 76-77	−0.002 (0.005)	0.000 (0.007)	0.009 (0.008)	0.011 (0.008)	−0.010 (0.006)	−0.011 (0.007)	−0.087 (0.028)	0.194 (0.034)	−0.34
9. $\Delta\log g$ 77-78	−0.003 (0.007)	0.006 (0.007)	−0.005 (0.008)	0.006 (0.007)	−0.001 (0.006)	−0.006 (0.007)	−0.015 (0.008)	−0.066 (0.018)	0.193 (0.027)
10. $\Delta\log g$ 78-79	0.000 (0.004)	−0.003 (0.005)	0.002 (0.005)	0.000 (0.005)	0.000 (0.006)	0.000 (0.006)	0.001 (0.006)	0.003 (0.010)	−0.044 (0.013)
11. $\Delta\log h$ 69-70	0.067 (0.014)	−0.012 (0.010)	−0.001 (0.007)	0.002 (0.004)	−0.002 (0.003)	−0.003 (0.005)	0.004 (0.006)	−0.004 (0.005)	−0.001 (0.004)
12. $\Delta\log h$ 70-71	−0.022 (0.011)	0.071 (0.015)	−0.026 (0.011)	−0.005 (0.007)	0.002 (0.003)	0.003 (0.005)	−0.009 (0.006)	0.004 (0.005)	0.005 (0.005)
13. $\Delta\log h$ 71-72	−0.002 (0.007)	−0.031 (0.010)	0.079 (0.015)	−0.022 (0.010)	−0.007 (0.004)	−0.009 (0.004)	0.009 (0.004)	−0.003 (0.005)	−0.001 (0.005)
14. $\Delta\log h$ 72-73	0.008 (0.004)	0.001 (0.006)	−0.023 (0.011)	0.039 (0.010)	0.005 (0.003)	−0.003 (0.004)	−0.002 (0.005)	0.007 (0.005)	−0.009 (0.005)
15. $\Delta\log h$ 73-74	−0.001 (0.004)	−0.003 (0.003)	−0.011 (0.006)	0.004 (0.005)	0.036 (0.007)	−0.008 (0.008)	−0.008 (0.007)	−0.010 (0.005)	0.003 (0.004)
16. $\Delta\log h$ 74-75	0.006 (0.004)	0.003 (0.004)	0.000 (0.005)	−0.009 (0.004)	−0.018 (0.007)	0.072 (0.013)	−0.031 (0.012)	0.002 (0.008)	−0.013 (0.009)
17. $\Delta\log h$ 75-76	−0.009 (0.004)	−0.006 (0.004)	0.003 (0.005)	−0.002 (0.005)	−0.002 (0.004)	−0.048 (0.012)	0.106 (0.022)	−0.047 (0.020)	0.003 (0.010)
18. $\Delta\log h$ 76-78	0.004 (0.004)	0.004 (0.006)	−0.002 (0.005)	−0.003 (0.006)	0.000 (0.005)	−0.006 (0.006)	−0.044 (0.023)	0.097 (0.027)	−0.033 (0.014)
19. $\Delta\log h$ 77-78	−0.002 (0.004)	0.000 (0.005)	0.005 (0.005)	0.005 (0.005)	−0.007 (0.004)	0.002 (0.005)	−0.013 (0.005)	−0.033 (0.015)	0.088 (0.020)
20. $\Delta\log h$ 78-79	0.001 (0.003)	0.000 (0.003)	−0.003 (0.003)	0.003 (0.003)	−0.002 (0.003)	−0.002 (0.004)	−0.006 (0.006)	−0.004 (0.005)	0.005 (0.008)
21. Experience	−0.508 (0.139)	−0.150 (0.112)	−0.323 (0.117)	−0.050 (0.099)	0.006 (0.098)	−0.182 (0.118)	−0.118 (0.118)	−0.350 (0.127)	−0.209 (0.144)

所得変化率，労働時間変化率共に，1 期先との相関は負であり，共分散の絶対値は分散の半分程度となっていることがわかる．しかしながら 2 年以上経つと相関は急速に低下し，ときおり標準誤差が小さくなるときはあっても，2 年以上離れた所得変化率，および労働時間いずれも無相関に近い．これは，所得・労働時間の変化率に関しては，家計固有効果が無視できるほど小さいことを示している．すなわち，家計間で，所得・労働時間のトレンドに関しては，Heterogeneity は小さい，ということである．また，所得と労働時間の相関を見ると，1998–99 年を除くと正であるが，その共分散は極めて小さいことがわかる．

共分散構造(US)

(10) $\Delta \log g$ 78-79	(11) $\Delta \log h$ 69-70	(12) $\Delta \log h$ 70-71	(13) $\Delta \log h$ 71-72	(14) $\Delta \log h$ 72-73	(15) $\Delta \log h$ 73-74	(16) $\Delta \log h$ 74-75	(17) $\Delta \log h$ 75-76	(18) $\Delta \log h$ 76-77	(19) $\Delta \log h$ 77-78	(20) $\Delta \log h$ 78-79
0.00	0.48	−0.17	−0.01	0.07	−0.01	0.05	−0.06	0.02	−0.01	0.01
−0.02	−0.09	0.53	−0.23	0.01	−0.03	0.02	−0.04	0.03	0.00	−0.00
0.01	−0.01	−0.19	0.56	−0.20	−0.10	0.00	0.02	−0.01	0.03	−0.02
0.00	0.02	−0.04	−0.17	0.38	0.04	−0.07	−0.02	−0.02	0.03	0.02
0.00	−0.01	0.02	−0.06	0.05	0.37	−0.15	−0.02	0.00	−0.05	−0.01
0.00	−0.02	0.02	−0.06	−0.03	−0.07	0.51	−0.30	−0.04	0.02	−0.01
0.00	0.03	−0.05	0.06	−0.02	−0.06	−0.20	0.59	−0.25	−0.08	−0.03
0.01	−0.02	0.03	−0.02	0.05	−0.09	0.02	−0.28	0.58	−0.20	−0.02
−0.24	−0.01	0.04	−0.01	−0.07	0.02	−0.09	0.02	−0.20	0.55	0.03
0.179 (0.020)	−0.05	−0.01	0.02	0.04	0.02	0.03	−0.04	0.05	−0.04	0.48
−0.007 (0.004)	0.118 (0.015)	−0.34	−0.01	0.00	0.06	−0.05	−0.02	0.02	−0.01	−0.01
−0.001 (0.004)	−0.040 (0.010)	0.115 (0.015)	−0.41	−0.05	−0.06	0.05	0.00	−0.01	0.00	0.04
0.003 (0.005)	−0.002 (0.007)	−0.048 (0.010)	0.118 (0.015)	−0.37	−0.10	−0.04	0.02	−0.01	0.02	−0.05
0.005 (0.004)	0.000 (0.003)	−0.005 (0.005)	−0.036 (0.010)	0.080 (0.011)	−0.20	−0.01	−0.08	0.07	−0.06	−0.02
0.002 (0.004)	0.006 (0.004)	−0.006 (0.004)	−0.010 (0.003)	−0.016 (0.003)	0.073 (0.007)	−0.34	−0.06	−0.03	−0.02	0.01
0.004 (0.006)	−0.006 (0.004)	0.006 (0.004)	−0.005 (0.003)	−0.001 (0.003)	−0.030 (0.005)	0.110 (0.013)	−0.45	−0.08	−0.02	−0.02
−0.007 (0.006)	−0.002 (0.005)	0.000 (0.004)	0.003 (0.003)	−0.009 (0.003)	−0.006 (0.004)	−0.058 (0.013)	0.147 (0.021)	−0.44	−0.04	−0.02
0.008 (0.008)	0.003 (0.005)	−0.002 (0.004)	−0.001 (0.004)	0.008 (0.005)	−0.003 (0.005)	−0.010 (0.006)	−0.064 (0.018)	0.143 (0.024)	−0.38	−0.03
−0.006 (0.010)	−0.001 (0.005)	0.000 (0.004)	0.002 (0.004)	−0.006 (0.004)	−0.002 (0.004)	−0.003 (0.005)	−0.006 (0.006)	−0.053 (0.013)	0.134 (0.021)	−0.15
0.075 (0.016)	−0.001 (0.005)	0.005 (0.004)	−0.006 (0.004)	−0.002 (0.003)	0.001 (0.003)	−0.002 (0.004)	−0.003 (0.005)	−0.005 (0.005)	−0.021 (0.008)	0.136 (0.019)
−0.217 (0.133)	−0.313 (0.114)	−0.123 (0.096)	−0.153 (0.096)	0.074 (0.081)	−0.052 (0.075)	−0.111 (0.101)	0.070 (0.111)	−0.195 (0.105)	−0.283 (0.122)	−0.181 (0.129)

表 8.9 はアメリカ合衆国の PSID を用いた Abowd and Card(1989)の Table IV である．日本の共分散行列と比較して直ちにわかることは，分散，共分散のいずれも日本の所得変化率は PSID の半分から 1/3 程度しかない，すなわち日本の所得変化率の家計間格差はアメリカ合衆国に比べて著しく小さいことがわかる[20]．一方，労働時間に関しては，日本の

20) Abowd and Card(1989)と本論文では First Stage の説明変数がやや異なり，本論文の方が多くなっているが，日本の所得成長率の分散がアメリカの先行研究結果に比べて低いという結果は First Stage のスペシフィケーションには依存しない．何もコントロールしない対数所得変化率のみを用いても，所得成長率の分散はアメリカに比べて著しく低くなっている．

表 **8.10** 所得と労働時間水準の

with:	(1) log g 1993	(2) log g 1994	(3) log g 1995	(4) log g 1996	(5) log g 1997	(6) log g 1998	(7) log g 1999	(8) log g 2000	(9) log g 2001
1. log g 1993	26577 (2489.9)	0.7983	0.3372	0.7398	0.7585	0.729	0.6953	0.564	0.6431
2. log g 1994	21445 (2440.3)	27502 (2886.4)	24042	0.7758	0.7728	0.7343	0.7109	0.5937	0.6764
3. log g 1995	20255 (3144.3)	24042 (3623.6)	117280 (76760)	0.8181	0.5664	0.7622	0.5028	0.4252	0.4342
4. log g 1996	20821 (2672.7)	22429 (2744.7)	23678 (2605.3)	29758 (2960.5)	0.8695	0.84	0.7932	0.6592	0.7195
5. log g 1997	22670 (3178.6)	23419 (2986.3)	21932 (3436)	27249 (3238.9)	38224 (7667.5)	0.8916	0.8611	0.6656	0.7634
6. log g 1998	20759 (2897.3)	22080 (2618.9)	22556 (2502.1)	25858 (3051.5)	33094 (7040.1)	35346 (5262.4)	0.8879	0.7378	0.7729
7. log g 1999	19889 (2395.2)	21520 (2489.9)	20140 (3530.4)	25179 (2959.9)	34060 (7268.7)	32611 (5580.2)	37274 (5127.4)	0.7554	0.8123
8. log g 2000	21560 (2641.5)	23477 (3189.9)	22074 (3497.4)	25118 (3134.2)	29436 (4542.3)	29678 (3743.5)	31597 (3824.3)	48887 (12843)	0.6985
9. log g 2001	21659 (2810.2)	22963 (3329.2)	19734 (3836.9)	24054 (2900.2)	25369 (2729)	25766 (2522.3)	29234 (2948.5)	31146 (3611.5)	42342 (3897.2)
10. log g 2002	22745 (3269.9)	22859 (3878.7)	20987 (3365.6)	24518 (3509.6)	26215 (3133.6)	26225 (2916.7)	29005 (3174.6)	30061 (4177)	37299 (3781.6)
11. log h 1994	1651.4 (3568.7)	1478.1 (3442.4)	3408.8 (3663.1)	−189.19 (3742.2)	−1264.8 (3866.8)	−109.34 (4116.2)	179.57 (4251)	−8383.1 (5523.2)	−7886.8 (5049.1)
12. log h 1995	−2480.6 (4428.3)	−2357.5 (4038.2)	4374.7 (4453.1)	−132.78 (4525)	−17.152 (5483.6)	−426.23 (5436.8)	−202.72 (5145.8)	−8639.2 (5656.4)	−6693.2 (5336.8)
13. log h 1996	−3314.8 (3623.2)	−4862.7 (3669.7)	−1704.3 (5410.6)	2183.4 (3726.9)	1042.5 (3933.5)	−5102.2 (3977.4)	−124.33 (4449)	−11560 (5777.7)	−12262 (5165.2)
14. log h 1997	−4586.3 (3208)	−4421 (3776.3)	3709.4 (4705.8)	−4730.5 (3172.4)	−1916.3 (3242.1)	−182.32 (3509.6)	−2074.9 (3502.7)	−7347.3 (3977.5)	−9493.7 (3793.1)
15. log h 1998	1335.3 (4035.3)	−527.21 (4542.1)	7128.4 (5148.3)	4610.9 (4306.2)	858.35 (4752)	4978.3 (4175.6)	8954.6 (4461.8)	4657.6 (4737.4)	6485.4 (5190.6)
16. log h 1999	2278 (3990.4)	4648.4 (5443.6)	6973.1 (4628.7)	6244.2 (4127.5)	6671.9 (4306.4)	3112.8 (4243.5)	7235.9 (4590.9)	6495.2 (4765.1)	4623.6 (4759)
17. log h 2000	−1542.8 (4205)	1682.8 (4006.9)	4874.7 (4556.7)	3316.3 (4186.2)	2195.4 (4396.9)	191.04 (4059.8)	6917.5 (4270.6)	9742.5 (4839.9)	2915.3 (4919.3)
18. log h 2001	1231 (3932.5)	4205.1 (4295.5)	6330.5 (4649.8)	5696.7 (4401.8)	4267.1 (3857.3)	3934.9 (3610.4)	4650.5 (3808.1)	2807.3 (5408.9)	10978 (4638.9)
19. log h 2002	−2714.8 (4151.6)	2292.3 (4563.8)	−5130.5 (5225.3)	1731.7 (5315.9)	180.87 (4093.8)	398.83 (4032.6)	2141 (3919.6)	1640.8 (4154.9)	−583.4 (4617.2)

方が分散は小さいが，所得ほど顕著な差は見られない．1 期先の変化率との相関が負であり，共分散の絶対値が分散の半分弱である点は，アメリカと日本は同じである．PSID では，2 期先の変化率とも弱いながらも有意な負の相関が見られるが，これは日本では明確には出てこない．すなわち，アメリカの所得・労働変化率は，日本よりも長い系列相関をもつ．3 期以上先との相関はほぼゼロなので，変化率のトレンドに家計間の差はほとんど見られない，という点は日米で共通である．所得と労働時間の相関は，同一時点では有意であり，0.5 程度と極めて大きな相関が観察されている．所得・労働時間いずれも分散は一定ではない点も日米共通である．

以上，まとめると，アメリカ家計データと日本家計データの共通点は (1) 所得・労働時間いずれも 1 期先と負の相関があり，その共分散の絶対

共分散構造

(10) log g 2002	(11) log h 1994	(12) log h 1995	(13) log h 1996	(14) log h 1997	(15) log h 1998	(16) log h 1999	(17) log h 2000	(18) log h 2001	(19) log h 2002
0.5357	0.0172	−0.0251	−0.0356	−0.0537	0.015	0.025	−0.0169	0.0099	−0.0288
0.553	0.015	−0.0237	−0.0494	−0.0485	−0.0066	0.0497	0.0141	0.0407	0.0199
0.4199	0.028	0.034	−0.0139	0.0324	0.059	0.0586	0.0528	0.049	−0.0364
0.5777	−0.0023	−0.0014	0.0218	−0.0507	0.0463	0.0655	0.0343	0.0555	0.0161
0.682	−0.0144	0	0.0095	−0.0172	0.0069	0.0569	0.0174	0.0415	0.0014
0.7023	−0.0031	−0.004	−0.0509	−0.0014	0.0443	0.0283	−0.0002	0.0386	0.0031
0.6819	0.0018	−0.0005	−0.0011	−0.0185	0.0763	0.0644	0.0595	0.0446	0.0191
0.5771	−0.0618	−0.0578	−0.0855	−0.0565	0.0378	0.0517	0.0849	0.022	0.0151
0.8564	−0.0692	−0.0494	−0.1033	−0.0852	0.0554	0.0386	0.0236	0.0907	−0.0039
55358 (9030.1)	−0.101	−0.0803	−0.0704	−0.0895	0.0221	0.0291	0.0363	0.0708	0.0428
-14767 (6219.6)	360370 (26567)	0.4394	0.4741	0.3106	0.3309	0.2813	0.282	0.3248	0.3185
-11575 (5698.7)	154880 (19694)	387210 (28535)	0.4482	0.3603	0.3276	0.3066	0.2701	0.2379	0.2269
-9986.2 (5855.8)	160960 (20094)	159420 (22995)	340060 (24047)	0.4201	0.3298	0.3249	0.3242	0.3418	0.3536
-11834 (3890.1)	96624 (15866)	121460 (20145)	129910 (16822)	343960 (22707)	0.4186	0.3778	0.3248	0.3265	0.3004
2807.8 (6130.4)	111200 (18976)	108480 (16718)	105140 (15002)	138310 (16583)	375400 (27857)	0.4939	0.415	0.4269	0.3477
3969.2 (5947.9)	88326 (16003)	101630 (18684)	105690 (15148)	122650 (14225)	170140 (18141)	352790 (23279)	0.456	0.4453	0.3761
5077.6 (5453.1)	99263 (19765)	96237 (17497)	106170 (15701)	108080 (14323)	144700 (17907)	158330 (15680)	376110 (26036)	0.4762	0.4356
10388 (4930.2)	109440 (18138)	80864 (19312)	107770 (18136)	108530 (16227)	151460 (20843)	152470 (15442)	170480 (19194)	382200 (24997)	0.4767
6204.9 (5343.7)	118150 (21708)	87749 (21592)	120420 (19982)	102620 (14444)	124170 (18348)	136570 (15856)	162870 (18922)	180910 (19916)	422360 (30492)

値は分散の半分弱である，(2) 労働時間の分散は 0.1 程度，(3) 3 期以上先のデータとは相関はなく，変化率のトレンドに関しては家計間格差は無視できるものである，(4) 所得・労働時間の分散は一定ではない．一方，相違点は (1) 所得の分散・共分散いずれも日本の値はアメリカの半分以下である，(2) 2 期先の負の相関は日本では観察されない，(3) 所得と労働時間の相関はアメリカでは高いが，極めて小さい．

表 8.10 は日本の家計所得・労働の水準に関する共分散行列である．階差をとらない水準であるため，First Stage でコントロールした年齢や経験年数等を除外すれば，家計固有効果をコントロールしていない．直ちにわかるのは，所得・労働時間の両方とも長期にわたり相関が持続することである．これは，OLS と固定効果推定の差からわかるように，所得や労

表 8.11 バランスパネルデータに

with:	(1) $\Delta\log g$ 93-94	(2) $\Delta\log g$ 94-95	(3) $\Delta\log g$ 95-96	(4) $\Delta\log g$ 96-97	(5) $\Delta\log g$ 97-98	(6) $\Delta\log g$ 98-99	(7) $\Delta\log g$ 99-00	(8) $\Delta\log g$ 00-01
1. $\Delta\log g$ 93-94	0.0426 (0.0094)	−0.3987	−0.0668	0.0887	0.0162	0.0109	−0.0352	0.0045
2. $\Delta\log g$ 94-95	−0.0152 (0.0045)	0.0341 (0.0075)	−0.4533	0.0164	−0.0332	−0.0250	−0.0161	0.0935
3. $\Delta\log g$ 95-96	−0.0025 (0.0023)	−0.0152 (0.0062)	0.0328 (0.0063)	−0.3387	−0.0736	−0.0165	−0.0292	−0.1114
4. $\Delta\log g$ 96-97	0.0028 (0.0023)	0.0005 (0.0018)	−0.0094 (0.0022)	0.0234 (0.003)	−0.3960	0.0951	−0.0950	0.0999
5. $\Delta\log g$ 97-98	0.0006 (0.0022)	−0.0010 (0.0017)	−0.0023 (0.0019)	−0.0103 (0.0025)	0.0290 (0.0056)	−0.4402	0.1028	−0.1641
6. $\Delta\log g$ 98-99	0.0003 (0.0017)	−0.0006 (0.0011)	−0.0004 (0.0013)	0.0020 (0.0014)	−0.0106 (0.0044)	0.0198 (0.0046)	−0.2346	0.0456
7. $\Delta\log g$ 99-00	−0.0010 (0.0021)	−0.0004 (0.0017)	−0.0007 (0.0016)	−0.0020 (0.0016)	0.0024 (0.0022)	−0.0045 (0.0019)	0.0186 (0.0023)	−0.2820
8. $\Delta\log g$ 00-01	0.0001 (0.0021)	0.0025 (0.0018)	−0.0029 (0.0019)	0.0022 (0.0012)	−0.0040 (0.0025)	0.0009 (0.0017)	−0.0055 (0.0021)	0.0202 (0.0035)
9. $\Delta\log g$ 01-02	−0.0024 (0.0023)	0.0025 (0.0026)	0.0000 (0.0019)	0.0011 (0.0012)	−0.0024 (0.0026)	0.0006 (0.0013)	−0.0002 (0.0014)	−0.0076 (0.003)
10. $\Delta\log h$ 94-95	−0.0044 (0.0029)	0.0023 (0.0031)	0.0040 (0.0027)	0.0014 (0.0023)	−0.0026 (0.0025)	0.0023 (0.0021)	−0.0012 (0.002)	−0.0024 (0.0022)
11. $\Delta\log h$ 95-96	0.0006 (0.0026)	0.0018 (0.0027)	0.0004 (0.0023)	0.0002 (0.0023)	−0.0041 (0.0025)	−0.0011 (0.0018)	0.0000 (0.0018)	0.0009 (0.0017)
12. $\Delta\log h$ 96-97	0.0028 (0.003)	0.0002 (0.0025)	−0.0059 (0.0023)	0.0055 (0.0023)	0.0041 (0.0028)	0.0008 (0.0022)	−0.0019 (0.0018)	0.0038 (0.002)
13. $\Delta\log h$ 97-98	0.0007 (0.0029)	−0.0018 (0.0025)	0.0038 (0.0026)	−0.0002 (0.0027)	−0.0020 (0.0034)	0.0002 (0.0022)	0.0033 (0.002)	−0.0010 (0.0023)
14. $\Delta\log h$ 98-99	−0.0027 (0.0027)	0.0019 (0.0027)	0.0000 (0.0033)	−0.0005 (0.0024)	0.0001 (0.0023)	−0.0005 (0.0018)	−0.0012 (0.0021)	−0.0001 (0.0019)
15. $\Delta\log h$ 99-00	0.0024 (0.0027)	−0.0020 (0.0035)	−0.0018 (0.0036)	−0.0006 (0.0024)	0.0010 (0.0022)	−0.0001 (0.0021)	0.0031 (0.0023)	−0.0014 (0.0022)
16. $\Delta\log h$ 00-01	0.0039 (0.0032)	−0.0054 (0.0039)	0.0051 (0.004)	−0.0028 (0.0022)	0.0021 (0.002)	0.0003 (0.0019)	0.0008 (0.0022)	−0.0020 (0.0021)
17. $\Delta\log h$ 01-02	−0.0015 (0.0034)	0.0055 (0.003)	−0.0030 (0.0043)	−0.0022 (0.0022)	0.0025 (0.0031)	−0.0014 (0.0022)	−0.0043 (0.0036)	0.0041 (0.0042)

働のサンプル内での変動のほとんどが家計間の相違によるものであり，家計内の変動が小さいことを意味する．また，所得と労働時間の相関が正であるが，やはりかなり小さいこともわかる．

表 8.11 は日本の家計データをバランスパネルデータとした所得・労働時間の変化率の共分散を計算したものである．アンバランスパネルデータを用いた表 8.8 と比較すると，分散水準そのものが小さくなっていることがわかるが，その他の傾向はアンバランスパネルデータとそれほど違わない．

8.4.4 モデル分析

本節では，前節で計算した共分散行列を用い，極めて単純な Data Generating Process を仮定した上で，そのモデルの説明力を検証する．特に

おける所得と消費の共分散構造

(9) $\Delta \log g$ 01-02	(10) $\Delta \log h$ 94-95	(11) $\Delta \log h$ 95-96	(12) $\Delta \log h$ 96-97	(13) $\Delta \log h$ 97-98	(14) $\Delta \log h$ 98-99	(15) $\Delta \log h$ 99-00	(16) $\Delta \log h$ 00-01	(17) $\Delta \log h$ 01-02
−0.0672	−0.0892	0.0123	0.0522	0.0141	−0.0543	0.0439	0.0702	−0.0259
0.0769	0.0524	0.0409	0.0045	−0.0369	0.0426	−0.0418	−0.1075	0.1031
0.0013	0.0926	0.0097	−0.1268	0.0826	−0.0002	−0.0381	0.1045	−0.0580
0.0402	0.0391	0.0064	0.1419	−0.0053	−0.0122	−0.0154	−0.0683	−0.0499
−0.0800	−0.0623	−0.1003	0.0938	−0.0459	0.0015	0.0213	0.0452	0.0499
0.0235	0.0690	−0.0334	0.0218	0.0050	−0.0139	−0.0020	0.0073	−0.0339
−0.0087	−0.0354	−0.0009	−0.0545	0.0941	−0.0371	0.0874	0.0204	−0.1099
−0.3085	−0.0713	0.0271	0.1041	−0.0267	−0.0029	−0.0379	−0.0518	0.0994
0.0304 (0.0093)	−0.0143	0.0730	−0.0796	0.0562	−0.0655	−0.0327	0.0840	−0.0671
−0.0006 (0.0022)	0.0579 (0.0062)	−0.5367	0.0076	−0.0172	0.0545	−0.0504	0.0091	−0.0627
0.0030 (0.0036)	−0.0307 (0.0057)	0.0566 (0.0078)	−0.3860	−0.0142	−0.0479	0.0674	−0.0336	0.0633
−0.0035 (0.0029)	0.0005 (0.0038)	−0.0235 (0.0036)	0.0652 (0.0131)	−0.5307	0.1081	−0.1118	0.0450	−0.0685
0.0025 (0.0031)	−0.0011 (0.0036)	−0.0009 (0.0037)	−0.0348 (0.0104)	0.0660 (0.0097)	−0.5385	0.0772	0.0758	−0.0124
−0.0028 (0.0028)	0.0032 (0.0036)	−0.0028 (0.0035)	0.0067 (0.0046)	−0.0334 (0.0065)	0.0582 (0.009)	−0.3904	−0.1472	−0.0056
−0.0015 (0.0022)	−0.0032 (0.0034)	0.0042 (0.0035)	−0.0075 (0.0041)	0.0052 (0.0044)	−0.0248 (0.0054)	0.0691 (0.0144)	−0.5651	−0.0485
0.0040 (0.002)	0.0006 (0.0035)	−0.0022 (0.0029)	0.0031 (0.0032)	0.0053 (0.0043)	−0.0096 (0.0064)	−0.0403 (0.0155)	0.0735 (0.0179)	−0.2308
−0.0034 (0.0033)	−0.0044 (0.0043)	0.0044 (0.0035)	−0.0051 (0.0048)	−0.0009 (0.0056)	−0.0004 (0.0054)	−0.0037 (0.0047)	−0.0181 (0.005)	0.0837 (0.0219)

重視するのは，家計モデルで重要な役割を果たす所得の恒常的変動要因とデータに含まれる一時的変動の計測である．

家計所得(経験年数や年齢，産業をコントロールした後)がランダムウォークで記述できる場合，所得変動は恒常的なものであることを意味する．恒常所得仮説に従うと，所得変動が恒常的である場合に限り家計は消費水準を変化させる．所得変動が一時的である場合は貯蓄のみが変動し，消費水準は変化しない．

Model 1:(Pure Random Walk)

$$g_{it} = g_{it-1}+\xi_{it}, \tag{8.37}$$

$$h_{it} = h_{it-1}+\varphi_{it}, \tag{8.38}$$

$$\xi_{it} : i.i.d.\ E(\xi_{it}) = 0, \quad Var(\xi_{it}) = \sigma_{\xi}^2,$$

$$\varphi_{it} : i.i.d.\ E(\varphi_{it}) = 0, \quad Var(\varphi_{it}) = \sigma_{\varphi}^2,$$

$$Cov(\xi_{it}, \varphi_{it}) = \sigma_{\varphi\xi}.$$

このモデルに基づき，変化率の分散共分散行列を計算すると，対角成分および労働と所得の同時相関以外の成分は全てゼロとなる[21)]．推定するパラメター分散成分のみで三つである．表 8.8 の共分散行列から明らかなように，このモデルの課す制約は厳しく，日本家計データとは合致しないことが予測される．

報告された家計所得が系列相関をもたない一時的変動，あるいは計測誤差(Measurement Error)のみで構成されている場合，データの経済学的な意味は極めて乏しくなる．報告された家計所得の全てが一時的変動であるという極端な仮定を置くと，下記のようなモデルを考えることができる．

Model 2:(Pure Transitory Shock)[22)]

$$g_{it} = \varepsilon_{it}, \tag{8.39}$$

$$h_{it} = \omega_{it}, \tag{8.40}$$

$$\varepsilon_{it} : i.i.d.\ E(\varepsilon_{it}) = 0, \quad Var(\varepsilon_{it}) = \sigma_{\varepsilon}^2,$$

$$\omega_{it} : i.i.d.\ E(\omega_{it}) = 0, \quad Var(\omega_{it}) = \sigma_{\omega}^2,$$

$$Cov(\varepsilon_{it}, \omega_{it}) = \sigma_{\varepsilon\omega}.$$

このモデルに従い変化率の共分散行列を計算すると，Pure Random Walk モデルと異なり，一次の負の自己相関が発生し，その共分散の大きさは分散の半分となる．すなわち，

$$Var(\Delta g_{it}) = \sigma_{\Delta g}^2 = 2\sigma_{\varepsilon}^2, \tag{8.41}$$

$$Cov(\Delta g_{it}, \Delta g_{it-1}) = -\sigma_{\varepsilon}^2. \tag{8.42}$$

推定するべきパラメターは Model 1 と同じく三つであるが，一次の系列相関の存在を許しているところ，およびその符号が表 8.8 や表 8.11 と整合的であることから，Model 1 よりも良好な Fit を期待することができる．しかしながら，一次の共分散の絶対値は分散の 1/2 よりも小さい傾向があり，このモデルでも十分でない可能性がある．

21）具体的な Moment Conditions は Appendix 4 に記載している．

22）本セクションでは Abowd and Card(1989)に従い，White Noise で記述される要素を Measurement Error と定義しているが，労働所得に占める一時的変動と解釈することも可能である．本章のアプローチでは両者を識別することができないため，本章では White Noise の要素を Measurement Error と呼ぶことにする．

Model 1 と Model 2 の両者を結合させ，観察される所得データが恒常的要因と一時的要因の双方から構成されると仮定すると，下記のようなモデルを考えることができる．

Model 3:（Mixture of Permanent and Transitory Shock）

$$g_{it}^{*}=g_{it-1}^{*}+\xi_{it}, \tag{8.43}$$

$$h_{it}^{*}=h_{it-1}^{*}+\varphi_{it}, \tag{8.44}$$

$$g_{it}=g_{it}^{*}+\varepsilon_{it}, \tag{8.45}$$

$$h_{it}=h_{it}^{*}+\omega_{it}, \tag{8.46}$$

$$\xi_{it}: i.i.d.\ E(\xi_{it})=0,\quad Var(\xi_{it})=\sigma_{\xi}^{2},$$

$$\varphi_{it}: i.i.d.\ E(\varphi_{it})=0,\quad Var(\varphi_{it})=\sigma_{\varphi}^{2},$$

$$Cov(\xi_{it},\varphi_{it})=\sigma_{\varphi\xi},$$

$$\varepsilon_{it}: i.i.d.\ E(\varepsilon_{it})=0,\quad Var(\varepsilon_{it})=\sigma_{\varepsilon}^{2},$$

$$\omega_{it}: i.i.d.\ E(\omega_{it})=0,\quad Var(\omega_{it})=\sigma_{\omega}^{2},$$

$$Cov(\varepsilon_{it},\omega_{it})=\sigma_{\varepsilon\omega}.$$

このモデルの推定するべきパラメターは六つであり，今までのモデルよりも自由度が低下する．分散と一次の自己相関との関係は Model 2 と異なり下記のようになる．

$$Var(\Delta g_{it})=\sigma_{\Delta g}^{2}=2\sigma_{\varepsilon}^{2}+\sigma_{\xi}^{2}, \tag{8.47}$$

$$Cov(\Delta g_{it},\Delta g_{it-1})=-\sigma_{\varepsilon}^{2}. \tag{8.48}$$

(8.47)式と(8.48)式の両式から，恒常ショックと一時的ショックを識別することができる．

最後に，一時的ショックの効果にある程度の継続性があると仮定した MA モデルを考える．Abowd and Card(1989)はアメリカの様々なパネルデータを用い，Bivariate の MA(2)により，所得や労働時間をある程度描写できると主張している．

Model 4:（General MA（2））

$$g_{it}=\varepsilon_{it}+\rho_{1}\varepsilon_{it-1}+\rho_{2}\varepsilon_{it-2}, \tag{8.49}$$

$$h_{it}=\omega_{it}+\gamma_{1}\omega_{it-1}+\gamma_{2}\omega_{it-2}, \tag{8.50}$$

$$\varepsilon_{it}: i.i.d.\ E(\varepsilon_{it})=0,\quad Var(\varepsilon_{it})=\sigma_{\varepsilon}^{2},$$

$$\omega_{it}: i.i.d.\ E(\omega_{it})=0,\quad Var(\omega_{it})=\sigma_{\omega}^{2},$$

$$Cov\,(\varepsilon_{it},\omega_{it})=\sigma_{\varepsilon\omega},$$

$$\Delta g_{it}=\varepsilon_{it}-(1-\rho_1)\,\varepsilon_{it-1}-(\rho_1-\rho_2)\,\varepsilon_{it-2}-\rho_2\varepsilon_{it-3}, \qquad (8.51)$$

$$\Delta h_{it}=\omega_{it}-(1-\gamma_1)\,\omega_{it-1}-(\gamma_1-\gamma_2)\,\omega_{it-2}-\gamma_2\omega_{it-3}. \qquad (8.52)$$

このモデルで推定するパラメターは七つであり，Model 3 よりも多い．しかしながら，Model 3 と Model 4 は入れ子にはなっておらず，Model 4 の方の Fit が良いかどうかは先見的には明らかではない．

表 8.12 は各モデルの推定結果をまとめたものである．なお，chi2(m2=0) とは，各モデルから導かれる Moment Conditions がゼロであるとき，その成分がゼロであるか否かを検定する統計量である．具体的には Abowd and Card (1989) の Appendix に書かれている手法に従い，ゼロ成分のみを抽出し，それに対応する Weight 行列を作成し計算している．多くのゼロ成分を含むモデルではこの統計量が計算されていないが，それは Weight 行列に含まれる誤差のためであると考えられる．

残差二乗和の値はバランスデータとアンバランスデータで全く異なるが，四つのモデルはいずれも同一の共分散行列を用いているため，相対的な大きさを比較することでモデルのデータへの Fit の程度を知ることができる．Model 1 と Model 2 を比較すると，推定するパラメター数はどちらも同じであるが，Model 2 の方が残差二乗和は遥かに小さい．また Model 3 と Model 4 を比較すると，Model 4 の方が推定パラメターは多いにもかかわらず，Model 3 の方が二乗和は小さい．したがって，日本のデータに関しては，一時ショックに系列相関を仮定する MA (2) よりも，ランダムウォークと White Noise の一時ショックを仮定する Model 3 の方がよりデータと適合することがわかる．

次に chi2(m2=0) を見ると Model 4 で二次の Moment がゼロとなる共分散成分は 50 個程度しかないにもかかわらず，それがゼロであることは棄却されてしまう．無論，Model 1 および Model 3 も同様に棄却されるが，Abowd and Card (1989) では MA (2) によるゼロ制約は棄却できないことが指摘されており，日本の家計データはアメリカ合衆国のデータのような単純な MA 表現では記述できないことがわかる．

各分散パラメターの標準誤差は極めて小さいが，Appendix 3 で議論し

表 8.12　推定結果

Model 1: Pure Random Walk

Balance Data			Unbalance Data		
	Estimate	Std.Error		Estimate	Std.Error
σ_{ξ}	0.167	0.000	σ_{ξ}	0.247	0.000
σ_{φ}	0.257	0.000	σ_{φ}	0.313	0.000
$\sigma_{\xi\varphi}$	0.000	0.000	$\sigma_{\xi\varphi}$	0.004	0.000
SSR	2.472		SSR	8.713	
chi2(m2=0)	636.904		chi2(m2=0)	641.124	

Model 2: Pure ME

Balance Data			Unbalance Data		
	Estimate	Std.Error		Estimate	Std.Error
σ_{ε}	0.115	0.000	σ_{ε}	0.169	0.000
σ_{ω}	0.180	0.000	σ_{ω}	0.218	0.000
$\sigma_{\varepsilon\omega}$	0.000	0.000	$\sigma_{\varepsilon\omega}$	0.002	0.000
SSR	0.729		SSR	3.288	
chi2(m2=0)	fail to calcurate		chi2(m2=0)	fail to calcurate	

Model 3: Pure RW+ME

Balance Data			Unbalance Data		
	Estimate	Std.Error		Estimate	Std.Error
σ_{ε}	0.099	0.000	σ_{ε}	0.135	0.000
σ_{ω}	0.171	0.000	σ_{ω}	0.199	0.000
$\sigma_{\varepsilon\omega}$	0.000	0.000	$\sigma_{\varepsilon\omega}$	−0.001	0.000
σ_{ξ}	0.091	0.000	σ_{ξ}	0.156	0.000
σ_{φ}	0.087	0.000	σ_{φ}	0.138	0.000
$\sigma_{\xi\varphi}$	0.000	0.000	$\sigma_{\xi\varphi}$	0.005	0.000
SSR	0.676		SSR	2.568	
chi2(m2=0)	148.277		chi2(m2=0)	fail to calcurate	

Model 4: MA(2)

Balance Data			Unbalance Data		
	Estimate	Std.Error		Estimate	Std.Error
σ_{ε}	0.131	0.000	σ_{ε}	0.200	0.000
σ_{ω}	0.193	0.000	σ_{ω}	0.241	0.000
$\sigma_{\varepsilon\omega}$	0.000	0.000	$\sigma_{\varepsilon\omega}$	0.002	0.000
ρ_1	0.243	0.008	ρ_1	0.336	0.002
ρ_2	0.100	0.005	ρ_2	0.167	0.002
γ_1	0.125	0.003	γ_1	0.195	0.002
γ_2	0.052	0.001	γ_2	0.102	0.001
chi2(m2=0)	68.068		chi2(m2=0)	81.448	
pvalue	0.049		pvalue	0.002	
SSR	0.684		SSR	2.701	

ているように，巨大な共分散行列の推定に伴う誤差のため，この結果には留保が必要である．最後に，Model 3 の結果を見ると，σ_ε と σ_ξ の大きさはほぼ同じである．これは，所得データに含まれる変動，正確には一階差分により残される変動は，2/3 程度が Measurement Error，あるいは一時的変動であることを示している．一方，労働時間に関しては 40% 程度が一時ショックあるいは Measurement Error となっている．

8.4.5 結　論

本章は，10 年にわたる日本の家計パネルデータを用い，家計勤労所得と労働時間の共分散構造を分析し，その背後の確率過程に関する考察を行った．欧米では長い歴史のある研究分野であるが，筆者の知る限り，日本に関しては初の研究である．また，その結果をアメリカの家計データを用いた Abowd and Card (1989) の結果と比較した．その結果，日米では系列相関の長さや所得変化率の分散と 1 期の自己相関との関係に関しては共通の性質を有するが，日本の方が所得分散は小さく，労働時間と所得間の相関も観察されない点が異なることが明らかになった．また，モデル分析によると，日本の家計所得のデータ変動のうち，2/3 が Measurement Error，あるいは一時的ショックであることがわかった．

本章で残された課題は多いが，特に (1) Bootstrap を用いた Weight Matrix の推定，(2) 推定された所得分散がもつ，家計消費モデルへの含意，(3) 日米での所得・労働時間の相関の違いの理由，(4) データの共分散構造を再現するような，より Fit の良いモデルの考察，の 4 点は特に重要な課題であると思われる．

8.5 Appendix 1（異常値の取り扱い）

年間勤労所得と年間労働時間について，異常値として推定から除外する基準を以下のように定めた．

(1) 年間勤労所得

年間勤労所得と年間労働時間から 1 時間あたりの賃金を算出し，これが最低賃金を下回るサンプルは取り除いた．

(2) 年間労働時間

関連項目から年間労働時間を算出したため，計測誤差が大きくなる可能性は排除できない．よって，年間労働時間を以下の二つの方法で算出し，算出された値の差が極端に大きい世帯(ここでは，10 倍以上とした)については取り除くという方針をとった．一つ目の算出方法は，脚注 10 で述べた方法である．二つ目の方法は，(1) 1 週間の労働時間，(2) 1 週間の休日日数，(3) 年間労働日数，の設問から，((1)÷(7−(2)))×(3)で求めた．また，総労働時間がサービス残業時間を超える場合や，1 日あたりの労働時間が 24 時間を超えるサンプルについても取り除いた．

8.6 Appendix 2(共分散行列の計算)

共分散行列の導出は，基本的には Abowd and Card(1989)に沿って計算されている．唯一異なる点は，Abowd and Card(1989)ではバランスパネルを用いているが，本章ではアンバランスパネルデータを用いていることである．そのため，共分散成分ごとにサンプルサイズが異なることになり，プログラミングでは欠損値処理を各段階で行う必要がある．

観測される，年齢や経験をコントロールした所得変化率を Δg_{it}，同労働時間変化率を Δh_{it} とし，

$$y_i = \begin{pmatrix} \Delta g_{i1} \\ \vdots \\ \Delta g_{iT} \\ \Delta h_{i1} \\ \vdots \\ \Delta h_{iT} \end{pmatrix}, \tag{8.53}$$

と y_i を定義する．T はデータセットが含む変化率の観測期間であり，y_i は最大で $2T$ の要素をもつ．ここでのサンプルでは家計 i によりサンプル期間に差があるので，y_i の次元は家計により異なることになる．y_i の要

素は回帰の残差であることに注意すると共分散行列は，バランスパネルであれば家計数 N を用いて $C=(1/N)\sum_i (y_i y_i')$ と計算することが可能である．アンバランスの場合は，各成分ごとに外積を計算し，外積を計算したサンプルサイズで割ることで共分散行列を得ることができる．共分散行列 C の要素を縦に並べたベクトルを m とする．ただし，共分散行列は対称であるから，上(下)三角部分のみを対象にし，$2T(2T+1)/2$ の要素が m に含まれることになる．各家計ごとに y_i の外積を計算し，その上(下)三角成分を縦に並べたものを m_i とすると，バランスパネルの場合は $m=(1/N)\sum_i m_i$ となり，アンバランスの場合は，各成分ごとに観測数を計算し，それで割ることで m を得ることができる．分散共分散行列成分 m の共分散行列は，バランスデータの場合は

$$V=\left(\frac{1}{N}\right)\sum_i (m_i-m)(m_i-m)', \qquad (8.54)$$

で計算可能であり，アンバランスの場合は，やはり，各成分ごとに観測数で割ることになる．本章で用いている観測期間は所得が9期間，労働が8期間であり，共分散行列 C は 17×17 行列であり，上(下)三角成分は153存在する．したがって，共分散成分の共分散行列 V は 153×153 行列となる．

ここで，Abowd and Card(1989)が指摘しているような問題が生じる．この大きな共分散行列の精度が著しく低い，という問題である．実際，Bootstrapで計算されたものと，(8.54)式で推定された V を比較すると，有効桁数で3桁程度から大きく異なってくる．Altonji and Segal(1996)とHorowitz(1998)はBootstrapで推定されたものを使うべきであると主張している．

この巨大な共分散行列は，共分散成分 m の標準誤差の計算および，その後のモデル推定の際のGMM Weight，および仮説検定の際に重要な役割を果たすことになる．

8.7　Appendix 3(モデル検証)

ここでは，モデルにより導出される共分散成分がパラメター b^0 の関数 $f\left(b^0\right)$ として記述できると仮定する．すなわち

$$m=f\left(b^0\right), \tag{8.55}$$

という理論的な関係を考える．これは理論モデルが導き出す Moment Condition であるため，この関係式を用いる推定は一種の Moment 法と考えることができる[23)]．Amemiya(1974)の非線形操作変数推定法，および Hansen(1982)や Ogaki(1993)の GMM 等に従うと，b^0 を推定する効率的な手法は，

$$\left(m-f\left(b^0\right)\right)' V^{-1}\left(m-f\left(b^0\right)\right), \tag{8.56}$$

を最小にするようなパラメターを推定することである．バランスパネルの場合は

$$N\left(m-f\left(b^0\right)\right)' V^{-1}\left(m-f\left(b^0\right)\right). \tag{8.57}$$

アンバランスパネルの場合は，各 Moment の計算に使用した観測数を N の代わりに乗じたものが χ 二乗分布に従う．なお，その際の自由度は Moment Condition の数から $f\left(b^0\right)$ の Jacobian を b の真の値で評価したものの階数を引いたものとなる．しかしながら，Abowd and Card(1989) およびその他の多くの文献が指摘するように，V の推定値の誤差が大きく，その逆行列を Weight にもつ上記の二次形式の値は，実際に最小化させるときに必要な凹性等を満たさないケースが多く，推定は極めて困難となる．ここでは，Abowd and Card(1989)に従い，Optimal Weight ではなく，単位行列を Weight とする Equal Weighted Minimum Distance (EQWMD) Estimator を用いた．すなわち，最小化させるのは

$$\left(m-f\left(b^0\right)\right)'\left(m-f\left(b^0\right)\right), \tag{8.58}$$

---

23)　Abowd and Card(1989)は Moment 法，あるいは GMM という言葉を用いていないが，Optimal Weight を用いる場合は Hansen(1982)による GMM と同一となる．

である[24)]．なお，推定パラメター b の共分散行列には Delta Method を用いた．これは漸近的に成立する分布であり，今回のように Moment Condition の数が 100 個程度の場合は，小標本バイアスが深刻な問題である可能性が存在する．したがって，b やモデル評価の際の標準誤差に関しては留保が必要である．

8.8 Appendix 4（Moment Conditions）

各モデルの推定で用いた Moment Conditions は全て Second Moments であり，各モデルで明示されてない Second Moment は全てゼロになっている．共分散成分の数は各モデルで共通であるため，記載されていない Moment Condition が少ないモデルは，その分，Second Moment がゼロであるという Moment Condition が多いことを意味することに注意せよ．

Model 1: Pure Random Walk

$$Var\left(\Delta g_{it}\right) = \sigma^2_{\Delta g} = \sigma^2_{\xi} \tag{8.59}$$

$$Var\left(\Delta h_{it}\right) = \sigma^2_{\Delta h} = \sigma^2_{\varphi} \tag{8.60}$$

$$Cov\left(\Delta g_{it}, h_{it}\right) = \sigma_{\varphi\xi} \tag{8.61}$$

Model 2: Pure Transitory Shock

$$Var\left(\Delta g_{it}\right) = \sigma^2_{\Delta g} = 2\sigma^2_{\varepsilon} \tag{8.62}$$

$$Var\left(\Delta h_{it}\right) = \sigma^2_{\Delta h} = 2\sigma^2_{\omega} \tag{8.63}$$

$$Cov\left(\Delta g_{it}, \Delta g_{it-1}\right) = -\sigma^2_{\varepsilon} \tag{8.64}$$

$$Cov\left(\Delta h_{it}, \Delta h_{it-1}\right) = -\sigma^2_{\omega} \tag{8.65}$$

$$Cov\left(\Delta h_{it}, \Delta g_{it}\right) = 2\sigma_{\varepsilon\omega} \tag{8.66}$$

$$Cov\left(\Delta h_{it}, \Delta g_{it-1}\right) = -\sigma_{\varepsilon\omega} \tag{8.67}$$

$$Cov\left(\Delta g_{it}, \Delta h_{it-1}\right) = -\sigma_{\varepsilon\omega} \tag{8.68}$$

24）無論，Altonji and Segal（1996）や Horowitz（1998）が提唱している Bootstrap による Weight 行列の推定も考慮せねばならないが，先行研究の乏しい日本では，まず最も単純な推定法を試すことにもそれなりの価値があるはずである．アンバランスデータから Bootstrap サンプリングを行い Weight 行列を推定することは将来の課題としたい．

Model 3: Mixture of Permanent and Transitory Shock

$$Var(\Delta g_{it}) = \sigma^2_{\Delta g} = 2\sigma^2_{\varepsilon}+\sigma^2_{\xi} \tag{8.69}$$

$$Var(\Delta h_{it}) = \sigma^2_{\Delta h} = 2\sigma^2_{\omega}+\sigma^2_{\varphi} \tag{8.70}$$

$$Cov(\Delta g_{it}, \Delta g_{it-1}) = -\sigma^2_{\varepsilon} \tag{8.71}$$

$$Cov(\Delta h_{it}, \Delta h_{it-1}) = -\sigma^2_{\omega} \tag{8.72}$$

$$Cov(\Delta h_{it}, \Delta g_{it}) = 2\sigma_{\varepsilon\omega}+\sigma_{\varphi\xi} \tag{8.73}$$

$$Cov(\Delta h_{it}, \Delta g_{it-1}) = -\sigma_{\varepsilon\omega} \tag{8.74}$$

$$Cov(\Delta g_{it}, \Delta h_{it-1}) = -\sigma_{\varepsilon\omega} \tag{8.75}$$

Model 4: Bivariate MA(2)

$$Var(\Delta g_{it}) = \sigma^2_{\Delta g} = \left[1+(1-\rho_1)^2+(\rho_1-\rho_2)^2+\rho_2^2\right]\sigma^2_{\varepsilon} \tag{8.76}$$

$$Var(\Delta h_{it}) = \sigma^2_{\Delta h} = \left[1+(1-\gamma_1)^2+(\gamma_1-\gamma_2)^2+\gamma_2^2\right]\sigma^2_{\omega} \tag{8.77}$$

$$Cov(\Delta g_{it}, \Delta g_{it-1}) = [-(1-\rho_1)+(1-\rho_1)(\rho_1-\rho_2)+\rho_2(\rho_1-\rho_2)]\sigma^2_{\varepsilon} \tag{8.78}$$

$$Cov(\Delta g_{it}, \Delta g_{it-2}) = [-(\rho_1-\rho_2)+\rho_2(1-\rho_1)]\sigma^2_{\varepsilon} \tag{8.79}$$

$$Cov(\Delta g_{it}, \Delta g_{it-3}) = -\rho_2\sigma^2_{\varepsilon} \tag{8.80}$$

$$Cov(\Delta h_{it}, \Delta h_{it-1}) = [-(1-\gamma_1)+(1-\gamma_1)(\gamma_1-\rho\gamma_2)+\gamma_2(\gamma_1-\gamma_2)]\sigma^2_{\omega} \tag{8.81}$$

$$Cov(\Delta h_{it}, \Delta h_{it-2}) = [-(\gamma_1-\gamma_2)+\gamma_2(1-\gamma_1)]\sigma^2_{\omega} \tag{8.82}$$

$$Cov(\Delta h_{it}, \Delta h_{it-3}) = -\gamma_2\sigma^2_{\omega} \tag{8.83}$$

$$Cov(\Delta h_{it}, \Delta g_{it}) = [1+(1-\rho_1)(1-\gamma_1)+(\rho_1-\rho_2)(\gamma_1-\gamma_2)+\rho_2(1-\rho_1)]\sigma_{\varepsilon\omega} \tag{8.84}$$

$$Cov(\Delta g_{it}, \Delta h_{it-1}) = [-(1-\rho_1)+(\rho_1-\rho_2)(1-\gamma_1)+\rho_2(\gamma_1-\gamma_2)]\sigma_{\varepsilon\omega} \tag{8.85}$$

$$Cov(\Delta g_{it}, \Delta h_{it-2}) = [-(\rho_1-\rho_2)+\rho_2(1-\gamma_1)]\sigma_{\varepsilon\omega} \tag{8.86}$$

$$Cov(\Delta g_{it}, \Delta h_{it-3}) = -\rho_2\sigma_{\varepsilon\omega} \tag{8.87}$$

$$Cov\,(\varDelta h_{it},\varDelta g_{it-1})=[-\,(1-\gamma_1)+(\gamma_1-\gamma_2)\,(1-\rho_1)+\gamma_2\,(\rho_1-\rho_2)]\,\sigma_{\varepsilon\omega} \tag{8.88}$$

$$Cov\,(\varDelta g_{it},\varDelta h_{it-2})=[-\,(\gamma_1-\gamma_2)+\gamma_2\,(1-\rho_1)]\,\sigma_{\varepsilon\omega} \tag{8.89}$$

$$Cov\,(\varDelta g_{it},\varDelta h_{it-3})=-\gamma_2\sigma_{\varepsilon\omega} \tag{8.90}$$

第9章　消費・所得のライフサイクルプロファイル

9.1　導　　入

第1章の4節で紹介した，単純なライフサイクルモデルでは，家計はCRRAの効用関数をもち，所得の不確実性と流動性制約に直面していた．今，そのモデルをさらに単純化させ，所得等に関する不確実性がなく，家計は生涯所得の割引現在価値の総和(Natural Debt Limit)以下の額であれば自由に借り入れ可能であると仮定しよう．もしも，若年期の所得が低く，中年期においてピークに達し，引退後の所得は大きく低下するような山型の所得プロファイルに直面しているなら，図9.1で示されるように，家計は若年期に借り入れを行い，引退後に貯蓄を取り崩す[1)]．また，消費は生涯を通じて一定の値となる[2)]．次に，この家計が流動性制約に直面しており，一切の借り入れが不可能であると仮定すると，ライフサイクルプロファイルは，図9.2で示されているように，消費はもはや一定ではなくなる．若年期において，借り入れができないため，資産はゼロであり，所得と消費は一致する．しかし，貯蓄が可能になった時点で消費は平滑化され，その後一定となる．さらに，この家計が所得に関して不確実性に直面している状況を考え，就労期において1/2の確率で所得が50%増加，あるいは低下すると仮定しよう．すると，この家計は予備的貯蓄を行うようになり，資産額は若年期においてもゼロにならなくなる．図9.3に示されるように，流動性制約がバインドする家計は減り，貯蓄が増加する分，消費は所得よりも低い水準となる．予備的貯蓄が生じる結果，全般

---

1)　図9.1は，第1章4節で紹介したライフサイクルモデルにおいて，$\gamma=2$, $\beta=1/R$, $R=0.97$としている．第1章と同様に，家計は21歳で労働市場に参入し，その時点の所得水準を1とし，その後年率7%で成長し，60歳で引退し，80歳で死亡する．引退後の所得は，最終年における所得の20%に低下すると仮定している．

2)　厳密には，さらに金利と時間選好率が一致するという条件が必要である．

的に資産蓄積は不確実性がないときに比べ高い水準となる．また，消費と所得はほぼ連動して動き，消費プロファイルも緩やかな山型となる．このモデルにおける消費の山型の曲率は，様々なパラメターに依存しており，CRRA 型効用関数におけるリスク回避度を高めると，予備的動機も強まり，資産蓄積はさらに高い水準となる．

家計消費の構造パラメターを変化させると，消費や資産等のライフサイクルプロファイルは異なる形状となる．これは，消費や資産等のライフサイクルにおける変化の情報から，背後の構造パラメターを知ることができることを示唆しており，Gourinchas and Parker(2002)，Cagetti(2003)および French(2005)，等，この分野ではいくつか重要な論文が書かれている．選好パラメターを推定する際，伝統的には消費のオイラー方程式を用い，GMM 等で推定されてきた．ライフサイクルプロファイルを用いて推定する手法は，オイラー方程式を用いる手法に比べていくつかのアドバンテージがある．オイラー方程式は最適化のための必要条件の一つに過ぎず，消費の水準の情報が含まれていない．ライフサイクルプロファイルを用いる，ということは，家計の動学最適化問題を全て解き切ることを意味しており，消費や貯蓄の水準に関する理論的な含意を用いることが可能になる．例えば，将来バインドするかもしれない流動性制約の影響を推定するのはオイラー方程式では極めて困難であるが，ライフサイクルプロファイルを用いれば，流動性制約がある状況とない状況をシミュレートして比較することで定量的に評価可能である．

オイラー方程式は，今期と来期の消費に関する条件式であるが，ライフサイクルプロファイルは若年期から老年期までの消費・貯蓄等の経路全体に関する条件であり，近年，多くの分析がなされている．また，消費や所得のライフサイクルプロファイルは，多くの国で似たような形状をしており，背後にあるライフサイクルモデルがアメリカのみではなく，開発途上国も含めて広く適用可能であることを窺うことができる．しかしながら，これまでの流動性制約や過剰反応に関して研究者間での意見の対立があったように，ライフサイクルプロファイルを用いる分析に対して批判的な立場の研究者も存在する．本章では，日米の様々なライフサイクルを概観し

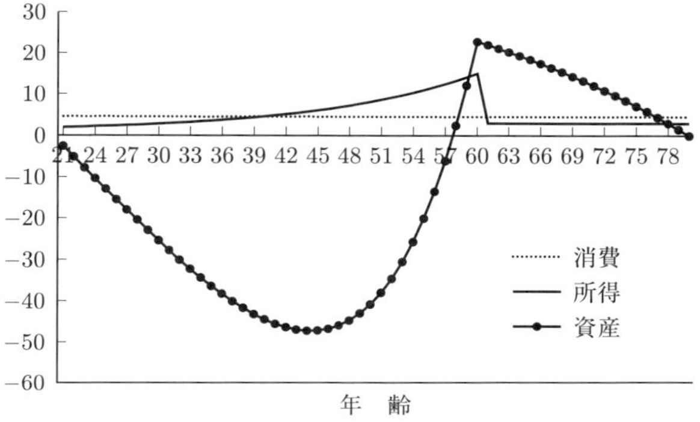

図 **9.1**　不確実性なし，自由借り入れ可能ケース

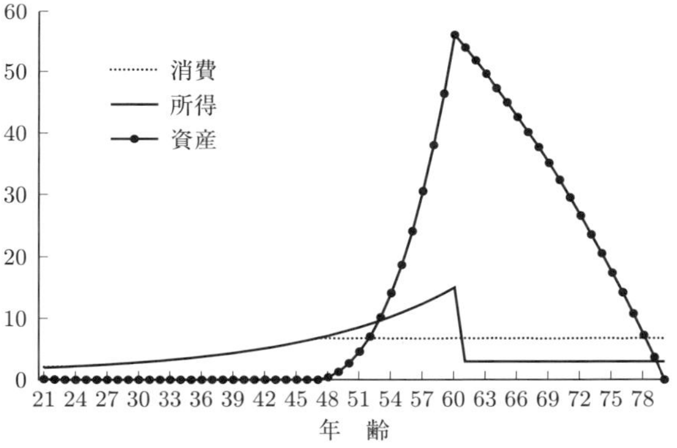

図 **9.2**　借り入れ不可能なケース

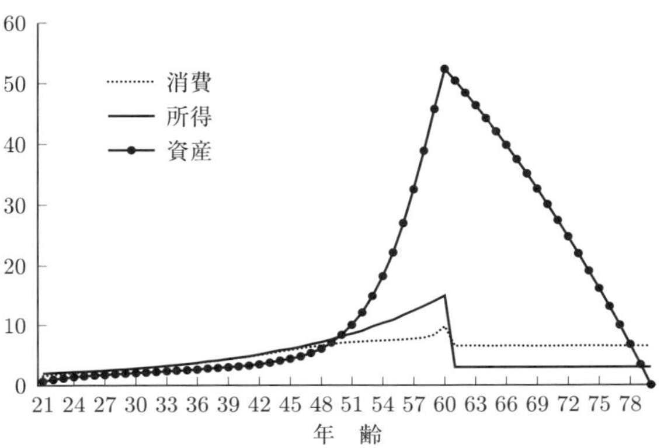

図 **9.3**　所得に不確実性があるケース

た後，プロファイルを用いた近年の消費・貯蓄分析を紹介する．

9.2 データが示す消費・所得のライフサイクルプロファイル

図 9.4 は，2000 年における CEX によるアメリカ合衆国の食料消費支出と勤労所得の年齢プロファイルである．横軸は世帯主の年齢である．

食料支出と勤労所得はほぼ平行に動いており，どちらも 40 代にピークがある．また，日本でも，家計消費と所得は共に山型になる．図 9.5 および図 9.6 は『家計調査』における 2 人以上世帯の所得と総支出の対数平均値を年齢別・調査年別に描いたものであり，どちらも山型になっているが，消費に関しては 40 代後半，所得に関しては 50 代前半にピークがあり，若干のずれがある[3)]．

第 8 章で触れたように，アメリカの CEX では，対数所得分散は年齢と共に増加傾向にあった．分散の加齢による増加は恒常所得ショックの推定において極めて重要な役割を果たしている．また，Blundell and Preston (1998) のように，所得分散と消費分散の情報から，恒常所得モデルの構造パラメターの推定が行われることもある．図 9.7 は，日本の『全国消費実態調査』に基づく，所得と消費(非耐久消費財およびサービス支出)の対数分散を年齢別に描いたものである．『全国消費実態調査』は 5 年おきに，約 7 万人を対象に行われる家計の収支および資産に関する実態調査であり，家計調査同様に，支出に関しては家計簿をベースにしている．また，調査期間は 3 か月間であり，図 9.7 は 2 人以上世帯の 9 月から 11 月までの支出および前年の年収データを用いている[4)]．

図 9.7 から，所得分散は年齢と共に 60 歳まで一貫して上昇していることがわかる．消費分散に関しては，40 歳まで平行，あるいは緩やかな下落があり，その後増加に転じている．所得分散が年齢と共に増加するということは，家計間での所得変化率の異質性の存在，あるいは所得に占める持続(恒常)ショックが重要であることを示唆している．

---

3) 詳細は阿部(2010)を参照せよ．
4) データの詳細は Abe and Yamada (2009) を参照せよ．

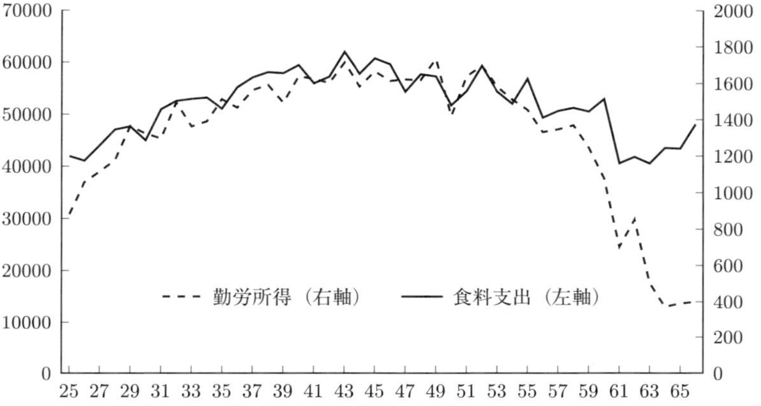

図 **9.4** アメリカ合衆国における年齢プロファイル 注）データ：CEX.

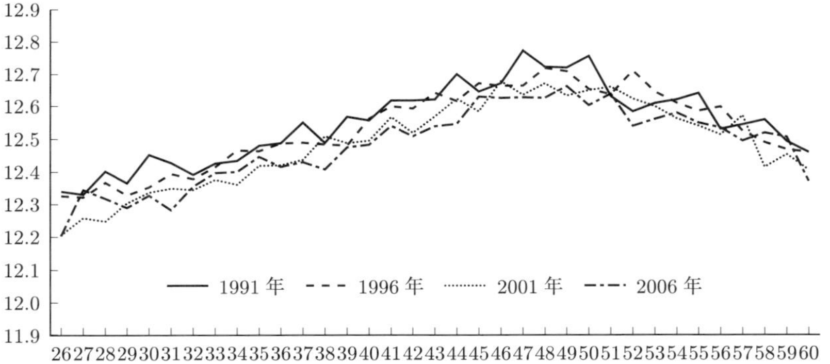

図 **9.5** 消費支出(対数)・年齢プロファイル 注）データ：『家計調査』.

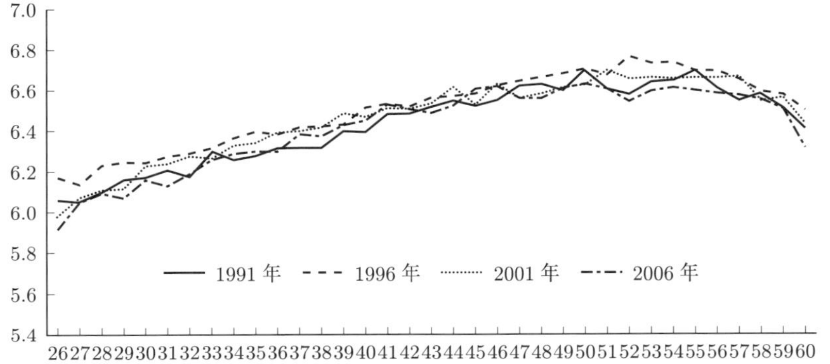

図 **9.6** 年収(対数)・年齢プロファイル 注）データ：『家計調査』.

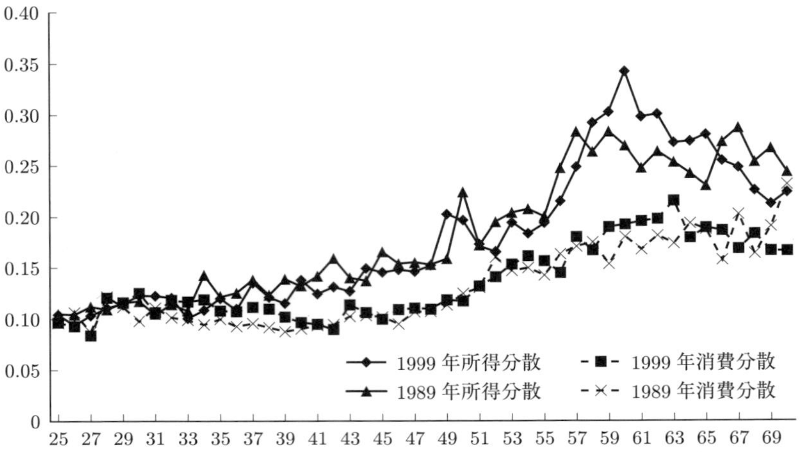

図 **9.7**　分散・年齢プロファイル　注）データ：『全国消費実態調査』.

消費支出が所得の動きとほぼ同じになるというのは，Carroll(1997)流の予備的貯蓄モデルと整合的である．しかしながら，日本において，消費支出のピークが所得のピークと若干ずれることは，予備的貯蓄の予測とは非整合的である．消費支出の年齢プロファイルの背後を考えると，年齢固有の効果が存在することも否定できない．20 代後半から 30 代は子供の養育にかかる費用がそれほど大きくない一方，40 代後半では，子供が高等教育に進み，教育支出額が大きくなる可能性がある．それ以外にも，住宅購入，旅行，親の介護等，様々な支出が年齢と相関があることが想定される．図 9.8 は，1980 年以降の『家計調査』が示す，家族構成と年齢の関係である．家族構成人数や年齢は明らかに年齢と強い相関があり，家族構成人数は 40 代前半でピークを迎える．

家族構成人数の平方根で支出を割ったものを等価支出(Equivalent Expenditure)と定義し，『家計調査』の年収と等価支出を描いたものが図 9.9 である．図 9.9 は，等価支出を用いると，日本における消費支出と所得のピークのずれはほぼなくなることを示唆している．

無論，家計構成人数の平方根で割るということに理論的根拠はなく，様々な等価尺度(Equivalent Scale)を考えることが可能である．しかしながら，消費支出の年齢プロファイルの形状は，等価尺度の定義に極めて敏

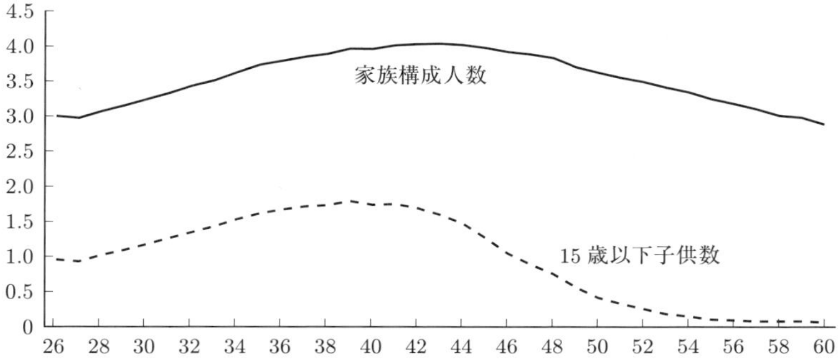

図 **9.8**　家族構成・年齢プロファイル　注）データ：『家計調査』.

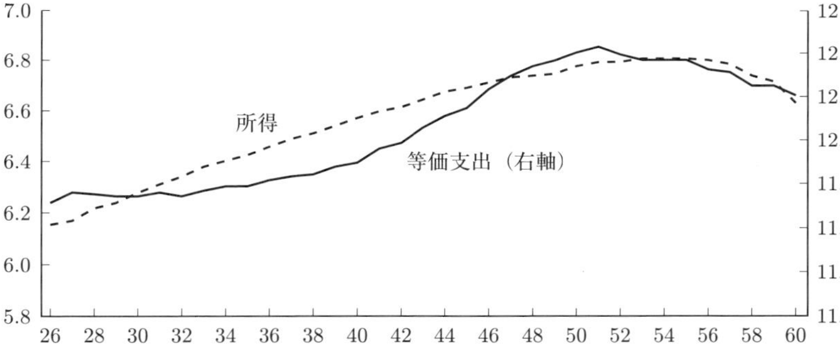

図 **9.9**　等価支出と年収・年齢プロファイル

感であり，子供数や大人数に対する Weight を変化させると，消費プロファイルのピークの位置や曲率が大きく変化してしまう．

図 9.10 は家計経済研究所による『消費生活に関するパネル調査』(以降，JPSC) による，1 年間の労働時間と年齢プロファイルである．縦軸は有配偶家計における男性世帯主の年間平均労働時間を示している．JPSC は若年層にサンプルが偏っているので，50 代以上の動向に関しては精度が低い可能性があるが，年間労働時間は年齢と共に低下していることがわかる[5)]．

図 9.11 は，同じく JPSC を用いた，年齢と金融資産のプロファイルで

5)　詳細は阿部・稲倉(2007)を参照せよ．

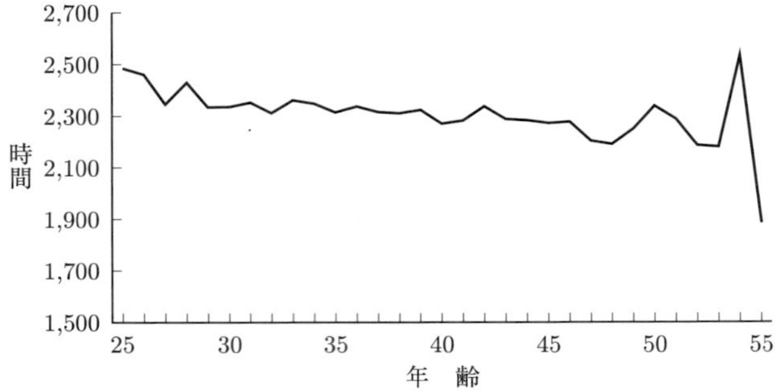

図 **9.10**　年齢・労働時間プロファイル　注）データ：JPSC.

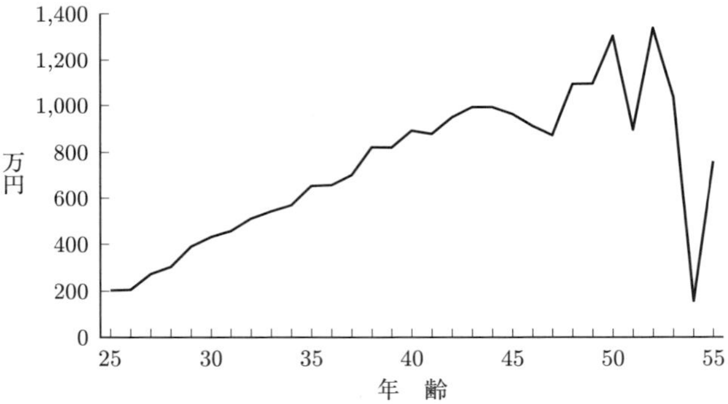

図 **9.11**　年齢・資産プロファイル　注）データ：JPSC.

ある[6)]．やはり，図から明らかなように 50 歳以上の家計に関しては正確に推定できていない可能性があるが，資産は年齢と共に増加していることがわかる．

9.3　ライフサイクルプロファイルを用いた動学構造推定

第 6 章で紹介した予備的貯蓄モデルにおいても，所得と消費支出はほぼパラレルに動いていた．消費の年齢プロファイルが山型になり，所得と平行に動くこと，およびその背景に流動性制約があり，若年層が十分な借

6)　世帯が保有する金融資産の合計値であり，実物資産は含まれていない．詳細は阿部・稲倉(2007)を参照せよ．

り入れができなくなることにより，消費の平滑化が不可能になっている点は，1960年代にThurow(1969)が指摘していたが，その理論モデルの統計的検証が行われるようになったのは，近年のことである．

Gourinchas and Parker(2002)はまず，Carroll(1997)による緩衝在庫モデルに基づく家計消費モデルを構築し，消費支出のライフサイクルプロファイルのシミュレーションを行った．次に，そのシミュレートされた消費経路と実際の消費支出の平均プロファイルとの乖離を最小にするような構造パラメターを，Methods of Simulated Moments(MSM)を用いて推定した[7)]．所得過程における恒常ショックや一時ショックの分散等も推定することは原理的には可能であるが，彼らは，所得過程に関しては推定の対象から外し，推定対象を(1)時間選好率，および(2)異時点間の代替の弾力性(リスク回避度)の二つに限定している[8)]．所得過程に関しては，PSIDを用いて恒常所得と一時所得ショックに分解したCarroll and Samwick(1997)からパラメターを採用している．また，Carroll(1997)等で採用されている所得がゼロになる確率(p=0.005)を導入し，金利に関しては3%で全期間一定と仮定している[9)]．

時間選好率βと異時点間の代替の弾力性をρとし，この二つをパラメターとして，緩衝在庫モデルをBackward Inductionで解き，かつ所得の不確実性に対してシミュレーションを行うことで，第i回目のシミュレーションに対し，消費の年齢プロファイル$\widehat{C}_t^i(\beta,\rho)$を得ることができる．Gourinchas and Parker(2002)は，CEXから計算した各年齢における対数消費支出の平均値$\overline{C}_t$と，L回のシミュレートされた消費系列の平均値を対応させ，その乖離値を

$$g_t(\beta,\rho)=\ln\overline{C}_t-\frac{1}{L}\sum_i\widehat{C}_t^i(\beta,\rho), \tag{9.1}$$

と定義している．そして，Weight行列のWを用い，gをg_tのベクトル

7)　遺産動機を導入するために，Carroll(1997)のモデルに，死亡時に残す遺産から効用を得ると仮定されている．

8)　それでも，133MHzのCPUで計算に12日間かかったとの記述がある．

9)　サンプルに含まれる家計年齢は様々であり，生涯の平均金利は家計により異なる．コホート別のライフサイクルプロファイルを用い，所得や金利もコホート別に異なる値，異なる分散の下で推定することがより望ましい．

とし，(β, ρ) に関して，40 年分の Moment Condition を 2 万回のシミュレーションにより作り出し，下記の目的関数の最小化をさせている[10)]．

$$\min \quad g(\beta, \rho)' W g(\beta, \rho). \tag{9.2}$$

この MSM は，40 個の Moment Condition を用いて二つのパラメターを推定しているため，自由度は 38 となる．推定結果は，β は 0.96 で標準誤差は 0.0043，ρ は 0.54 で標準誤差が 0.21 と，どちらも統計的に有意であり，かつ，その水準もよく仮定される範囲内に収まっている．ただし，過剰識別検定量，χ^2 の値は 288 と大きく，自由度 38 のときの 5% 基準である 53 を大きく上回ってしまっている．無論，消費の平均経路を二つのパラメターのみで推定を試みているため，過剰識別検定を通過しないのは仕方ないとも考えられる．なお，一見単純に見える上記の計算は，目的関数がパラメターに関して非線形であるため，最適解を求めるのは容易ではない．Gourinchas and Parker (2002) は広い範囲内でのグリッドサーチ，すなわち，(β, ρ) の可能な組み合わせ一つ一つに関して，その値を導入して目的関数を評価するという作業を行っている．パラメターセットの候補一つに関し，ベルマン方程式を後ろ向きに解き，2 万回のシミュレーションを行っているため，コンピューターへの負荷が極めて大きい計算となっている．

阿部・山田 (2005) は日本の『家計調査』を用い，Gourinchas and Parker (2002) と同様の計算を試みている．その結果は，β は 0.98 で標準誤差は 0.0014，リスク回避度 γ は 0.63 で標準誤差は 0.048 と，どちらも有意に推定されている．Gourinchas and Parker (2002) のような構造推定は，コンピューターへの負荷が大きいものの，様々な政策実験が可能であるという大きな利点がある．例えば，阿部・山田 (2005) は，モデルに含まれる不確実性を除去した場合の貯蓄額 (ライフサイクル動機のみが残る) と推定された貯蓄額の比較を試み，図 9.12 のような結果を得ている．

Carroll (1997) の緩衝在庫モデルでは，貯蓄動機はライフサイクル動機

---

10) Weight 行列としては，誤差項の分散共分散行列を用いる Optimal Weight と，単位行列を用いる単純な非線形最小二乗法の両方を試み，結果に大きな相違がないことを報告している．

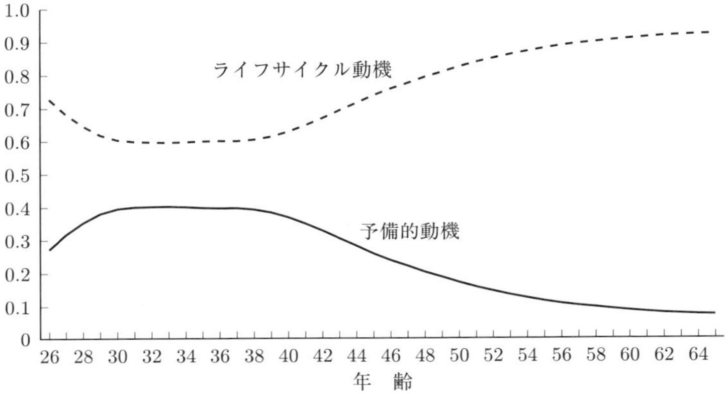

図**9.12**　阿部・山田(2005)による貯蓄動機の分解　注）40期間，R=102.

と予備的貯蓄動機の二つであるため，総貯蓄からライフサイクル動機によるものを引いたものは，予備的貯蓄と解釈することが可能である．図9.12から，30代家計の貯蓄の4割が予備的貯蓄であり，40歳を過ぎた時点でライフサイクル動機が重要になってくることがわかる．

Cagetti(2003)はSCFとPSIDの資産データを用い，資産蓄積のライフサイクルプロファイルを用いた構造パラメターの推定を行っている．ライフサイクルモデルを厳密に適用すると，老年家計は意図せざる遺産(Accidental Bequest)，すなわち，予定よりも早く死ぬことにより，使い切れなかった資産のみが遺産として残るが，実際には，老年家計の資産取り崩しはそれほど急速におきてはいない．そのため，Cagettiは，Carroll(1997)の緩衝在庫モデルに遺産W_Tから得られる効用を導入し，

$$\sum_{t=0}^{T}\beta^t\frac{C_t^{1-\gamma}}{1-\gamma}+\beta^T\alpha\frac{W_T^{1-\gamma}}{1-\gamma}, \tag{9.3}$$

を最適化させる家計を考察している．なお，資産分布は歪みが大きいため，シミュレートされた資産の平均ではなく，中央値を用いた推定を行っている．また，Gourinchas and Parker(2002)と同様，推定するパラメターは二つ，(β,γ)にとどめ，遺産から得られる効用αや，所得過程等は所与としている．推定結果はSCFとPSIDの両サンプルで極めてほとんど同一となっており，βが0.99，リスク回避度γが4.01で，どちらも

統計的に有意であり，かつ，Gourinchas and Parker(2002)の結果とほぼ同様の値となっている[11]．

French(2005)は，PSIDの労働時間と資産の年齢プロファイルを用い，やはりMSMを用いて構造パラメターの推定を行っている．アメリカ合衆国においても，年間労働時間は年齢と共に減少していく．賃金は，逆に年齢と共に中年期まで増加していくので，若年期の労働の不効用が中年期に比較して低くない限り，この結果は，余暇の限界不効用が賃金に等しくなるという最適条件に矛盾する．しかしながら，予備的貯蓄モデルであれば，自由に借り入れができないため，若い頃は予備的貯蓄動機による資産蓄積をせねばならず，たとえ賃金が低くとも，労働するインセンティブが生じるのである．

具体的には，French(2005)は各期の効用関数として下記のような関数形を仮定している．

$$u = \frac{1}{1-\gamma}\left[C_t^{\sigma}\left(L-H-\theta_p P_t-\phi I\left\{M=bad\right\}\right)^{1-\sigma}\right]^{1-\gamma}, \qquad (9.4)$$

ただし，Lは総時間賦存量，Hは労働状態，Pは労働に参加するか否かのダミー変数，θ_pは労働に参加する際の固定費用，Mは健康状態を表す変数で，Iは不健康な状態を示す指示関数(Indicator Function)である．労働参加に関し固定費用を設けている点，および健康状態に関する情報を利用している点が特色となっている．労働所得に関しては，恒常ショックではなく，定常なAR(1)に従うとしており，持続性パラメターは0.977，持続ショックの分散は0.0141という値を用いている．Gourinchas and Parker(2002)やCagetti(2003)と比較し，より複雑なモデルを解いているにもかかわらず，French(2005)は七つの構造パラメターの推定に成功しており，どの変数も推定量に比して極めて小さな標準誤差となっており，z値は200近い値となっている．割引因子βは0.992と先行研究よりも高い値になっているものの，どの推定量も問題のない範囲内に収まっている．しかしながら，過剰識別検定の値は自由度233に対し，800を超えて

11） 異時点間の代替の弾力性ではなく，リスク回避度の推定を行っていることに注意せよ．

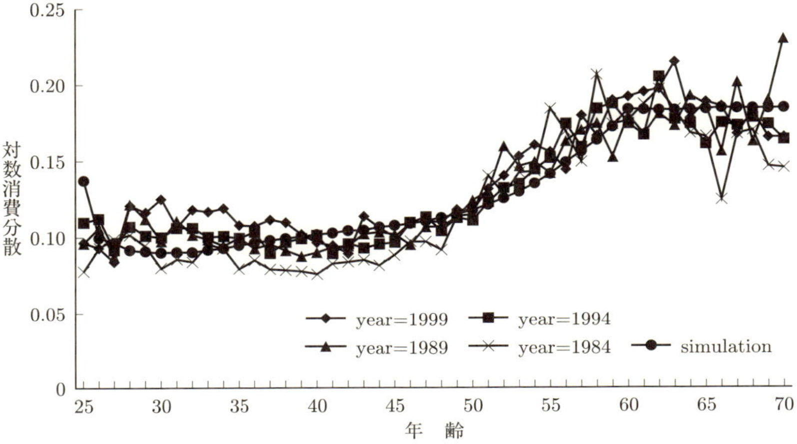

図 **9.13**　Abe and Yamada(2009)による対数消費分散のデータと予測値

おり，強く棄却してしまう[12)]．

Abe and Yamada(2009)は，『全国消費実態調査』を用い，図9.7で見られるような消費分散プロファイルを用いたMSMを行った．図9.7からわかるように，日本の家計消費分散は40代中旬まで上昇しない．一方，所得分散プロファイルをよく観察すると，40代半ば頃から分散の増加速度が増加している．そこで，Abe and Yamada(2009)は，所得の恒常ショックの分散が途中で変化することを許容する所得過程を推定し，40代後半から恒常ショック分散が増加することを確認し，その上でCarroll(1997)の緩衝在庫モデルを用い，対数消費分散水準および，対数消費分散の階差両方を用いたMSMを行った．図9.13は推定されたパラメターの下での消費分散と，『全国消費実態調査』から得られた消費データの分散を描いたものである．シミュレートされた消費分散において，25歳から27歳までの間，消費分散が低下しているのは，初期資産分布にある不平

12)　労働時間の導入は，計算上の負荷が大きくない一方，消費や所得に関して多くの含意があることから，近年多くの分析が行われている．Storesletten, et al.(2001)は，労働時間の分散が年齢と共に増加しないことから，労働生産性格差の加齢効果は，労働生産性の格差拡大によるものではなく，所得に生産性とは無関係のショックによるものであると議論している．Low(2005)はFrench(2005)と同様に不確実性と予備的貯蓄動機が若年期における労働供給の増加をもたらすことをカリブレーションにより示している．

等が，適切な緩衝在庫水準に達することで低下し，結果的に消費の分散も低下するためである．全体的に，消費分散のデータとシミュレートされたパスはよく似たものとなっている．

9.4 死亡時期に関する不確実性

所得以外にも，人生には様々な不確実性が存在する．自分が死ぬ時期がはっきりしないことも，不確実性の一つである．もしも完全な年金市場が存在し，自分の資産を年金基金に供託し，同世代の死亡確率の逆数と同じだけの金利を得られるならば，自由な借り入れができる限り，消費支出のプロファイルは死亡時期の不確実性がないときと同様に，水平となる．なぜなら，正の死亡確率は時間選好率を高める効果があるが，金利がその分だけ高まるため，消費のオイラー方程式に変化は生じないためである13)．しかしながら，もしも年金市場が完全ではなく，自分の資産が使い切らずに残ってしまう可能性があるとき，消費支出の年齢プロファイルは水平ではなくなる．

Hansen and İmrohoroğlu(2008)は，所得や選好に関する不確実性を排除し，死亡時期に関する不確実性のみを導入した動学一般均衡モデルを構築し，死亡時期の不確実性が消費の山型のプロファイルを作り出すことを報告している．死亡時期に関する不確実性が消費のプロファイルに影響を与えるメカニズムは単純である．今，図 9.14 のような生存確率 S_t に家計が直面していると仮定しよう14)．

単純化のため，所得に関する不確実性はなく，$\beta R=1$ を仮定する．また，年金も生存確率には依存せず，自由な借り入れが可能であると仮定しよう．各期の効用関数が CRRA のとき，家計の効用関数は下記のようになる．

---

13) 死亡時期の不確実性が消費の最適動学経路に時間選好率の変化と同様の影響を与えることは，古くから Merton(1971)によって指摘されている．

14) 図 9.14 の生存確率は効果を明確にするため極端な形状としている．日本の生存確率は，厚生労働省が生命表として Web サイトで公表している．

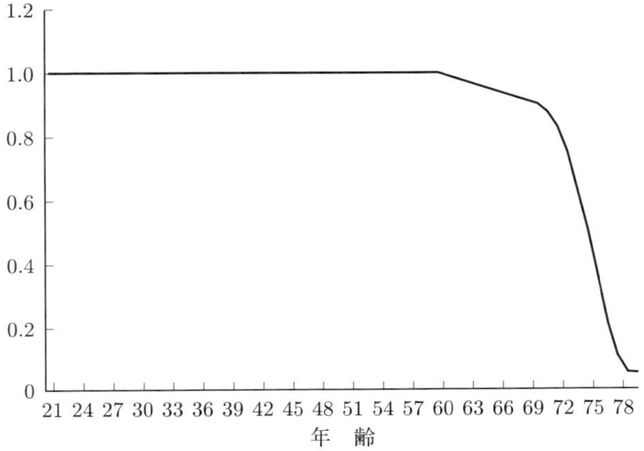

図 **9. 14**　生存確率

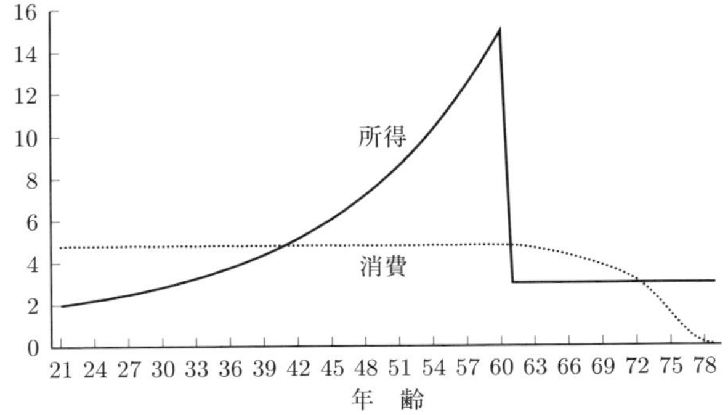

図 **9. 15**　死亡時期に不確実性があり βR=1 のとき

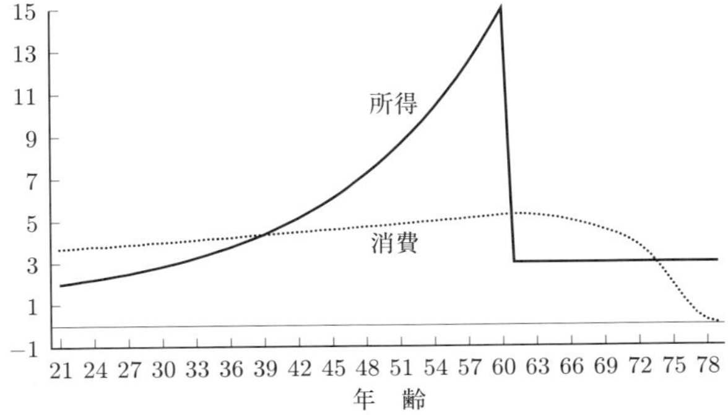

図 **9. 16**　死亡時期に不確実性があり βR>1 のとき

$$\max E[U] = E_0 \left[\sum_{t=1}^{T} \beta^t P_t \frac{C_t^{1-\gamma}}{1-\gamma} \right]. \tag{9.5}$$

このときの消費と所得のライフサイクルプロファイルを描いたものが図9.15である．

図9.15では，引退時期まで消費はほぼ直線であるが，死亡確率が正の値をとりはじめると消費は低下していく．この理由は，来期に死亡する確率があると，貯蓄が無駄になってしまうため，今のうちに消費しておくインセンティブが働き，将来を大きく割り引くようになるためである．図9.15では消費プロファイルは山型にはならないが，β=0.97，R=1.05とβR>1に設定すると，図9.16が示すように消費プロファイルは山型となる．このケースでは，死亡は単に来期の効用がゼロになるということのみを意味するが，死亡に際して，様々な追加費用を設定することも可能である．そのとき，死亡に備える予備的貯蓄が発生することになり，消費のプロファイルはさらに複雑なものとなる[15]．

死亡確率が外生的であり，健康投資等に依存しない場合，そして，死亡するというEventに関し，単にその後の効用の流列がなくなる，あるいは遺産を残すことから効用を得る，と仮定するのみであれば，死亡確率を動学モデルに組み込むことは容易である．また，死亡確率の値に関しても，人口予測の基礎資料として，多くの国で公開されており，容易に入手可能である．Gourinchas and Parker(2002)は死亡時期を88歳で固定していたが，Abe and Yamada(2009)は日本の死亡確率を考慮した推定を行っており，French(2005)もモデルに組み込んだ上で推定を行っている．したがって，Hansen and İmrohoroğlu(2008)の指摘した効果は，既に多くの研究で考慮されていると言うことができる．しかしながら，年金市場の効率性と山型の形状の関係に関しては多くの分析では明示的に分析されていない．Gourinchas and Parker(2002)は，高齢期における様々なリスクをモデルから捨象した理由として，高齢者が直面するリスクに関する

15)　死亡時期や健康状態に関する不確実性が貯蓄や遺産に与える影響については非常に多くの分析がある．特に影響力の強かったものとしてはHurd(1989)，近年の分析にDe Nardi, et al.(2010)がある．

情報が欠如していることをあげている．Hansen and İmrohoroğlu(2008)のメカニズムで生じる消費のピークは引退後となるので，推定の際，高齢家計の動向を無視することで，単純化の影響を抑えることは可能である．しかしながら，もしも死亡時期において，延命のために多額の追加支出が必要になる場合，高齢家計が直面するリスクの影響は，中年期の消費・貯蓄行動まで及んでいる可能性もある．高齢家計が直面するリスクの推定は非常に困難であり，医学と経済学が共同でデータの蓄積と分析を行う必要がある．医療と経済活動に関する，高齢者を対象とする大規模かつ包括的なパネル調査として，アメリカでは，Health and Retirement Survey (HRS)が，ヨーロッパではSurvey of Health, Ageing and Retirement in Europe(SHARE)が広範囲に行われているが，日本では，残念ながら少数の地域において調査が行われているのみである[16)]．

9.5　世代効果，年齢効果，時間効果および家族効果

今までは，家計消費支出の年齢プロファイルを描くときに，データのクロスセクション方向の集計量を利用してきた．しかしながら，1980年生まれの20代と1960年生まれの20代では支出額は明らかに異なる．この違いは，経済成長が支出に与えるマクロ的な影響が反映されているが，そのマクロ効果も，全ての年代に等しく影響を与えるとは限らない．具体的には，ある家計の支出額は，その生まれ年(コホート効果)，年齢(年齢効果)，支出が行われた時点(時間効果)，および，家計構成人数やその構成(家族効果)を考える必要がある．今，家族効果をしばらく無視し，コホート効果，年齢効果，および時間効果のみに限定し，消費をそれぞれ三つの効果に分解可能であると仮定しよう．すなわち，h年に生まれた家計iがa歳のとき，t年における支出額のデータがあれば，

$$C^i_{ath} = const+A\alpha+H\beta+D\delta+\upsilon, \quad (9.6)$$

16)　厚生労働省は中高年者縦断調査を2005年から毎年行っており，健康状態と経済状況の調査を全国的に，かつ大規模に行っている．しかしながら，質問数が少なく，特に経済活動に関する情報は乏しい．例えば，世帯所得の項目はなく，支出に関しては，調査前1か月の家計支出額の質問があるのみである．

ただし，A, H, D はそれぞれ年齢，生まれ年，および時間ダミーであり，α, β, δ はそれぞれのダミーにかかる係数ベクトル，v は標準的な仮定を満たす誤差項である．定数項が入っているため，上記の回帰を行う場合，A, H, D それぞれから，一つずつダミー変数を除外する必要がある．しかしながら，それだけでは上の式は推定できない．なぜなら，生まれ年に年齢を加えると現在の時間となり，A, H, D は線形従属になっているためである．世代効果と年齢効果，および時間効果は，ダミー変数では分解不可能なのである．

それぞれの効果を識別する一つの方法は，各効果のうち，少なくとも一つについて多項式などの関数形を仮定することである．例えば，年齢に関しては二次関数で近似すれば，三つの効果は分離可能となる．しかしながら，これは関数形の形状に依存した識別になり，関数形の選択に結果が依存するという欠点がある．よく用いられている手法は Deaton (1997) が提唱したものであり，時間効果に対し下記のような制約を加えるものである．まず，時間の流れを，観察初期点を 1 に基準する．第二に，基準化された時間に対するダミー d_t を下記のように変形し，新たな時間ダミー d^*,

$$d_t^* = d_t - [(t-1)\, d_2 - (t-2)\, d_1], \tag{9.7}$$

を作成する．ただし，d_t^* は $t \geq 3$ でしか定義されていない．すなわち，最初の二つの時間ダミーを落としていることになる．この変換により，時間効果はトレンドと直交し，時間効果の総和はゼロになる．この他にも，世代や年齢の区分けを 1 年刻みではなく，5 年刻みにする等の手法が考えられる．無論，この世代効果と年齢および時間効果を識別するためには，長い期間の調査が必要である．同一年齢で，異なる調査年，あるいは異なる生まれ年の観察値が多数存在しないと正確な計測は難しい[17]．

家計支出データにおける家計間の差異を説明する上で，世代効果，年齢効果，時間効果，および家族効果のどれが支配的であるかについては論争が存在する．Attanasio and Browning (1995) はイギリスの Family Ex-

17） コホート効果の識別に関しても膨大な量の研究がある．近年では，Heathcote, et al. (2005) および Hall, et al. (2007) がある．

図 **9. 17**　日本における消費の年齢効果

penditure Survey(FES)を用い，家計支出の年別コホート単位の支出平均値を様々な家族構成変数に回帰した残差が年齢に依存しないことを指摘し，時間効果とコホート効果，および家族効果を除去すれば，年齢効果は無視できると主張している．これは，消費支出と年齢の間に逆 U 字型の関係が生じるのは，家族効果を無視したことによる見せかけの相関であり，その形状を説明するための構造モデルの推定を試みる Gourinchas and Parker(2002)等の一連の分析は的外れのことをしていることを意味する．また，Attanasio, et al.(1999)は，アメリカの CEX を用い，やはり，家族効果を除去すると，消費支出に対する年齢効果はかなり低下することを指摘している．

Fernandez-Villaverde and Krueger(2007)は，Attanasio たちによる一連の研究を批判し，Deaton(1997)に即したコホート効果および時間効果の除去を行い，さらに年齢効果に関しては年齢ダミーではなく，セミパラメトリック推定を行うと，消費支出の山型の 50% は家族構成により説明可能であるが，残りの 50% は家族効果以外の説明が必要であるとしている．

図 9. 17 は，慶應義塾大学のパネルデータ(KHPS)の 2004 年から 2009 年までの有配偶家計のデータを用いて，年齢効果を抽出したものである．具体的には，26 歳から 64 歳までの家計支出データを用い，27 歳から 64 歳までの年齢ダミー，2005 年から 2009 年までの年ダミー，および，1950 年代，60 年代，70 年代，および 80 年代生まれのダミーに対数支出を回帰したときの，年齢ダミーの係数をプロットしたものである．点線は，さ

らに，(1) 家計構成人数ダミー，(2) 18 歳以下子供数ダミー，(3) 18 歳以下，就労していない子供の数ダミーに回帰したときの，年齢ダミーの係数を示している．点線と実線を比較すると，家族構成をコントロールすることにより，確かに消費の山型は弱くなり，消費はなだらかになるが，その減少幅は最大でも 30% に留まっており，家族構成以外の情報が山型の背後にあることを強く示唆している．

9.6 結語に代えて

動的計画法を数値的に，現実的なパラメターの下で解くことが可能になったことで，消費分析はオイラー方程式のみではなく，ライフサイクルにおける消費の挙動全体を分析対象にすることが可能となった．コンピューターの性能の向上およびプログラミング技術の進化により，動的計画法の状態変数に数種類の変数を許容することで，単純な予備的貯蓄モデルを大幅に拡大する試みがなされている．若年期における耐久消費財購入行動に注目した Fernandez-Villaverde and Krueger (2007)，所得・消費分散の乖離に関し，社会保障システムが果たす役割に関して分析した Storesletten, et al. (2004)，同じく，所得・消費分散間の乖離を Alvarez and Jermann (2000) に沿った動的契約モデルをカリブレートすることで，信用市場の内生的発展により説明を試みている Krueger and Perri (2006)，家計が借り入れと証券購入を同時に行うことを許容するモデルを用い，資産・ライフサイクルプロファイルの分析を行った Davis, et al. (2006)，子供と親との同居選択をモデルに組み込み，所得変動に対する保険としての同居の分析を行った Kaplan (2010) 等，注目すべき研究が次々と発表されている．特に，住宅購入決定をモデルに取り込み，住宅価格の(外生的)変動が住宅保有者と非保有者の消費や厚生に影響を与える効果を分析した Li and Yao (2007) の分析は，1980 年代に大きな不動産バブルを経験した日本家計にとっても重要な含意がある．住宅購入行動を動学モデルに組み込む試みは現在の最先端であり，今後急速に進展するものと思われる．

第10章　家計消費支出データの変動と計測誤差

10.1　導　　入

今日における，家計消費分析の代表的なミクロデータは，アメリカ合衆国のPSIDとCEXであるが，この二つのデータセットはアメリカ以外の研究者に対してもミクロデータが公開されており，また先行研究で実際に使用した元データおよび加工プログラムがネットで公開されるケースも多く，新たにこの分野に参入する研究者にとって，極めて便利なデータセットとなっている．また，アメリカ合衆国以外の多くの国でもミクロの家計消費データの蓄積は進んでおり，*Review of Economic Dynamics* の2010年に各国の所得・消費データの特徴をまとめた特集号が登場する等，ミクロの消費データへのアクセスとその加工にかかる手間は，10年前と比較し飛躍的に改善されている[1)]．

日本における代表的な家計消費データは総務省による『家計調査』と『全国消費実態調査』であり，どちらも比較的大きなサンプルサイズで長期的に行われており，Hayashi(1995)等，多くの研究者が使用してきた．しかしながら，両調査は政府統計であるためデータの申請時点で作成する統計表等を確定する必要があるなど，CEXやPSIDに比べて使い易いとは言えない[2)]．現在，日本の経済学者がよく使用する家計消費データは，1993年から始まった家計経済研究所による『消費生活に関するパネル調査』(JPSC)，および2004年より始まった慶應義塾大学によるパネル調査(KHPS)と大阪大学の『くらしの好みと満足度についてのアンケート』で

1)　ただし，PSIDは1997年より2年に1度の調査に変更され，支出等の質問も以前と変わってしまったことにより，前のデータとの接続が困難になっている．

2)　2009年に施行された新統計法により，ミクロデータの入手に関しては大きく改善されている．もっとも，『家計調査』と『全国消費実態調査』には学歴に関する情報がなく，消費や所得の分析において大きな障害となっている．

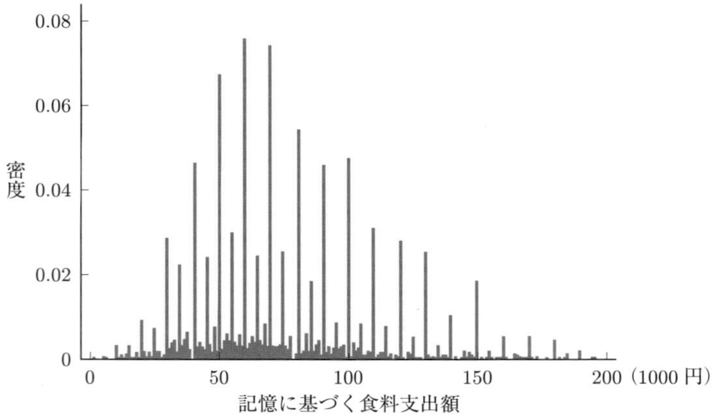

図 **10. 1**　食料支出額の分布

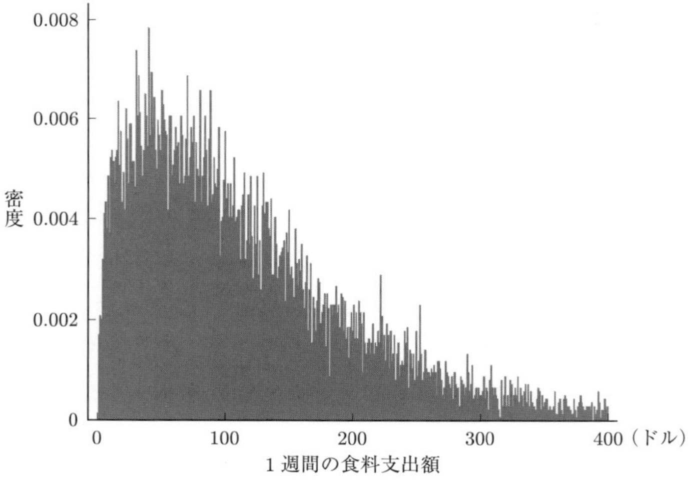

図 **10. 2**　Diary Data に基づいた 1 週間の食料支出　(CEX2005)

ある．また，これら以外にも，旧郵政研究所による『家計と貯蓄に関する調査』，日経デジタルメディア社による日経スキャンパネル，インテージ社による『全国消費世帯パネル調査』(SCI) 等が使われている．

家計消費データは，データの作成方法により大きく異なる挙動をみせる．消費データは，大きく分けて家計簿に基づくもの (Diary Data) と記憶に基づくもの (Recall Data) に大別される．また，近年はバーコードリーダーに基づくもの(Scanner Data)が使用されることもある．CEX は，家計を Diary と Recall の 2 種類に分け，前者は 2 週間家計簿をつけさせているのに対し，後者は四半期に 1 度，前期の支出額を思い出させて記入させている．家計簿に基づくデータの方が記憶に基づくものよりも高精度であるが，家計にとり調査に協力する負担が大きく，長期間にわたった家計簿データは稀であり，総務省『家計調査』の 6 か月間の家計簿データは例外的な長さとなっている．そのため，多くのパネルデータは Recall Data となっており，調査前月における支出額を思い出してもらう，あるいは特定の月や週を特定せず，「平均的」な支出額を回答してもらうことにより作成されている．

Recall データの問題点は，図 10.1 から明らかである．

図 10.1 は慶應義塾大学が作成している家計パネルデータ(KHPS)の 2009 年調査における食料支出額の分布である[3)]．この図では，5000 の倍数で小さな山が，10000 の倍数で大きな山(Heaping)が観察される．5 万 1000 円や 4 万 9000 円と答える家計は少なく，切りの良い数字で答えている家計が非常に多いのである．無論，この図が直ちに支出データのエラーを示しているとは限らないが，CEX による Diary Data における食料支出の分布を描いた図 10.2 には，そのような Heaping は生じておらず，図 10.1 に観察される山は，支出額を思い出させることによる誤差によるものと考えるのが自然である[4)]．

表 10.1 は，Diary Data である『全国消費実態調査』(NSFIE)と Recall Data である慶應パネル(KHPS)の各支出項目と勤労所得の統計量を比較したものである[5)]．交通費等の一部を除き，両調査の平均値と標準偏差はよく似た値となっている．このことから，Recall Data の計測誤差は大きな問題には一見見えないかもしれない．しかし，各支出項目の変化率の標準偏差は極めて大きく，勤労所得の標準偏差よりも遥かに大きくなっている．また，支出の自己相関係数はどれもほぼ $-1/2$ となっており，恒常所

3)　横軸の単位は 1000 円である．
4)　1 週間の食料支出を記録したものであり，単位はドルである．
5)　詳細は阿部・稲倉(2008)を参照せよ．

表 10.1　NSFIE と KHPS の比較

	NSFIE		KHPS		KHPS Difference ΔE		KHPS
変数	(1) Mean	(2) Std. Dev.	(3) Mean	(4) Std. Dev.	(5) Mean	(6) Std. Dev.	(7) $Corr(\Delta E, \Delta E(-1))$
食費(外食含む)	4.2293	0.3799	4.1385	0.4375	−0.0165	0.4415	−0.4897
外食	2.2215	0.9739	2.5258	0.6994	0.0632	0.6925	−0.4355
家賃・修繕*	1.7376	2.1418	3.6689	0.7992	−0.0402	0.5338	−0.5103
高熱水費	2.9220	0.3671	3.0981	0.4000	−0.0231	0.4229	−0.5135
家具・日用品	1.7866	0.8894	1.9373	0.7953	0.0094	0.9979	−0.5228
衣類	2.1443	1.0709	2.5092	0.7950	0.0406	0.8770	−0.4766
医療	1.8558	1.1278	2.2477	0.8728	0.0174	1.0784	−0.4791
交通	3.0467	1.0878	3.6203	1.1285	0.0485	0.8533	−0.4002
通信**	2.6690	0.6112	2.6118	0.6674	−0.0585	0.6372	−0.4395
教育	2.8836	0.6624	3.1866	0.8667	0.0218	0.8864	−0.4307
社会保障	3.4114	1.1654	3.4793	0.7974	0.0186	0.7892	−0.4851
総支出	5.6967	0.4470	5.6328	0.4362	0.0169	0.4221	−0.4999
労働所得***	8.5272	0.4786	8.4647	0.5159	0.0095	0.2517	−0.3637

注）NSFIE：『全国消費実態調査』，KHPS：慶應パネル．
NSFIE：2004 年調査・有配偶男性世帯主勤労家計，25 歳から 65 歳まで．
KHPS ：2004-07 年調査，有配偶，男性世帯主勤労家計，25 歳から 65 歳まで．
各項目で，上下 1% の家計は削除．全ての変数は 1000 円単位で，対数をとっている．
*：帰属家賃は含まない．
**：インターネット接続費を含む．
***：前年の世帯主による勤労所得．

得仮説が予測するゼロとは大きく異なる．記憶に基づく家計消費支出データのクロスセクション方向の分散は大きなものではないが，その変化率の分散は非常に大きくなっているのである．

家計消費データ，特にパネルデータに無視できないほどの計測誤差が含まれていることは，パネルデータを用いた初期の消費分析である Hall and Mishkin (1982) も指摘している．PSID を用いた Zeldes (1989b) は，食料支出変化率の標準偏差が 32% にのぼり，選好のシフトや家計の期待錯誤により説明するには大きすぎると述べている．ノルウェーの家計パネルデータを用いた Mork and Smith (1989) によると，消費変化率の分散は所得分散の 5 倍の水準にある．家計経済研究所による日本の家計データを用いた阿部・稲倉 (2007) も，同様に家計消費変化率の分散が所得よりも遥かに大きいことを報告している．このように所得よりも大きな消費変動は家計消費平滑化仮説に反するものであり，消費モデルの基本であるオイラー方程式を推定する上で大きな問題となりうる．家計消費データの計測誤差の程度，およびそれが推定に与える影響に関しては，いまだに決定的なものがない半面，地道な努力が行われている．本章は，ミクロの消費データを扱う際に生じる諸問題，具体的には計測誤差の程度とその影響，および消費データを作成する際の，集計期間の問題に関して議論する．

10.2　計測誤差とバイアス

消費支出データに含まれる計測誤差が，真の消費支出額と無相関である限り，消費支出を被説明変数として用いる場合は，回帰分析において深刻な問題は発生しない．しかしながら，多くのミクロデータを用いた分析では，計測誤差は真の値と負の相関を有することを指摘している．また，日本では，阿部・稲倉(2010)が，家計簿を頻繁につけている家計とそうでない家計では消費分散が異なり，前者では Heaping が少ないことを報告し，消費の構造モデルを用い，消費の計測誤差が真の値と負の相関が生じているという結果を得ている．

回帰分析において，説明変数に計測誤差がある場合，パラメターの推定量にバイアスが発生することはよく知られている．観察値と真の値の間の乖離(誤差)の平均がゼロで，かつ，他の真の値や他の説明変数と無相関である場合(Classical Error)，回帰係数には負のバイアスが発生するのみならず，計測誤差のない他の説明変数の係数に関してもバイアスが発生する可能性がある[6)]．一方，被説明変数に計測誤差がある場合，計測誤差が真の値と直交している限りは，深刻な問題は発生しない．下記のような，単純なモデルを考えてみる．

$$Y^* = \beta X + \varepsilon, \tag{10.1}$$

$$Y = Y^* + \omega. \tag{10.2}$$

我々が興味のある二つの変数，Y^* と X があり，(10.1)式のような関係があるとする．ここで，ε は X と直交する通常の誤差項であり，β が

6)　詳細は，労働データにおける計測誤差についてサーベイを行っている Bound, et al. (2001)を参照せよ．

興味のあるパラメターである．ここで，我々は真の値 Y^* の代わりに，ω の誤差の入った Y しか観察できないと仮定する．すると，Y を X に回帰して得られる推定量 $\widehat{\beta}$ は，

$$\widehat{\beta} = \beta + \left(X'X\right)^{-1} X' \left(\omega + \varepsilon\right). \tag{10.3}$$

仮定より，この期待値をとると，

$$E\left[\widehat{\beta}\right] = \beta + E\left[\left(X'X\right)^{-1} X' \left(\omega\right)\right]. \tag{10.4}$$

もしも ω と Y^* が無相関であれば，ω と X も無相関となり，上式右辺の第二項はゼロとなる．したがって，被説明変数に誤差が含まれていても，それが真の値と相関がない限り，残差の分散を高め，決定係数を低下させるだけであり，回帰分析で得られる推定量にはバイアスをもたらさないことがわかる．しかしながら，計測誤差が真の値と相関をもつときは，そして，その相関が誤差項 ε ではなく，説明変数との相関で作られているときには，回帰係数はバイアスをもつ．そして，計測誤差と真の値との相関が負(正)である場合は，回帰係数は下(上)方にバイアスをもつことになる．

計測誤差が真の値と直交するか否かを検証することは容易ではないが，家計支出に関しては多くの分析が行われている．Ahmed, et al.(2006)が，カナダにおいて，調査対象家計に対し，まず過去の支出額を思い出させ，その後，家計簿をつけさせ，両者の分布の比較をすることで計測誤差の比較を行っている．この場合，比較する支出期間が異なるという欠点があるが，家計固定効果をコントロールできるという利点がある．彼らは，Recall Data に無視できない計測誤差があり，真の値と負の相関をもつことを報告している．Gibson(2002)はインドネシアで家計調査を行い，サンプルを Recall と Diary の 2 種類に分け，両者の分布比較を行い，同様に，計測誤差と真の消費支出の間に負の相関があることを指摘している．CEX の Diary サンプルと Recall サンプルを比較した Battistin(2002)は，同じく計測誤差と真の値の間に負の相関があるとし，さらに，負の計測誤差が生じる理由として，家計が実際の値ではなく，通時的な平均値を答える(Averaging)を独自に行うため，平均回帰(Mean Reversion)が発生し，そ

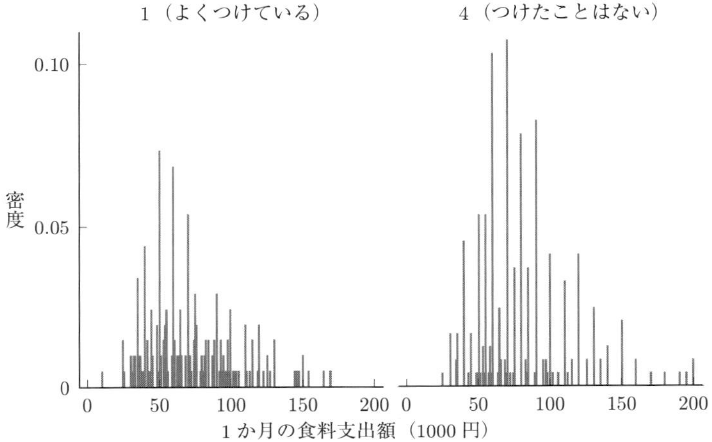

図 10.3　家計簿作成頻度と食料支出データの分布

れが負の相関を作り出している可能性を指摘している．

10.3　日本家計の家計簿記入と計測誤差

アメリカ合衆国やイギリス，カナダにおける Diary Data の調査期間は短く，2 週間程度である．一方，日本では，『家計調査』が 6 か月，『全国消費実態調査』が 3 か月と，他国に比べて長い．これは，日本家計にとり，家計簿をつけるという作業が他国に比べてそれほど大きな負担になっていないことを示唆している．慶應パネルデータ (KHPS) は 2009 年調査において，家計の家計簿作成の頻度に関して質問しており，全体の 23% が「よくつけている」，29% が「めったにつけない」と答えている．

図 10.3 は，家計簿を「よくつけている」，および「つけたことはない」家計における食料支出の分布を描いたものである．よくつけている家計では Heaping は観察されるものの，その度合いは家計簿をつけたことがない家計より小さい．ところが，変動係数を比較すると，家計簿を頻繁につけている家計は 0.47 であるのに対し，つけたことがない家計の値は 0.39 と，家計簿をつけていない家計の方が小さくなってしまう．一方，支出変化率の分散およびその自己共分散を計算すると，家計簿を頻繁につけて

いる家計の支出変化率の分散はつけたことがない家計よりも小さく，自己共分散も小さくなっている．家計簿をつけている家計の方が，通時的な支出変化は小さく，平滑化されているのである．これは，クロスセクション方向での支出分散は，計測誤差の指標としては不適切であることを示唆する．阿部・稲倉(2010)は，家計簿を頻繁につけている家計の消費データを基準とし，家計簿を頻繁につけていない家計の消費データに含まれる計測誤差を，支出と所得の関係を用いて計測している．

食料支出 F^* と家計所得 y の間に，

$$F^* = \alpha + \beta y + \varepsilon, \tag{10.5}$$

の関係があると仮定しよう．ただし，α と β はパラメターであり，ε は通常の仮定を満たす誤差項である．ところが，実際には，計測誤差 ω を含む支出データ，

$$F = F^* + \omega, \tag{10.6}$$

のデータしか得られないとする．F を y に回帰すると，

$$\widehat{\beta} = \beta + \frac{Cov\,(y, \omega)}{Var\,(y)}, \tag{10.7}$$

を得る．もしも，

$$Cov\,(F^*, \omega) = x, \tag{10.8}$$

であるなら，

$$\beta Cov\,(y, \omega) + Cov\,(\varepsilon, \omega) = x. \tag{10.9}$$

ここで $Cov\,(\varepsilon, \omega) = 0$ と仮定すると，

$$Cov\,(y, \omega) = \frac{x}{\beta}, \tag{10.10}$$

を得る．家計簿を頻繁につけている家計のデータを用いて推定した $\widehat{\beta}$ が真の値に等しいと仮定すれば，家計簿をつけていないサンプルを用いた推定量から，計測誤差と真の値の間の共分散 $Cov\,(F^*, \omega)$ を計測可能である．阿部・稲倉(2010)は，計測誤差と基準支出データの間に負の有意な相関があり，消費を所得に回帰する場合，消費の計測誤差は25% 程度の下方バイアスを作り出しているという結果を報告している．

Ahmed, et al.(2006)や Battistin(2002)等の研究により，記憶に基づく

消費データには無視できない計測誤差が含まれており，しかも，それは真の値と負の相関をもつ，ということはほぼ確実であると思われる．しかしながら，より正確な家計簿に基づくデータを長期にわたり作成するのは非現実的である．近年，Browning and Crossley(2009)は，計測誤差が含まれていることを覚悟の上で，2 種類の消費データを記憶に基づき質問し，両者の共分散を用いることを提唱している．二つの消費尺度に含まれる計測誤差が直交している限り，両者の共分散により真の消費情報が可能になるのである．消費データに関して，異なる質問を行うことには多くの追加費用がかからないため，今後，新たに消費のサーベイデータを作成する際，彼らの提案が採用されていけば，消費に関する計測誤差は大きな問題とはならない可能性がある．しかし，今のところは，記憶に基づくミクロの消費データには，深刻な誤差が含まれている可能性があり，分析の際には操作変数を用いるか，計測誤差に対してロバストな推定手法を開発する必要がある．もっとも，前者に関しては，操作変数が満たすべき多くの条件を満たす変数を見出すのは容易ではなく，後者に関しては，計測誤差の発生メカニズムに関して強い仮定を設ける必要がある．

10.4　Needs-Scan/Panel を用いた家計消費データ集計期間の重要性の検証[7)]

10.4.1　導　入

計測誤差の他に，Hall and Mishkin(1982)等の多くの研究が指摘する家計消費データの変動要因として，一時的消費支出がある．「一時的消費支出」とは，通常の恒常所得・ライフサイクルモデルが想定していない支出行動であり，特売時の買いだめ，海外旅行等の分割不可能な大きな支出，選好ショック，クリスマスやサンクスギビング等の季節性変動等により生じるものである．本節では，特に買いだめ等による消費と支出のタイミングのずれについて考察する．

7)　本節は阿部・稲倉(2007)を改訂したものである．

カップめんやインスタントコーヒー等，長期間保存可能な商品に関しては，多くの家計が特売時に買いだめを行うことが知られている[8)]．消費データが1週間や1か月間の家計簿に基づいており，かつその調査期間内に特売が発生した場合，非常に多くのカップめんの購入歴が記録されることになる．一方，特売がなされない場合，カップめんの購入歴はほとんど記録されない．この場合，カップめんの購入は消費モデルというよりも，在庫モデルに基づく投資行動により描写することが適切となるだろう．一般に，家計消費支出は車やタンス等の耐久消費財と非耐久消費財，半耐久財，およびサービスに分けられるが，『全国消費実態調査』ではカップめんやカレールー，干しシイタケや砂糖は非耐久消費財に区分されている．実際には，砂糖には賞味期限がなく長期保存可能であり，カップめんも数か月の保存が可能である．このような商品の購入に際しては，支出と消費のタイミングが一致しないと考えるのが自然である．

消費と支出のタイミングが一致しない場合，消費データの集計期間は消費平滑化やランダムウォーク性を考える上で極めて重要となる．非常に極端な例として，1時間単位の消費決定を考えてみよう．すると，たとえ魚やパンのような保存性の低いものであっても，消費の平滑化は観察されないであろう．また，魚を毎日購入するとも限らないので，かなり頻繁に魚を消費する家計でない限り，1週間単位のデータであっても魚の消費は平滑化されていない可能性が高い．しかし，今年の魚消費と去年の魚消費を比較すると，魚への支出は平滑化されているかもしれない．どの程度の期間で消費平滑化が行われているかは，実証的に検証すべき課題である．次項では日次の消費支出データを用い，消費平滑化とデータ集計期間について考察する．

10.4.2 デ ー タ

用いるデータは，日本経済新聞社が提供するNeeds-Scan/Panelである．これは神奈川と東京の2地域，3000世帯を対象とし，特定のスーパー

8) カップめんの特売時の売り上げに関しては，Abe and Tonogi(2010)がNikkei POSデータに基づいた事例を報告している．

表 10.2　Needs-Scan/Panel の基本属性

	平均値	標準偏差	最小値	最大値	サンプル数
申込者の性別(1：女性，0：男性)	0.996	0.060	0	1	9.294
夫* の有無(1：いる，0：いない)	0.960	0.195	0	1	9.294
同居している人数(本人も含める)	3.675	1.091	1	8	9.294
過去 1 年間の税込年収 (同居している家族全体)	881.172	426.192	200	2000	9.292
夫の年齢	48.021	10.449	21	99	8.961
夫の最終学歴					
中学卒	0.049	0.215	0	1	8.927
高校卒	0.376	0.484	0	1	8.927
短大卒	0.032	0.176	0	1	8.927
大学・大学院卒	0.543	0.498	0	1	8.927
夫の就業状況(1：無職，0：それ以外)	0.059	0.235	0	1	8.923
妻の年齢	45.657	10.276	20	100	9.254
妻の最終学歴					
中学卒	0.045	0.207	0	1	9.252
高校卒	0.537	0.499	0	1	9.252
短大卒	0.261	0.439	0	1	9.252
大学・大学院卒	0.158	0.364	0	1	9.252
妻の就業状況(1：無職，0：それ以外)	0.569	0.495	0	1	9.247

注 1) * 夫がいない場合でも，「中心的な存在の男性(20 歳以上)」がいれば 1 とカウントする．
　2) 1998 年から 2001 年の間に 1 回以上更新を行った世帯すべてをプール．

マーケットでの家計の購入歴を日次で記録したものであり，1998 年 1 月 1 日から 2001 年 12 月 31 日までの 4 年間のデータが利用可能である．記録されている商品は Japanese Article Number(JAN)コードのついているものに限定されており，魚や野菜等の生鮮食料品は含まれていない[9]．このデータは JAN コード別，家計別，日別の購入額・購入量が含まれており，総観察数は 700 万弱に及ぶ大規模なものである．

Needs-Scan/Panel は，家計の購入歴に加え，毎年，家計構成や年収等に関する家計属性のデータを収集している．表 10.2 はサンプル家計の基本属性を示したものである．サンプルのほとんどは有配偶者であり，男性も女性も高学歴な家計が多い．また，有業率も高く，94% の男性が仕事

9) JAN コードは，国際的な商品共通コードであり，商品ごとに固有の 13 桁あるいは 8 桁の数値がふられている．詳細は流通システム開発センターの Web を参照せよ(http://www.dsri.jp/index.htm)．

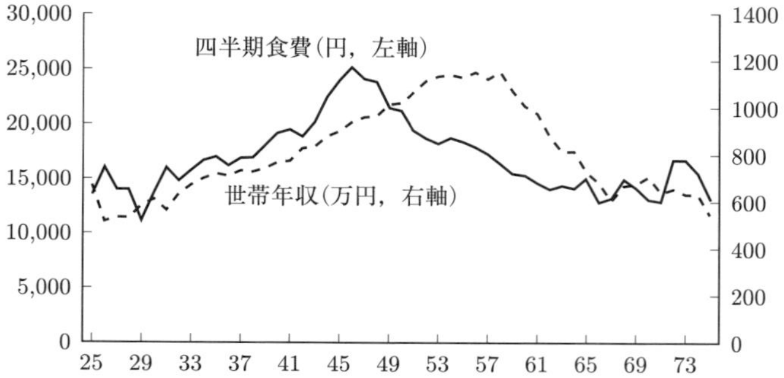

図 **10. 4**　Needs-Scan/Panel：家計年齢・平均プロファイル

をしている．年齢のばらつきは大きく，男性，女性共に 20 歳から 100 歳弱までの広い世代が対象となっている．税込家計年収は 880 万円と，平均年齢が 48 歳の家計としては高いが，これは高学歴であることを反映しているものと思われる．図 10. 4 は 1 年単位で集計した家計食料支出および家計年収の年齢・平均プロファイルである．年収プロファイルのピークは 50 代前半であり，通常の年収・年齢プロファイルと大きな差はない．食費のプロファイルのピークは 40 代半ばであり，年収のピークよりも前にあることは，家計経済研究所のデータを用いた阿部・稲倉(2007)の結果と同様である．Needs-Scan/Panel には生鮮食料品や食料支出以外の消費項目が含まれていないため，このプロファイルの形状をもって消費全体の傾向を論じることには慎重にならねばならないが，消費支出が Hump-Shape であることは，日本以外の家計データを用いた Gourinchas and Parker(2002)や Attanasio, et al.(1999)等の先行研究の結果とも整合的である．

10. 4. 3　家計の来店頻度

本データでは，記録されている消費支出は特定の小売店における購入歴のみであり，他の小売店で購入した場合はデータに表れないことに注意する必要がある．そこで，本セクションでは，家計の当該小売店にとっての忠実度(Loyal Customer)度合いを示す指標として，1 年間に家計が当該小売店で買い物をした頻度を用いる．

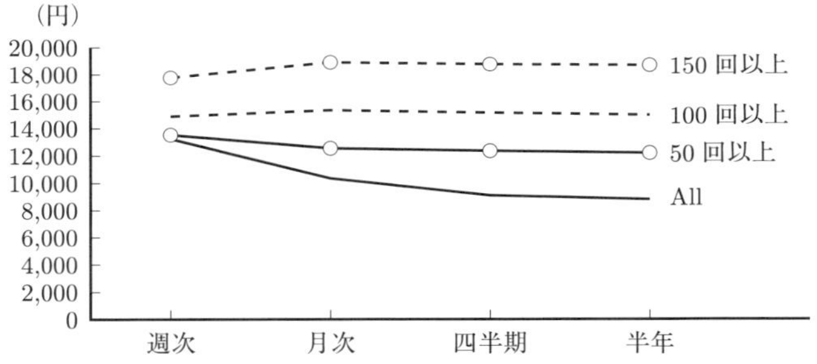

図 10.5　来店頻度・集計期間別食料消費支出(月次値に変換)

図 10.5 は来店頻度別の，週次，月次，四半期，半年の食料支出額を示したものである．ただし，それぞれの集計期間を定数倍(例えば，半年であれば 1/6 倍)することで，月次データと比較可能に単位を揃えてある．明らかなように，来店頻度を全く考慮しないと，集計期間を長くするほど食料支出は減少してしまう．これは，滅多に当該小売店で購入しない家計を含めてしまうことによる効果であり，消費支出の変化を分析するためには，そのような家計はサンプルから除外することが望ましい．図 10.5 から，年間来店頻度が 100 回以上の家計であれば，週次と半年データがほぼ整合的となっていることがわかる．

表 10.3 は，売上に占める割合が上位 1% を占める 20 カテゴリーに関して，商品を耐久性のあるものとないものに分け，来店頻度別・集計期間別の対数家計食料支出の分散を示したものである[10)]．なお，季節性の影響を除去するため，対数家計支出を週次ダミーおよび月次ダミー等に回帰した後の残差を用いている．この表から，来店頻度が多いほど，また集計期間を長くとるほど分散は小さくなっていることがわかる．また，耐久度の低い財の分散は，耐久度の高い財よりも週次データと月次の一部を除き小さくなっており，消費の平滑化は耐久度の低い財の方が強いことを窺う

10)　このうち，Perishable(腐敗しやすい)としたのは，賞味期限がほぼ 10 日以内である以下の 13 商品である．Perishable：豆腐・豆腐製品，納豆，漬物，チルド半製品，生めん・ゆでめん，ハム・ベーコン，ソーセージ，畜肉製品，ヨーグルト，牛乳，食パン，菓子パン・蒸しパン，和菓子．
また，賞味期限が 10 日以上，数か月，数年以上に及ぶ以下の 7 商品を Not-Perishable とした．Not-Perishable：清涼飲料，即席カップめん，チョコレート，スナック菓子，せんべい，冷凍総菜，レギュラーアイス．

表 10.3　耐久度別・来店頻度別消費支出分散

集計期間	来店頻度	Total		Perishable		Not-Perishable	
		N	Variance	N	Variance	N	Variance
週次	All	334544	0.904	319863	0.844**	223254	0.731
	>50	266225	0.861	257654	0.816**	182620	0.733
	>100	162567	0.780	159334	0.757**	116887	0.731
	>150	71275	0.628	70509	0.642	56017	0.728**
月次	All	104038	1.221	101959	1.200**	88756	1.137
	>50	70084	0.722	69812	0.762	64000	1.036**
	>100	39576	0.506	39551	0.536	37297	0.970**
	>150	16790	0.360	16786	0.391	16239	0.868**
四半期	All	37791	1.424	37456	1.451	35369	1.458
	>50	23674	0.591	23664	0.631	23231	1.097**
	>100	13277	0.411	13277	0.422	13134	0.964**
	>150	5616	0.300	5616	0.313	5581	0.801**
半年	All	19572	1.466	19488	1.524	18891	1.601*
	>50	11929	0.538	11928	0.568	11859	1.037**
	>100	6666	0.369	6666	0.374	6643	0.895**
	>150	2814	0.266	2814	0.274	2808	0.723**

注 1) データ：Needs-Scan/Panel. 期間：1998 年 1 月 1 日から 2001 年 12 月 31 日.
2) 総食料品支出は上位 1% シェアの商品カテゴリーの家計ごとの集計量をもとに計算.
3) アミの部分は，Perishable と Not-Perishable 間で分散が大きい方を示す.
**, * はそれぞれ 1%，5% の有意水準でアミ側の分散が大きいことを示す.

ことができる.

10.4.4　家計食料消費支出の平滑化とランダムウォーク性の検証

表 10.4 は対数家計食料支出の変化率および自己相関係数をまとめたものである．週次や月次の集計期間では，来店頻度にかかわらず自己相関係数は高く，−0.5 に近い，すなわち *i.i.d.* に近い挙動を示している．牛乳やヨーグルトなど，長期にわたる保存が不可能な商品に関しても傾向は同様である．家計経済研究所のパネルデータを用いた阿部・稲倉(2007)でも消費支出変化率の自己相関係数は −0.5 に近い値となっており，消費支出はランダムウォークからはほど遠い挙動を示している．一方，集計期間を四半期や半年まで拡大すると，消費変化率の分散，自己相関係数共に低下し，特に，年間来店頻度が 150 を超える家計では，変化率の分散が 0.1 未

満となり，消費支出は極めてスムーズになる．また，長期保存可能な財に関しては，データ集計期間を四半期や半年にしても，-0.35 から -0.4 の間にあり，ランダムウォークよりも $i.i.d.$ に近い．一方，牛乳等の財に関しては，自己相関係数は -0.2 程度であり，ランダムウォークにより近いものとなっている．表 10.4 から，月次や週次のパネルデータが示す消費変化率の不安定性は，データ集計期間が短すぎるためである可能性が高いことがわかる．

表 10.4 では，変化率を計算する際に，直前の期からの変化を用いている．例えば，5 月の消費支出変化率は，4 月からの 1 か月分の変化率である．しかしながら，通常のパネルデータの変化率は前年同期比で与えられることが多い．消費支出に含まれる計測誤差，あるいは一時的要素を ω_t，恒常ショックを ε_t とする．1 年前が現在から s 期前だと仮定した場合，消費支出変化率の分散とその自己相関は下記で与えられる．

$$Var\,(\Delta C_{t-s}) = 2Var\,(\omega) + sVar\,(\varepsilon)\,, \tag{10.11}$$

$$Corr\,(\Delta C_t, \Delta C_{t-s}) = \frac{-Var\,(\varepsilon)}{2Var\,(\omega)+sVar\,(\varepsilon)}. \tag{10.12}$$

したがって，遡る期間が長くなればなるほど，すなわち s が長くなればなるほど，消費変化率の分散は上昇し，自己相関係数の絶対値は低下する．

月次データの年間変化率を計算する場合，(10.11)式および(10.12)式に $s=12$ を代入すればよい．s の値と，対応する期間での消費変化率の分散および自己相関係数がわかれば，そこから $Var\,(\omega)$ と $Var\,(\varepsilon)$ の値を計算することが可能である．

表 10.5 は全食料支出に関して，直近との階差および 1 年前との階差を用いた場合の対数食料消費支出変化率の分散および自己相関係数を示している[11)]．消費変化率の分散は直近よりも 1 年前との階差の方が大きく，自己相関係数は逆に全同期比のほうが小さくなっている．これらは，いずれも(10.11)式および(10.12)式と整合的である．また，通常のパネル

11)　表 10.4 よりもサンプルサイズが大きいのは，上位 1% のシェア，20 カテゴリーに限定していないためである．

表 10.4 耐久度別・購入頻度別消費支出変化率分散・自己

集計期間	来店頻度	Total			Perishable		
		N	$Var(\Delta Et)$	$Corr(\Delta Et, \Delta Et\text{-}1)$	N	$Var(\Delta Et)$	$Corr(\Delta Et, \Delta Et\text{-}1)$
週次	>0	206580	0.905	−0.508	188557	0.91	−0.509
	>50	196421	0.894	−0.508	180359	0.902	−0.510
	>100	140970	0.826	−0.507	132334	0.847	−0.509
	>150	66995	0.657	−0.503	64642	0.705	−0.505
月次	>0	84570	0.527	−0.462	81437	0.552	−0.456
	>50	64168	0.361	−0.447	63438	0.409	−0.444
	>100	36765	0.235	−0.435	36687	0.279	−0.442
	>150	15693	0.156	−0.403	15679	0.191	−0.410
四半期	>0	28290	0.431	−0.378	27725	0.457	−0.379
	>50	18430	0.196	−0.304	18413	0.229	−0.311
	>100	10512	0.129	−0.292	10510	0.144	−0.276
	>150	4502	0.095	−0.268	4502	0.11	−0.260
半年	>0	10723	0.368	−0.226	10635	0.407	−0.253
	>50	6785	0.166	−0.191	6784	0.19	−0.253
	>100	3906	0.103	−0.206	3906	0.117	−0.211
	>150	1664	0.072	−0.197	1664	0.086	−0.167

データである月次消費支出の1年前との階差に関しては，自己相関係数の絶対値が -0.3 よりも大きく，ランダムウォークからは程遠い挙動を示している．

表 10.6 は，表 10.5 で示された消費変化率の分散および自己相関係数を基に，(10.11)式および(10.12)式を用いて，消費データに含まれる恒常ショック $Var(\varepsilon)$，および一時ショック $Var(\omega)$，を推定したものである．なお，直近との階差を用いた週次データでは，自己相関係数の絶対値が -0.5 より大きくなっているため，恒常ショックを推定できていない．まず，直近との階差情報を用いた結果を見ると，一時ショックの大きさはデータ集計期間の減少関数となっている．これは，集計することにより一時ショックが消滅する自明な効果による．一方，恒常ショックは逆にデータ集計期間の増加関数となっているが，これも，例えば真のプロセスが月次のランダムウォークであると仮定すれば，四半期や半年に集計することにより，変化率分散が上昇するのは自然なことである．恒常ショックと一

相関係数

Not-Perishable		
N	$Var(\Delta Et)$	$Corr(\Delta Et, \Delta Et\text{-}1)$
81425	0.986**	−0.506
78690	0.983**	−0.506
60893	0.966**	−0.504
35429	0.908**	−0.501
60689	0.786**	−0.473
50858	0.722**	−0.472
31388	0.617**	−0.457
14358	0.505**	−0.438
24499	0.647**	−0.415
17474	0.480**	−0.397
10156	0.389**	−0.393
4425	0.297**	−0.386
10031	0.553**	−0.334
6667	0.362**	−0.317
3854	0.293**	−0.347
1652	0.192**	−0.359

注 1）データ：Needs-Scan/Panel．期間：1998 年 1 月 1 日から 2001 年 12 月 31 日．各データ集計期間に関し 3 期間のラグをとることが可能なサンプルに限定．
2）総食料品支出は上位 1% シェアの商品カテゴリーの家計ごとの集計量をもとに計算．
3）アミの部分は，Perishable と Not-Perishable 間で分散が大きい方を示す．**, *はそれぞれ 1%，5% の有意水準でアミ側の分散が大きいことを示す．

時ショックの大きさの比は最後の 2 列に示されている．この値が大きいほど，消費データの変動要因は恒常的なものであることになる．この値が 1 を超えるのは四半期よりも長期の集計期間をとった場合のみであり，半年データでは消費支出はほとんど，恒常的要因により動かされている．

前年同期比情報を用いて計算した一時ショックおよび恒常ショックの大きさは直近情報を用いた場合と大きくは変わらないが，相対的には一時ショックの大きさが大きく推定されている．直近の推定量を用いて，年間変化率の自己相関係数を計算した 5 列と実際の年間変化率を示した 6 列を比較すると，明らかに 6 列の方が絶対値が大きく，年度変化率はより *i.i.d.* に近い挙動を示している．両者がほぼ一致するのは半年という長期のデータ集計期間を用いた場合のみである．これは，(10. 11)式および(10. 12)式が週次や月次では成立していない，すなわち，消費のランダムウォークを考える場合の集計期間が週次や月次では短すぎ，年間での変化率と非整合になっていることを示している．

表 **10.5** 直近および前年同期比の比較

集計期間	1 年間の来店頻度	直近との階差			1 年前との階差		
		N	$Var(\Delta\mathrm{Et})$	$Corr$ (ΔEt, ΔEt−1)	N	$Var(\Delta\mathrm{Et})$	$Corr$ (ΔEt, ΔEt−s)
週次	All	231263	0.9227	−0.5155	110571	0.9372	−0.4585
	>50	217986	0.9086	−0.5161	98755	0.9080	−0.4590
	>100	151418	0.8054	−0.5154	66925	0.8077	−0.4524
	>150	69066	0.5870	−0.5129	29885	0.6117	−0.4501
月次	All	88163	0.4894	−0.4677	41502	0.6674	−0.3922
	>50	64662	0.3034	−0.4539	29310	0.4392	−0.3754
	>100	36808	0.1928	−0.4404	17294	0.3065	−0.3465
	>150	15697	0.1299	−0.4203	7268	0.2278	−0.3244
四半期	All	28780	0.3946	−0.3776	15780	0.5576	−0.2764
	>50	18437	0.1653	−0.2913	10080	0.2796	−0.2433
	>100	10515	0.1043	−0.2769	5885	0.1926	−0.2035
	>150	4503	0.0753	−0.2609	2464	0.1480	−0.1860
半年	All	10777	0.3319	−0.2132	8212	0.4357	−0.1395
	>50	6786	0.1452	−0.1950	5148	0.2012	−0.1607
	>100	3906	0.0850	−0.1880	2993	0.1285	−0.1130
	>150	1664	0.0561	−0.1713	1255	0.0910	−0.0744

注 1) データ：Needs-Scan/Panel. 期間：1998 年 1 月 1 日から 2001 年 12 月 31 日.
2) ここでの食料総額は上位 1% シェアの商品カテゴリーに限らない.

10.5 ホームスキャンデータの有用性

前節で用いた家計消費データは，特定の店舗での購入行動に関する情報に基づいていた．これは，当該店舗における支出はほぼ正確に捕捉可能である一方，その店舗以外で買い物をする場合，その情報が欠落してしまうという欠点があった．その点を解決するデータとして，各家計にバーコードリーダーを設置し，日々の買い物を記録させる，ホームスキャン(Homescan)と呼ばれる家計消費データが存在する．ホームスキャンデータは AC Nielsen や Taylor Nelson Sofres(TNS)等のマーケティング会社により欧米諸国はもちろん，中国，韓国，インド等でも作成されており，日本ではインテージ社や東急エージェンシー社，ビデオリサーチ社が作成している．家計簿ベースの CEX や『家計調査』がケチャップやチョコ

表 10.6 一次ショックと恒常ショックの推定量

集計期間	1年間の来店頻度	$Var(\omega)$ 直近との階差	$Var(\omega)$ 前年同期との階差	$Var(\varepsilon)$ 直近との階差	$Var(\varepsilon)$ 前年同期との階差	$Corr(\Delta\mathrm{Et}, \Delta\mathrm{Et\text{-}s})$ 直近の $Var(\omega)$, $Var(\varepsilon)$ を用いて予測	$Corr(\Delta\mathrm{Et}, \Delta\mathrm{Et\text{-}s})$ 前年同期との階差	$Var(\varepsilon)/Var(\omega)$ 直近との階差	$Var(\varepsilon)/Var(\omega)$ 前年同期との階差
		(1)	(2)	(3)	(4)	(5)	(6)	(3)/(1)	(4)/(2)
週次	All	0.4641	0.4297	NA	0.0015	NA	−0.4585	NA	0.0035
	>50	0.4570	0.4168	NA	0.0014	NA	−0.4590	NA	0.0034
	>100	0.4029	0.3654	NA	0.0015	NA	−0.4524	NA	0.0040
	>150	0.2902	0.2753	NA	0.0012	NA	−0.4501	NA	0.0043
月次	All	0.2281	0.2618	0.0308	0.0120	−0.2763	−0.3922	0.1349	0.0458
	>50	0.1366	0.1649	0.0278	0.0091	−0.2251	−0.3754	0.2036	0.0553
	>100	0.0832	0.1062	0.0238	0.0078	−0.1842	−0.3465	0.2857	0.0738
	>150	0.0524	0.0739	0.0223	0.0067	−0.1409	−0.3244	0.4248	0.0902
四半期	All	0.1481	0.1541	0.0976	0.0623	−0.2157	−0.2764	0.6589	0.4045
	>50	0.0478	0.0680	0.0693	0.0359	−0.1283	−0.2433	1.4483	0.5275
	>100	0.0288	0.0392	0.0468	0.0286	−0.1176	−0.2035	1.6258	0.7285
	>150	0.0196	0.0275	0.0363	0.0232	−0.1065	−0.1860	1.8476	0.8441
半年	All	0.0704	0.0608	0.1903	0.1571	−0.1351	−0.1395	2.7015	2.5842
	>50	0.0282	0.0323	0.0883	0.0683	−0.1210	−0.1607	3.1335	2.1114
	>100	0.0163	0.0145	0.0523	0.0497	−0.1186	−0.1130	3.2165	3.4248
	>150	0.0102	0.0068	0.0359	0.0387	−0.1102	−0.0744	3.5371	5.7204

注）集計期間別に，週次，月次，四半期，半年ダミーで回帰した residual を使用．
週次：$s=52$, 月次：$s=12$, 四半期：$s=4$, 半年：$s=2$,
(5)：本文の(10.11)および(10.12)式より −(1 列)/(2×(1 列)+s×(3 列)) として計算．
(6)：表 10.5 より再掲．ただし，−(2 列)/(2×(2 列)+s×(4 列)) と一致する．

レートのような商品カテゴリー単位の支出を記録しているのに対し，マーケティング会社のデータは，いつ，どこで，どのような家計が A 社の X タイプのケチャップをいくらで購入したかが記録されており，非常に大規模なデータとなっている．このようなデータは，従来は，マーケットシェアの捕捉や特定ブランドの需要関数の推定等，マーケティングサイエンスの分野で主に活用されてきた[12)]．

Diary Data や Recall Data と比較したとき，ホームスキャンデータは，(1) 個別商品単位の，購入数量，購入価格，購入店舗，購入日のデータが利用可能であること，(2) 同一家計を長期にわたり追跡していること，という二点の大きな特徴を有している．(1)は，元来は特定商品の需要予測等を行うためのものであるが，この情報により，Aguiar and Hurst (2007)

12) マーケティングサイエンスの分野におけるスキャナーデータの活用例に関しては，阿部・近藤(2005)が参考になる．

のような家計間の価格指数の差異の分析や Erdem, et al.(2003)および Hendel and Nevo(2006)のような，家計内在庫モデルの分析が可能となる．(2)の同一家計の調査継続期間はホームスキャンデータにより異なるが，日本のインテージ社による『全国消費世帯パネル調査』の場合は最大10年間となっている．日次という高頻度の10年にわたるパネルデータにより，PSID等の，1年に1度の支出データでは不可能な分析，例えば家計間季節性パターンの異質性や集計期間を変化させた場合の消費データの時系列的特徴の変化等が可能となる．ホームスキャンデータを用いた家計消費行動の分析は近年開始されたばかりであるが，その情報量の多さと Aguiar and Hurst(2007)や Griffith, et al.(2009)等，主要雑誌に掲載される論文が増えてきたこともあり，近年特に増加する傾向にある．

多くの情報を有するホームスキャンデータではあるが，家計消費データとみなした場合，危惧すべき点も存在する．TNSによるイギリスのホームスキャンを除き，前節の Needs-Scan/Panel と同様に，生鮮食料品等，バーコードのついていない商品の購入記録は原則として存在しておらず，外食や耐久消費財の情報もない[13)]．そのため，支出データとして扱う場合，PSIDよりもさらに狭いカテゴリーのデータとなっているという欠点がある．また，家庭内部でのスキャニング作業の際，一部の支出が脱落する可能性も否定できない．

Leicester and Oldfield(2009)は，イギリスのホームスキャンデータと家計簿ベースの支出データであるFESの比較を行い，ホームスキャンによる支出額はFESに比べ20%から25%低い水準となっているが，支出・年齢プロファイルの形状はほぼ同一であることを報告している．したがって，レベル調整を行う必要はあるものの，ホームスキャンによる支出データと年齢等の他の変数との相関構造に関しては信頼できることを示唆している．阿部・新関(2010)はインテージ社によるホームスキャンデータと総務省の『家計調査』のミクロデータを用い，詳細な商品カテゴリー・世帯年齢・就業状況別の両データの比較を行った．その結果，日本のホーム

13) 日本のインテージ社によるホームスキャンでは，米とコーヒー豆に関してはバーコードがなくとも記録対象になっている．

スキャンも Leicester and Oldfield(2009) と同様に，Diary Data と比較して 30% 程度低い水準になっているものの，年齢プロファイル等は Diary Data とよく似ているという結果を得ている．ホームスキャンデータを使用する際には，カテゴリーに偏りがあることと，全体的に下方にバイアスがあることを念頭に置く必要があるのである．

10.5.1　ホームスキャンデータにおける消費変動

インテージ社によるホームスキャンデータ，SCI は，全国の有配偶家計を対象にしたものであり，調査対象家計は各時点で 1 万 2000 にのぼる．同一家計を長期間追跡調査していることから，様々な集計期間で消費支出の分析が可能となっている．2004 年 1 月 1 日から 2006 年 12 月 31 日までの 3 年間の SCI データを用い，Scan/Panel と同様に，家計消費支出変化率の分散および自己相関係数を様々なデータ集計期間別に整理したものが表 10.7 である[14]．表 10.1 で示されていた KHPS の食料支出変化率の標準偏差は 0.4415 であり，その分散は 0.19 であった．また，表 10.3 の来店頻度 150 以上家計における月次食料支出変化率の分散は 0.156 である．表 10.7 によると，月次データの変化率分散は，前期からの場合は 0.166，前年同期比の場合は 0.176 と，KHPS や Scan/Panel とほぼ同じ大きさとなっている．自己相関係数も，三つの表でほぼ整合的な結果となっている．一方，集計期間を半年にした場合，その分散は極めて小さくなり，前期比で 0.036，前年同期比で 0.046 と，月次データの 1/4 以下にまで低下する．1 年間の場合は 0.029，自己相関係数も −0.04 程度と，ほぼランダムウォークといってよい水準にまで低下している．集計期間を長くすることによる分散の低下は Scan/Panel を用いた表 10.3 よりも遥かに急であり，Scan/Panel のデータにはいまだ，調査対象外店舗による購入の変動が含まれていることを示唆している．一方，年次データにおける消費変化率の分散が極めて小さく，自己相関係数が，統計的に有意ではあるものの，極めて小さな値となっていることは，強力な消費平滑化

14)　支出額の対数をとり，期間ダミーに回帰した後の残差を用いている．* は 1% で有意であることを意味する．詳細は阿部・新関(2010)を参照せよ．

表 10.7 SCI における Temporal Aggregation と自己相関構造

	前期からの変化率		前年同期からの変化率	
	支出変化率分散	自己相関係数	支出変化率分散	自己相関係数
月次	0.166	−0.5117*	0.176	−0.4053*
四半期	0.055	−0.4328*	0.070	−0.2963*
半年	0.036	−0.3529*	0.046	−0.2005*
年	0.029	−0.0395*	0.029	−0.0395*

注）3 年間継続して観察値がある家計に限定し推定した.

が行われていることを意味する．年間消費支出変化率の分散は，表 10.3 から計算できる年間労働所得変化率の分散 0.063 よりも遥かに小さく，標準的な恒常所得・ライフサイクル仮説を支持する結果となっているのである[15)].

ホームスキャンデータを用いた分析は全世界的にも開始されたばかりであり，PSID や CEX のように研究の蓄積によりデータの特徴が明らかになっていくにはまだ多くの時間が必要であろう．しかしながら，個別商品価格の情報が利用可能であるという点と，同一家計を長期に追跡可能であるという性質は経済分析の上で極めて魅力的なものであり，今後の研究の蓄積が期待される分野である.

15） 表 10.1 の労働所得の変化率の標準偏差は 0.2517 であり，その二乗をとると 0.063 となる.

あ と が き

著者が研究者を志したのは今から20年ほど前のことである．その頃，水曜日の朝には決まって，大学近くの喫茶店で歴史家であった父とコーヒーを飲んでいた．話題は，趣味の音楽から政治にいたるまで様々であったはずだが，今はっきりと覚えているものの多くは父の若い頃の苦労話である．研究者は，若いうちに，少なくとも一度は標準的な手法に従い，アカデミズムの世界に煉瓦を一つ積まねばならない，それは後に，既存の手法を批判するような異端の仕事をするとしても，とても重要な経験となる．父は，よくこう語っていた．アカデミズムの世界は，先人たちが築いてきた礎の上に，さらに煉瓦を積むことで成立している．当たり前のことのように思われるが，今回，消費に関する本を執筆するにあたり，この事実を改めて実感できた．

おそらく，家計消費行動の分析ほど，経済学の中で，地道な先人たちの努力に基づいているものは少ないのではあるまいか．最先端の理論研究でも実証研究でも，それらは1970年代，80年代に行われた膨大な消費研究の成果に基づいており，その直接の起源をフリードマンやケインズまで容易に辿ることができる．家計消費研究は，その手法や理論モデルの中心が，経済学の標準的な，「コア」を形成しており，それゆえ，地道な研究の蓄積が長い間行われてきたのである．

家計消費分析には，社会学的な側面を重視するアプローチから新古典派的なものまで，実に様々な手法と立場がある．しかし，本書では，フリードマンに起源をもつ合理的意思選択に基づく標準的な動学モデルに限定して議論を進めてきた．消費分析がマクロデータに基づいていた時代では，このような新古典派色の強い合理的期待モデルは実証分析の結果と矛盾することが多かった．しかし，ミクロデータの整備が進んだ今日では，標準的な，「コア」な合理的期待形成仮説に基づく家計消費理論がかなりの程度，データと整合的であるという結果が得られるようになっている．マクロ経済学の基本的な理論モデルであっても，ミクロデータを積み上げて検証することで，より正確な理解が得られるようになってきているのである．

ミクロデータの積み上げは容易なことではないし，ミクロデータを用いた理論モデルの検証の際にも，本書でみてきたように，高度な分析技術を必要とする．今日の家計消費分析の隆盛は，より精度の高い家計パネルデータを世界中で整備し，伝統的な理論モデルの検証を誠実に行ってきた研究者たちの地道な努力の成果なのである．無論，家計消費理論は，単純な線形モデルから不確実性下の非線形動学モデルに進化しており，分析手法も線形回帰からシミュレーションを駆使した構造推定に発展している．このような，伝統的な家計消費理論を土台とし，時代の進歩に応じて修正や拡張が加えられ，幾多の論争の末に分析フロンティアが少しずつ広がっていく様子はアカデミズムの世界の健全な姿である．家計消費を分析する者は，自分たちの理論モデルが，何十年も前に生み出されたモデルと良く似た構造をもっていること，そして，世界中の多くの国で理論の予測がデータとほぼ整合的であることを当然のように考えがちであるが，これは，社会科学においては極めて稀な，そして幸運なことであろう．

本書の執筆の際，あえて，近年注目を集めている行動経済学を対象から外した．行動経済学は経済主体の意思決定が非合理的であることを強調している．非合理性という概念がなければ説明できないような経済現象がどの程度存在するかは，極めて重要な課題であり，著者はその分野の進展を楽しみにしている一人である．しかしながら，本書で示したように，標準的な合理的期待モデルが提供する枠組みは，一見考えられるよりも遥かに柔軟かつ包括的なものであり，その可能性は十分に掘り尽くされてはいない．例えば，バーコードを使った商品別購入履歴など，新たなデータセットの登場により，現在の単純な家計消費理論では扱えないような情報が利用可能になってきている．そのような情報に対処するため，現在の消費研究者は，特売時の買いだめを再現できるような，より複雑なモデルを構築しているが，これは，合理的意思決定をする家計の動学モデルの自然な拡張であり，それを否定するものでは決してないのである．

「はしがき」でも指摘したように，日本では，篠原三代平氏や林文夫氏による優れた，そして先駆的な研究があったにもかかわらず，標準的な家計消費理論に基づく分析の蓄積は，諸外国に比べて非常に遅れてしまっている．家計消費研究のみならず，産業組織論や労働経済学でも，動学モデルのミクロデータに基づく構造推定は，日本では近年ようやく研究が開始されたばかりである．おそらく，日本のアカデミズムにおいて，標準的な動学モデルの基礎となっている合理的期待形成仮説に対する反感が根強かったことと無関係ではないであろう．幸い，現在の日本の大学院では，欧米とほぼ同様の標準的動学理論が教えられており，上記のような反感は大分薄まったように思われる．そして，標準的手法に基づく家計消費分析に携わる若手研究者の数は日本でも増加している．

我が国において，ミクロデータに基づく家計消費の標準的動学分析が遅れているということは，換言すれば，広大な未開拓の地が広がっていることを意味している．日本の家計データの精度は諸外国に比して高く，調査対象も包括的になっており，その潜在的価値は非常に高い．10年先に，本書のような家計消費に関する書物が書かれるとしたら，そこには日本に関する多くの研究が引用されることになることであろう．そう祈りつつ，筆を置くこととしたい．

2011年2月

阿　部　修　人

参 考 文 献

Abe, N. and T. Yamada (2009) "Nonlinear Income Variance Profile and Consumption Inequality over the Life Cycle," *Journal of the Japanese and International Economies*, Vol. 23, pp. 344-366.

Abe, N. and A. Tonogi (2010) "Micro and macro price dynamics in daily data," *Journal of Monetary Economics*, Vol. 57(6), pp. 716-728.

Abowd, J. M. and D. Card (1989) "On the Covariance Structure of Earnings and Hours Changes," *Econometrica*, Vol. 57(2), pp. 411-445.

Aguiar, M. and E. Hurst (2005) "Consumption vs. Expenditure," *Journal of Political Economy*, Vol. 113(5), pp. 919-948.

Aguiar, M. and E. Hurst (2007) "Life-Cycle Prices and Production," *American Economic Review*, Vol. 97(5), pp. 1533-1559.

Ahmed, N., M. Brzozowski, and T. Crossley (2006) "Measurement Errors in Recall Food Consumption Data," *IFS Working Papers*, W06/21, Institute for Fiscal Studies.

Aiyagari, S. R. (1994) "Uninsured idiosyncratic risk and aggregate saving," *Quarterly Journal of Economics*, Vol. 109, pp. 659-684.

Alessie, R. and F. Teppa (2010) "Saving and habit formation: Evidence from Dutch panel data," *Empirical Economics*, Vol. 38(2), pp. 385-407.

Altonji, J. G. and A. Siow (1987) "Testing the Response of Consumption to Income Changes with (Noisy) Panel Data," *Quarterly Journal of Economics*, Vol. 102(2), pp. 293-328.

Altonji, J. G., F. Hayashi, and L. Kotlikoff (1996) "Risk-Sharing between and within Families," *Econometrica*, Vol. 64(2), pp. 261-294.

Altonji, J. G. and L. M. Segal (1996) "Small-Sample Bias in GMM Estimation of Covariance Structures," *Journal of Business and Economic Statistics*, Vol. 14(3), pp. 353-366.

Alvarez, F. and U. J. Jermann (2000) "Efficiency, Equilibrium, and Asset Pricing with Risk of Default," *Econometrica*, Econometric Society, Vol. 68(4), pp. 775-798.

Alvarez, F., M. Browning, and M. Ejrnae (2001) "Modelling Income Processes with Lots of Heterogeneity," *CAM Workingpaper*.

Amemiya, T. (1974) "The Nonlinear Two-stage Least-squares Estimator," *Journal of Economics*, Vol. 2, pp. 105-110.

Amemiya, T. (1985) *Advanced Econometrics*, Cambridge, MA: Harvard University Press.

Angeletos, G. M., D. Laibson, A. Repetto, J. Tobacman, and S. Weinberg (2001) "The Hyperbolic Consumption Model: Calibration, Simulation, and Empirical Evaluation," *Journal of Economic Perspectives*, Vol. 15 (3), pp. 47-68.

Attanasio, O. P. (1999) "Consumption," in, Taylor, J. B. and M. Woodford (eds.), *Handbook of Macroeconomics*, Vol. 1B, Amsterdam: Elsevier, pp. 731–803.

Attanasio, O. P. and G. Weber (1993) "Consumption Growth, the Interest Rate and Aggregation," *Review of Economic Studies*, Vol. 60(3), pp. 631–649.

Attanasio, O. P. and M. Browning (1995) "Consumption over the life cycle and over the business cycle," *American Economic Review*, Vol. 85(5), pp. 1118–1137.

Attanasio, O. P. and G. Weber (1995) "Is Consumption Growth Consistent with Intertemporal Optimization? Evidence from the Consumer Expenditure Survey," *Journal of Political Economy*, Vol. 103(6), pp. 1121–1157.

Attanasio, O. P. and S. J. Davis (1996) "Relative Wage Movements and the Distribution of Consumption," *Journal of Political Economy*, Vol. 104 (6), pp. 1227–1262.

Attanasio, O. P., T. Banks, C. Meghir, and G. Weber (1999) "Humps and Bumps in Lifecycle Consumption," *Journal of Business and Economic Statistics*, Vol. 17, pp. 22–35.

Attanasio, O. P. and H. Low (2004) "Estimating Euler Equations," *Review of Economic Dynamics*, Vol. 7(2), pp. 405–435.

Baker, M. (1997) "Growth-rate Heterogeneity and the Covariance Structure of Life-cycle Earnings," *Journal of Labor Economics*, Vol. 15(2), pp. 338–375.

Banks, J., R. W. Blundell, and S. Tanner (1998) "Is There a Retirement-Savings Puzzle?" *American Economic Review*, Vol. 88(4), pp. 769–788.

Battistin, E. (2002) "Errors in Survey Reports of Consumption Expenditures," London: Institute for Fiscal Studies, mimeo.

Bernheim, B. D., J. Skinner, and S. Weinberg (2001) "What accounts for the variation in retirement wealth among U.S. households?" *American Economic Review*, Vol. 91(4), pp. 832–857.

Black, D., M. C. Berger, and F. A. Scott (2000) "Bounding Parameter Estimates with Nonclassical Measurement Error," *Journal of the American Statistical Association*, Vol. 95, pp. 739–748.

Blanchard, O. J. and S. Fischer (1989) *Lectures on Macroeconomics*, Cambridge, MA: MIT Press.

Blundell, R. W. and I. Preston (1998) "Consumption Inequality and Income Uncertainty," *Quarterly Journal of Economics*, Vol. 113, pp. 603–640.

Blundell, R. W., L. Pistaferri, and I. Preston (2008) "Consumption Inequality and Partial Insurance," *American Economic Review*, Vol. 98, pp. 1887–1921.

Bound, J., D. A. Jaeger, and R. M. Baker (1995) "Problems with Instrumental Variables Estimation When the Correlation Between the Instruments and the Endogeneous Explanatory Variable is Weak," *Journal of the American Statistical Association*, Vol. 90(430), pp. 443–450.

Bound, J., C. Brown, and N. Mathiowetz (2001) "Measurement Error in Survey Data," in, Learner, E. and J. Heckman (eds.), *Handbook of Econometrics*, New York: North Holland Publishing, pp. 3705-3843.

Browning, M. and D. M. Collado (2001) "The Response of Expenditures to Anticipated Income Changes: Panel Data Estimates," *American Economic Review*, Vol. 91(3), pp. 681-692.

Browning, M. and T. Crossley (2009) "Are Two Cheap, Noisy Measures Better Than One Expensive, Accurate One?" *American Economic Review*, Vol. 99(2), pp. 99-103.

Caballero, R. J. and E. Engel (1999) "Explaining Investment Dynamics in U.S. Manufacturing: A Generalized (S,s) Approach," *Econometrica*, Vol. 67, pp. 783-826.

Cagetti, M. (2003) "Wealth Accumulation over the Life Cycle and Precautionary Savings," *Journal of Business and Economic Statistics*, Vol. 21, pp. 339-353.

Cameron, A. C. and P. K. Trivedi (2005) *Microeconometrics: Methods and Applications*, Cambridge, UK: Cambridge University Press.

Campbell, J. Y. (1987) "Does Saving Anticipate Declining Labor Income? An Alternative Test of the Permanent Income Hypothesis," *Econometrica*, Vol. 55(6), pp. 1249-1273.

Campbell, J. Y. and N. G. Mankiw (1990) "Permanent Inomce, Current Income, and Consumption," *Journal of Business and Economic Statistics*, Vol. 8(3), pp. 265-279.

Campbell, J. Y. and N. G. Mankiw (1991) "The response of consumption to income: A cross-country investigation," *European Economic Review*, Vol. 35(4), pp. 723-756.

Cappellari, L. (2000) "The Dynamics and Inequality of Italian Male Earnings: Permanent Changes or Transitory Fluctuations?" *ISER Working Paper*, 2000-41 Colchester: University of Essex.

Carroll, C. D. (1997) "Buffer Stock Saving and the Life Cycle/Permanent Income Hypothesis," *Quarterly Journal of Economics*, Vol. 62, pp. 1-55.

Carroll, C. D. (2001) "Death to the Log-Linearized Consumption Euler Equation! (And Very Poor Health to the Second-Order Approximation)," *Advances in Macroeconomics*, Vol. 1(1), Article 6.

Carroll, C. D. (2006) "The Method of Endogenous Gridpoints for Solving Dynamic Stochastic Optimization Problems," *Economics Letters*, Vol. 91(1), pp. 312-320.

Carroll, C. D. and M. S. Kimball (1996) "On the Concavity of the Consumption Function," *Econometrica*," Vol. 64, pp. 981-992.

Carroll, C. D. and A. Samwick (1997) "The Nature of Precautionary Wealth," *Journal of Monetary Economics*, Vol. 40(1), pp. 41-71.

Carroll, C. D. and A. Samwick (1998) "How Important is Precautionary Saving?" *Review of Economics and Statistics*, Vol. 80, pp. 410-419.

Carroll, C. D. and M. S. Kimball (2001) "Liquidity constraints and precautionary saving," *NBER Working Paper*, 8496.

Chari, V. V., P. J. Kehoe, and E. R. McGrattan (2007) "Business Cycle Accounting," *Econometrica*, Vol. 75(3), pp. 781-836.

Christiano, L. J. (1989) "Understanding Japan's saving rate: The reconstruction hypothesis," *Quarterly Review*, Federal Reserve Bank of Minneapolis, issue Spr, pp. 10-25.

Christiano, L. J., M. Eichenbaum, and D. Marshall (1991) "The Permanent Income Hypothesis Revisited," *Econometrica*, Vol. 59(2), pp. 397-423.

Christiano, L. J., M. Eichenbaum, and C. L. Evans (2005) "Nominal Rigidities and the Dynamic Effects of a Shock to Monetary Policy," *Journal of Political Economy*, Vol. 113(1), pp. 1-45.

Cochrane, J. H. (1991) "A Simple Test of Consumption Insurance," *Journal of Political Economy*, Vol. 99(5), pp. 957-976.

Conesa, J. C. and D. Krueger (1999) "Social Security Reform with Heterogeneous Agents," *Review of Economic Dynamics*, 2, pp. 757-795.

Constantinides, G. M. (1990) "Habit Formation: A Resolution of the Equity Premium Puzzlem," *Journal of Political Economy*, Vol. 98(3), pp. 519-543.

Cooley, T. F. and E. C. Prescott (1997) "Economic Growth and Business Cycles," in, Cooley, T. F. (ed.), *Frontiers of Business Cycle Research*, Princeton: Princeton University Press.

Cuddington, J. T. (1982) "Canadian Evidence on the Permanent Income-Rational Expectations Hypothesis," *The Canadian Journal of Economics /Revue Canadienne d'Economique*, Vol. 15(2), pp. 331-335.

Cutler, D. M. and L. F. Katz (1991) "Macroeconomic Performance and the Disadvantaged," *Brookings Papers on Economic Activity*, The Brookings Institution, Vol. 22(2), pp. 1-74.

Daly, V. and G. Hadjimatheou (1981) "Stochastic Implications of the Life Cycle-Permanent Income Hypothesis: Evidence for the U.K. Economy," *Journal of Political Economy*, Vol. 89, pp. 596-599.

Davidson, J. E. H. and D. F. Hendry (1981) "Interpreting Econometric Evidence: The Behavior of Consumer's Expenditure in the UK," *European Economic Review*, Vol. 16, pp. 177-192.

Davidson, R. and J. G. MacKinnon (1993) *Estimation and Inference in Econometrics*, New York; Tokyo: Oxford University Press.

Davis, S. J. and P. Willen (2002) "Occupation-level Income Shocks and Asset Returns: Their Covariance and Implications for Portfolio Choice," *Working Paper*, University of Chicago.

Davis, S. J., F. Kubler, and P. Willen (2006) "Borrowing Costs and the Demand for Equity over the Life Cycle," *Review of Economics and Statistics*, Vol. 88(2), pp. 348-362.

De Nardi, M., E. French, and J. B. Jones (2010) "Why Do the Elderly Save? The Role of Medical Expenses," *Journal of Political Economy*, Vol. 118 (1), pp. 39-75.

Deaton, A. (1987) "Life-cycle Models of Consumption: Is the Evidence Consistent with the Theory?" in, Bewley, T. (ed.), *Advances in Econometrics, Fifth World Congress*, Vol. 2, Cambridge, UK; New York: Cambridge University Press, pp. 121-148.

Deaton, A. (1991) "Saving and liquidity constraints," *Econometrica*, Vol. 59 (5), pp. 1221-1248.

Deaton, A. (1992) *Understanding Consumption*, New York: Oxford University Press.

Deaton, A. (1997) *The Analysis of Household Surveys: A Microeconometric Approach to Development Policy*, Baltimore: Johns Hopkins University Press.

Deaton, A. and J. Muellbauer (1980) "An Almost Ideal Demand System," *American Economic Review*, Vol. 70(3), pp. 312-326.

Deaton, A. and C. Paxson (1994) "Intertemporal Choice and Inequality," *Journal of Political Economy*, Vol. 102(3), pp. 437-467.

DeLong, J. B. and L. H. Summers (1986) "The Changing Cyclical Variability of Economic Activity in the United States," in, Gordon, R. J. (ed.), *The American Business Cycle: Continuity and Change*, Chicago: University of Chicago Press for the National Bureau of Economic Research, pp. 679-719.

Dixit, A. K. and J. E. Stiglitz (1977) "Monopolistic Competition and Optimum Product Diversity," *American Economic Review*, Vol. 67, pp. 297-308.

Doms, M. and T. Dunne (1998) "Capital Adjustment Patterns in Manufacturing Plants," *Review of Economic Dynamics*, Vol. 1, pp. 409-429.

Duesenberry, J. S. (1949) *Income, Saving, and the Theory of Consumer Behavior*, New York: Oxford University Press.

Dynan, K. (1993) "How Prudent Are Consumers?" *Journal of Political Economy*, Vol. 101, pp. 1104-1113.

Dynan, K. (2000) "Habit formation in consumer preferences: Evidence from panel data," *American Economic Review*, Vol. 90, pp. 391-406.

Dynarski, S. and J. Gruber (1997) "Can Families Smooth Variable Earnings?" *Brooking Papers on Economic Activity*, Vol. 1, pp. 229-303.

Einav, L., E. Leibtag, and A. Nevo (2008) "On the Accuracy of Nielsen Homescan Data," *Economic Research Report*, No.(ERR-69) 34.

Elwood, K. S. (1998) "Testing for Excess Sensitivity in Consumption: A State-Space/Unobserved Components Approach," *Journal of Money, Credit and Banking*, Vol. 30(1), pp. 64-82.

English, W. B., J. A. Miron, and D. W. Wilcoxv (1989) "Seasonal Fluctuations and the Life Cycle-Permanent Income Model of Consumption: A Correction," *Journal of Political Economy*, Vol. 97(4), pp. 988-991.

Erdem, T., S. Imai and M. Keane (2003) "Consumer Price and Promotion Expectations: Capturing Consumer Brand and Quantity Choice Dynamics under Price Uncertainty," *Quantitative Marketing and Economics*, Vol. 1, pp. 5-64.

Ermini, L. (1993) "Effects of Transitory Consumption and Temporal Aggregation on the Permanent Income Hypothesis," *Review of Economics and Statistics*, Vol. 75(4), pp. 736-740.

Feigenbaum, J. A. and G. Li (2010) "A semiparametric characterization of income uncertainty over the life cycle," *Finance and Economics Discussion Series*, 2010-42, Board of Governors of the Federal Reserve System.

Fernandez-Villaverde, J. and D. Krueger (2007) "Consumption over the Life Cycle: Facts from Consumer Expenditure Survey Data," *Review of Economics and Statistics*, Vol. 89(3), pp. 552-565.

Fernandez-Villaverde, J. and D. Krueger (2008) "Consumption and Saving over the Life Cycle: How Important are Consumer Durables?" *SIEPR Discussion Paper*, No. 01-34.

Fisher, I. (1930) *The Theory of Interest: As determined by impatience to spend income and opportunity to invest it*, 1954 reprint, New York: Kelley and Millman.

Flavin, M. A. (1981) "The Adjustment of Consumption to Changing Expectations About Future Income," *Journal of Political Economy*, Vol. 89(5), pp. 974-1009.

Freeman, R. B. (1984) "Longitudinal Analyses of the Effects of Trade Unions," *Journal of Labor Economics*, Vol. 2(1), pp. 1-26.

French, E. (2005) "The Effects of Health, Wealth and Wages on Labor Supply and Retirement Behavior," *Review of Economic Studies*, Vol. 72, pp. 395-427.

Friedman, M. (1957) *A Theory of the Consumption Function*, Princeton: Princeton University Press.

Friedman, M. and S. Kuznets (1954) *Income from Independent Professional Practice*, New York: NBER.

Fuhrer, J. C. (2000) "Habit Formation in Consumption and its Implications for Monetary-Policy Models," *American Economic Review*, Vol. 90, pp. 367-390.

Gervais, M. and P. Klein (2010) "Measuring consumption smoothing in CEX data," *Journal of Monetary Economics*, Vol. 57(8), pp. 988-999.

Gibson, J. (2002) "Why does the Engel Method work? Food demand, economies of size and household survey methods," *Oxford Bulletin of Economics and Statistics*, Vol. 64(4), pp. 341-359.

Gourieroux, C. and A. Monfort (1996) *Time Series and Dynamic Models*, Cambridge, UK: Cambridge University Press.

Gourinchas, P. O. and J. A. Parker (2001) "The Empirical Importance of Precautionary Saving," *American Economic Review*, Vol. 91(2), pp. 406-412.

Gourinchas, P. O. and J. A. Parker (2002) "Consumption over the Life Cycle," *Econometrica*, Vol. 70(1), pp. 47-89.

Greene, W. H. (2007) *Econometric Analysis*, 6th ed., Upper Saddle River: Prinecton Hall.

Griffith, R., E. Leibtag, A. Leicester, and A. Nevo (2009) "Consumer Shopping Behavior: How Much Do Consumers Save?" *Journal of Economic Perspectives*, Vol. 23(2), pp. 99-120.

Guiso, L., T. Jappelli, and D. Terlizzes (1992) "Earnings Uncertainty and Precautionary Saving," *Journal of Monetary Economics*, Vol. 30, pp. 307-337.

Guvenen, F. (2009) "An Empirical Investigation of Labor Income Processes," *Review of Economic Dynamics*, Vol. 12(1), pp. 58-79.

Guvenen, F. and A. A. Smith (2010) "Inferring Labor Income Risk from Economic Choices: An Indirect Inference Approach," *NBER Working Papers*, 16327.

Hall, B., J. Mairesse, and L. Turner (2007) "Identifying Age, Cohort, and Period Effects in Scientific Research Productivity: Discussion and Illustration Using Simulated and Actual Data on French Physicists," *Economics of Innovation and New Technology,* Vol. 16(2), pp. 159-177.

Hall, R. E. (1978) "Stochastic Implications of the Life Cycle-permanent Income Hypothesis: Theory and Evidence," *Journal of Political Economy*, Vol. 86(6), pp. 971-987.

Hall, R. E. (1981) "Comments: Interpreting Economic Evidence," by Davidson and Hendry, *European Economic Reviw,* Vol. 16, pp. 193-194.

Hall, R. E. and F. S. Mishkin (1982) "The Sensitivity of Consumption to Transitory Income: Estimates from Panel Data on Households," *Econometrica*, Vol. 50(2), pp. 461-481.

Hamermesh, D. S. (1984) "Consumption during retirement: The missing link in the life cycle," *Review of Economics and Statistics*, Vol. 66(1), pp. 1-7.

Hamilton, J. D. (1994) *Time Series Analysis*, Princeton: Princeton University Press.

Hansen, G., and S. İmrohoroğlu (2008) "Consumption over the life cycle: The role of annuities," *Review of Economic Dynamics*, Vol. 11(3), pp. 566-583.

Hansen, L. P. (1982) "Large Sample Properties of Generalized Method of Moments Estimators," *Econometrica*, Vol. 50, pp. 1029-1054.

Hansen, L. P. and K. J. Singleton (1982) "Generalized Instrumental Variables Estimation of Nonlinear Rational Expectations Models," *Econometrica*, Vol. 50(5), pp. 1269-1286.

Hansen, L. P. and T. J. Sargent (1993) "Seasonality and approximation errors in rational expectations models," *Journal of Econometrics*, Vol. 55(1-2), pp. 21-55.

Harris, C. and D. Laibson (2001) "Dynamic Choices of Hyperbolic Consumers," *Econometrica*, Vol. 69(4), pp. 935-957.

Hause, J. (1973) "The Covariance Structure of Earnings and the On-the-Job Training Hypothesis," *Annals of Economic and Social Measurement*, Vol. 6, pp. 335-365.

Hayashi, F. (1982) "The Permanent Income Hypothesis: Estimation and

Testing by Instrumental Variables," *Journal of Political Economy*, Vol. 90, pp. 895–916.

Hayashi, F. (1985a) "The Permanent Income Hypothesis and Consumption Durability: Analysis based on Japanese Panel Data," *Quarterly Journal of Economics*, Vol. 100, pp. 1083–1113.

Hayashi, F. (1985b) "The Effect of Liquidity Constraint on Cosumption: A Cross-Sectional Analaysis," *Quarterly Journal of Economics*, Vol. 100(1), pp. 183–206.

Hayashi, F. (1987) "Tests for Liquidity Constraints: A Critical Survey," in, Bewley, T. F. (ed.), *Advances in Econometrics-Fifth World Congress*, Vol. 2, Cambridge, UK: Cambridge University Press, pp. 91–120.

Hayashi, F. (1995) "Is the Japanese Extended Family Altruistically Linked? A Test Based on Engel Curves," *Journal of Political Economy*, Vol. 103, pp. 661–674.

Hayashi, F. (1997) *Understanding Saving: Evidence from the United States and Japan*, Cambridge, MA: MIT Press.

Hayashi, F. and E. C. Prescott (2002) "The 1990s in Japan: A Lost Decade," *Review of Economic Dynamics*, Vol. 5(1), pp. 206–235.

Hayek, H. F. V. (1933) "Saving," Ensyclopedia of the Social Science. Reprinted in Hayek (1939) *Profits, Interest and Investment*, London: George Routledge and Sons, LTD.

Heathcote, J., K. Storesletten, and G. L. Violante (2005) "Two Views of Inequality over the Life Cycle," *Journal of the European Economic Association*, Vol. 3(2–3), pp. 765–775.

Heaton, J. (1993) "The Interaction Between Time-Nonseparable Preferences and Time Aggregation," *Econometrica*, Vol. 61(2), pp. 353–385.

Hendel, I. and A. Nevo (2006) "Measuring the Implications of Sales and Consumer Inventory Behavior," *Econometrica*, Vol. 74(6), pp. 1637–1673.

Hori, M. and S. Shimizutani (2006) "Did Japanese Consumers Become More Prudent During 1998–1999? Evidence from Household-level Data," *International Economic Journal*, Korean International Economic Association, Vol. 20(2), pp. 197–209.

Hori, M. and S. Shimizutani (2009) "The Response of Household Expenditure to Anticipated Income Changes: Bonus Payments and the Seasonality of Consumption in Japan," *The B.E. Journal of Macroeconomics*, Berkeley Electronic Press, Vol. 9(1).

Horowitz, J. L. (1998) "Bootstrap Methods for Covariance Structures," *Journal of Human Resources*, Vol. 33(1), pp. 39–61.

Hryshko, D. (2009) "RIP to HIP: The Data Reject Heterogenous Labor Income Profiles," mimeo.

Hsieh, C. T. (2003) "Do Consumers React to Anticipated Income Changes? Evidence from the Alaska Permanent Fund," *American Economic Review*, Vol. 93(1), pp. 397–405.

Hubbard, R., J. S. Skinner, and S. P. Zeldes (1995) "Precautionary Saving and

Social Insurance," *Journal of Political Economy*, University of Chicago Press, Vol. 103(2), pp. 360-399.

Huggett, M. (1993) "The risk-free rate in heterogeneous-agent incomplete-insurance economies," *Journal of Economic Dynamics and Control*, Vol. 17, pp. 953-969.

Huggett, M., G. Ventura, and A. Yaron (2007) "Sources of Lifetime Inequality," *NBER Working Papers*, 13224.

Hurd, M. (1989) "Mortality risk and bequests," *Econometrica*, Vol. 57(4), pp. 779-813.

Hurd, M. and S. Rohwedder (2008) "The Retirement Consumption Puzzle: Actual Spending Change in Panel Data," *NBER Working Paper*, 13929.

Hurst, E. (2008) "The Retirement of a Consumption Puzzle," *NBER Working Paper*, 13789.

Jappelli, T. (1990) "Who is Credit Constrained in the U.S. Economy?" *Quarterly Jouranl of Economics*, Vol. 105(1), pp. 219-234.

Jappelli, T., J. Pischke, and N. S. Souleles (1998) "Testing for Liquidity Constraints in Euler Equations with Complementary Data Sources," *Review of Economics and Statistics*, Vol. 80, pp. 251-262.

Johnson, P. (1983) "Life-Cycle Consumption under Rational Expectations: Some Australian Evidence," *The Economic Record*, Vol. 59(167), pp. 345-350.

Judd, K. L. (1998) *Numerical Methods in Economics*, Cambridge, MA: MIT Press.

Kaplan, G. (2010) "Moving back home: insurance against labor market risk," *Staff Report*, 449, Federal Reserve Bank of Minneapolis.

Kaplan, G. and G. L. Violante (2010) "How Much Consumption Insurance beyond Self-Insurance?" *American Economic Journal: Macroeconomics*, Vol. 2(4), pp. 53-87.

Karatzas, I. and S. Shreve (1991) *Brownian Motion and Stochastic Calculus*, 2nd ed., New York; Tokyo: Springer-Verlag.

Keynes, J. M. (1936) *The General Theory of Employment, Interest and Money*, London: Macmillan.

Kimball, M. S. (1990) "Precautionary Saving in the Small and in the Large," *Econometrica*, Vol. 58(1), pp. 53-73.

Kimball, M. S. and N. G. Mankiw (1989) "Precautionary Saving and the Timing of Taxes," *Journal of Political Economy*, Vol. 97, pp. 863-879.

King, R. and S. Rebelo (1993) "Transitional Dynamics and Economic Growth in Neoclassical Economies," *American Economic Review*, Vol. 83(4), pp. 908-931.

Kiyotaki, N. and K. D. West (1996) "Business Fixed Investment and the Recent Business Cycle in Japan," *NBER Macroeconomics Annual*, Vol. 11, pp. 277-344.

Kohara, M., F. Ohtake, and M. Saito (2002) "A Test of the Full Insurance Hypothesis: The Case of Japan," *Journal of the Japanese and International*

Economies, Vol. 16, pp. 335-352.

Kohara, M. and C. Y. Horioka (2006) "Do borrowing constraints matter? An analysis of why the permanent income hypothesis does not apply in Japan," *Japan and the World Economy*, Vol. 18(4), pp. 358-377.

Krueger, D. (2004) *Consumption and Saving: Theory and Evidence*, mimeo.

Krueger, D. and F. Perri (2006) "Does Income Inequality Lead to Consumption Inequality? Evidence and Theory," *Review of Economic Studies*, Vol. 73(1), pp. 163-193.

Krusell, P. and A. A. Smith (1998) "Income and Wealth Heterogeneity in the Macroeconomy," *Journal of Political Economy*, University of Chicago Press, Vol. 106(5), pp. 867-896.

Kuehlwein, M. S. (1991) "A Test for the Presence of Precautionary Saving," *Economics Letters*, Vol. 37, pp. 471-475.

Leicester, A. and Z. Oldfield (2009) "An analysis of consumer panel data," *IFS Working Papers*, No. W09/09.

Leland, H. (1968) "Savings and Uncertainty: The Precautionary Demand for Savings," *Quarterly Journal of Economics*, Vol. 82(3), pp. 465-473.

Lewis, K. K. (1996) "What Can Explain the Apparent Lack of International Consumption Risk Sharing?" *Journal of Political Economy*, Vol. 104(2), pp. 267-297.

Li, W. and R. Yao (2007) "The Life-Cycle Effects of House Price Changes," *Journal of Money, Credit and Banking*, Vol. 39(6), pp. 1375-1409.

Lillard, L. and R. Willis (1978) "Dynamic Aspects of Earning Mobility," *Econometrica*, Vol. 46, pp. 985-1012.

Lillard, L. and Y. A. Weiss (1979) "Components of Variation in Panel Earnings Data: American Scientists, 1960-70," *Econometrica*, Vol. 47(2), pp. 437-454.

Ljungqvist, L. and T. J. Sargent (2004) *Recursive Macroeconomic Theory*, Cambridge, MA: MIT Press.

Low, H. (2005) "Self-Insurance in a Life-Cycle Model of Labor Supply and Savings," *Review of Economic Dynamics*, Vol. 8(4), pp. 945-975.

Ludvigson, S. and C. Paxson (2001) "Approximation Bias in Linearized Euler Equations," *Review of Economics and Statistics*, Vol. 83 (2), pp. 242-256.

Lustig, H. N. and S. G. V. Nieuwerburgh (2005) "Housing Collateral, Consumption Insurance, and Risk Premia: An Empirical Perspective," *Journal of Finance*, Vol. 60(3), pp. 1167-1219.

Mace, B. J. (1991) "Full Insurance in the Presense of Aggregate Uncertainty," *Journal of Political Economy*, Vol. 99(5), pp. 928-956.

MaCurdy, Y. (1982) "The Use of Time-Series Processes to Model the Error Structure of Earnings in a Longitudinal Data Analysis," *Journal of Econometrics*, Vol. 18, pp. 83-114.

Mankiw, N. G. (1982) "Hall's consumption hypothesis and durable goods," *Journal of Monetary Economics*, Vol. 10, pp. 417-425.

Mankiw, N. G. and M. D. Shapiro (1985) "Trends, random walks, and tests of the permanent income hypothesis," *Journal of Monetary Economics*, Vol. 16(2), pp. 165-174.

Mas-Colell, A., M. D. Whinston, and J. R. Green (1995) *Microeconomic Theory*, New York: Oxford University Press.

Meghir, C. and G. Weber (1996) "Intertemporal Nonseparability or Borrowing Restrictions? A Disaggregate Analysis Using a U.S. Consumption-Panel," *Econometrica*, Vol. 64(5), pp. 1151-1181.

Meghir, C. and L. Pistaferri (2004) "Income Variance Dynamics and Heterogeneity," *Econometrica*, Vol. 72(1), pp. 1-32.

Meghir, C. and L. Pistaferri (2010) "Earnings, Consumption and Lifecycle Choices," *NBER Working Paper*, 15914.

Merrigan, P. and M. Normandin (1996) "Precautionary Savings Motives: An Assessment from UK Time Series of Cross Sections," *The Economic Journal*, Vol. 106, pp. 1193-1208.

Merton, R. C. (1971) "Optimum consumption and portfolio rules in a continuous-time model," *Journal of Economic Theory*, Vol. 3(4), pp. 373-413.

Miller, R. A. and S. Altug (1990) "Household Choices in Equilibrium," *Econometrica*, Vol. 58(3), pp. 543-570.

Miranda, J. M. and P. L. Fackler (2002) *Applied Computational Economics and Finance*, Cambridge, MA: MIT Press.

Miron, J. A. (1986) "Seasonal Fluctuations and the Life Cycle-Permanent Income Model of Consumption," *Journal of Political Economy*, Vol. 95, pp. 1258-1279.

Mork, K. A. and J. V. Smith (1989) "Testing the Life-Cycle Hypothesis with a Norwegian Housing Panel," *Journal of Business Economics and Statistics*, Vol. 7, pp. 287-296.

Nagatani, K. (1972) "Life Cycle Saving: Theory and Fact," *American Economic Review*, Vol. 62(3), pp. 344-353.

Negishi, T. (1960) "Welfare Economics and Existece of an Equilibrium for a Competitive Economy," *Metroeconomica*, Vol. 12, pp. 92-97.

Nelson, J. A. (1994) "On Testing for Full Insurance Using Consumer Expenditure Survey Data: Comment," *Journal of Political Economy*, University of Chicago Press, Vol. 102(2), pp. 384-394.

Nirei, M. (2006) "Quantifying borrowing constraints and precautionarysavings," *Review of Economic Dynamics*, Vol. 9(2), pp. 353-363.

Nishiyama, S. and K. Smetters (2007) "Does Social Security Privatization Produce Efficiency Gains?" *Quarterly Jouranl of Economics*, Vol. 122 (4), pp. 1677-1719.

Ogaki, M. (1993) "Generalized Method of Moments: Econometric Applications," in, Maddala, G. S., C. R. Rao, and H. D. Vinod (eds.), *Handbook of Statistics, Vol.11: Econometrics*, Amsterdam; Tokyo: North-Holland, pp. 455-488.

Ogaki, M. and Q. Zhang (2001) "Decreasing Reletire Risk Aversion and Tests of Risk Sharing," *Econometrica*, Vol. 69(2), pp. 515-526.

Ogawa, K. (1990) "Cyclical Variations in Liquidity Contrained Consumers: Evidece from Macrodata in Japan," *Journal of Japanese and International Economies*, Vol. 4, pp. 173-193.

Ohtake, F. and M. Saito (1998) "Population Aging and ConsumptionInequality in Japan," *Review of Income and Wealth*, Vol. 44, pp. 361-381.

Otsu, K. (2009) "A Neoclassical Analysis of the Postwar Japanese Economy," *The B.E. Journal of Macroeconomics*, Berkeley Electronic Press, Vol. 9 (1).

Pakes, A. and D. Pollard (1989) "Simulation and the asymptotics of optimization estimators," *Econometrica*, Vol. 57, pp. 1027-1057.

Parker, J. A. (1999) "The Reaction of Household Consumption to Predictable Changes in Social Security Taxes," *American Economic Review*, Vol. 89, pp. 959-973.

Paul, J. (1983) "Life-Cycle Consumption under Rational Expectations: Some Australian Evidence," *The Economic Record*, Vol. 59(167), pp. 345-350.

Pistaferri, L. (2001) "Superior Information, Income Shocks, and the Permanent Income Hypothesis," *Review of Economics and Statistics*, Vol. 83, pp. 465-476.

Prete, A. L. (2007) "International Consumption Insurance and Within-Country Risk-Reallocation," mimeo.

Primiceri, G. E. and T. V. Rens (2009) "Heterogeneous life-cycle profiles, income risk and consumption inequality," *Journal of Monetary Economics*, Vol. 56(1), pp. 20-39.

Ravallion, M. and S. Chaudhuri (1997) "Risk and Insurance in Village India: Comment," *Econometrica*, Vol. 65(1), pp. 171-184.

Runkle, D. E. (1991) "Liquidity constraints and the permanent-income hypothesis: Evidence from panel data," *Journal of Monetary Economics*, Vol. 27, pp. 73-98.

Sandmo, A. (1970) "The Effect of Uncertainty on Saving Decisions," *Review of Economic Studies*, Vol. 37, pp. 353-360.

Sawa, T. (1969) "The Exact Sampling Distribution of Ordinary Least Squares and Two-Stage Least Squares Estimators," *Journal of the American Statistical Association*, Vol. 64(327), pp. 923-937.

Schultz, P. T. (2001) "Women's roles in the agricultural household: Bargaining and human capital investments," in, Gardner, B. L. and G. C. Rausser (eds.), *Handbook of Agricultural Economics, Edition 1*, Vol. 1, Amsterdam: Elsevier, pp. 383-456.

Shapiro, M. D. and J. Slemrod (1995) "Consumer Response to the Timing of Income: Evidence from a Change in Tax Withholding," *American Economic Review*, Vol. 85(1), pp. 274-283.

Sims, C. A. (1993) "Rational expectations modeling with seasonally adjusted data," *Journal of Econometrics*, Vol. 55(1-2), pp. 9-19.

Skoufias, E. and A. R. Quisumbing (2003) "Consumption insurance and vulnerability to poverty," *FCND briefs* 155, International Food Policy Research Institute (IFPRI).

Sommer, M. (2007) "Habit Formation and Aggregate Consumption Dynamics," *The B.E. Journal of Macroeconomics*, Berkeley Electronic Press, Vol. 7(1).

Starr, M. M. (1996) "Health Insurance and Precautionary Saving," *American Economic Review*, Vol. 86, pp. 285-295.

Stiglitz, J. E. and A. Weiss (1981) "Credit Rationing in Markets with Imperfect Information," *American Economic Review*, Vol. 71(3), pp. 393-410.

Stock, J. H. and K. D. West (1988) "Integrated Regressors and Tests of the Permanent-income Hypothesis," *Journal of Monetary Economics*, Vol. 21 (1), pp. 85-95.

Stock, J. H., J. H. Wright, and M. Yogo (2002) "A Survey of Weak Instruments and Weak Identification in Generalized Method of Moments," *Journal of Business and Economic Statistics*, Vol. 20(4), pp. 518-529.

Stokey, N. and R. E. Lucas (1988) *Recursive Methods in Economic Dynamics*, Cambridge, MA: Harvard University Press.

Storesletten, K., C. Telmer, and A. Yaron (2001) "How Important Are Idiosycratic Shocks? Evidence from Labor Supply," *American Economic Review Papers and Proceedings*, Vol. 91(2), pp. 413-417.

Storesletten, K., C. Telmer, and A. Yaron (2004) "Consumption and Risk Sharing over the Life Cycle," *Journal of Monetary Economics*, Vol. 51, pp. 609-633.

Sugo, T. and K. Ueda (2008) "Estimating a dynamic stochastic general equilibrium model for Japan," *Journal of the Japanese and Internationa Economies*, Vol. 22(4), pp. 476-502.

Svensson, L. E. O. and I. M. Werner (1993) "Nontradeal Assets in Incomplete Markets: Pricing and Portfolio Choice," *European Economic Review*, Vol. 37, pp. 1149-1168.

Thornton, H. (1802) "Inquiry into the Nature and Effects of the Paper Credit of Great Britain," M.P. London.

Thurow, M. (1969) "The optimum lifetime distribution of consumption expenditures," *American Economic Review*, Vol. 59(2), pp. 324-330.

Topel, R. H. and M. P. Ward (1992) "Job Mobility and the Careers of Young Men," *Quarterly Jouranl of Economics*, Vol. 107(2), pp. 439-479.

Townsend, R. M.(1994) "Risk and Insurance in Village India," *Econometrica*, Vol. 62(3), pp. 539-591.

Train, K. E. (2003) *Discrete Choice Methods with Simulation*, Cambridge, UK: Cambridge University Press.

U.S. Census Bureau (2009) *X-12-ARIMA Reference Manual*, Version 3.0, Washington, DC: U.S. Census Bureau.

Vasicek, O. (1977) "An Equilibrium Characterization of the Term Structure," *Journal of Financial Economics*, Vol. 5, pp. 177-188.

Vuong, Q. H. (1989) "Likelihood Ration Tests for Model Selection and Non-Nested Hypotheses," *Econometrica*, Vol. 7, pp. 307–333.
Wakabayashi, M. (2008) "The Retirement Consumption Puzzle in Japan," *Journal of Population Economics*, Vol. 21, pp. 983–1005.
Wang, N. (2003) "Caballero meets Bewley: The Permanent-income Hypothesis in General Equilibrium," *American Economic Review*, Vol. 93(3), pp. 927–936.
Wang, N. (2004) "Precautionary Saving and Partially Observed Income," *Journal of Monetary Economics*, Vol. 51(8), pp. 1645–1681.
Weil, P. (1993) "Precautionary Savings and the Permanent Income Hypothesis," *Review of Economic Studies*, Vol. 60, pp. 367–383.
Wooldridge, J. M. (2002) *Econometric Analysis of Cross Section and Panel Data*, Cambridge, MA: MIT Press.
Zeldes, S. P. (1989a) "Optimal Consumption with Stochastic Income: Deviations from Certainty Equivalence," *Quarterly Journal of Economics*, Vol. 104(2), pp. 275–298.
Zeldes, S. P. (1989b) "Consumption and liquidity constraints: An empirical investigation," *Journal of Political Economy*, Vol. 97, pp. 305–346.
Zhou, Y. (2003) "Precautionary Saving and Earnings Uncertainty in Japan: A Household-level Analysis," *Journal of the Japanese and International Economies*, Vol. 17, pp. 192–212.

阿部修人(2010)「近年の日本家計消費の動向——家計調査の結果を中心として」一橋大学経済研究所ディスカッションペーパー.
阿部修人，山田知明(2005)「消費関数の構造推計——家計調査に基づく緩衝在庫貯蓄モデルと予備的貯蓄に関する実証研究」『経済研究』Vol. 56(3)，pp. 248–265.
阿部修人，稲倉典子(2007)「日本家計の消費・貯蓄・労働プロファイル」Understanding Inflation Dynamics of the Japanese Economy Working Paper Series, No. 7.
阿部修人，稲倉典子(2008)「パネルデータにおける家計消費の変動要因」『経済研究』Vol. 59(3)，pp. 228–239.
阿部修人，稲倉典子(2010)「消費支出データの計測誤差とその相関構造」瀬古，照山，山本，樋口編『日本の家計行動のダイナミズム VI』慶應義塾大学出版会，pp. 199–216.
阿部修人，新関剛史(2010)「Homescan からみる家計消費——他の家計消費データとの比較」『経済研究』Vol. 61(3)，pp. 224–236.
阿部誠，近藤文代(2005)『マーケティングの科学 POS データの解析』朝倉書店.
小川一夫(1991)「所得リスクと予備的貯蓄」『経済研究』Vol. 42(2)，pp. 139–152.
小川一夫，竹中平蔵，桑名康夫(1986)「消費・貯蓄行動の日米比較」『フィナンシャル・レビュー』第 3 号.
経済企画庁経済研究所編(2000)『季節調整法の比較研究』大蔵省印刷局.
小原美紀，チャールズ・ユウジ・ホリオカ(1999)「借り入れ制約と消費行動」樋口美雄，岩田正美編著『パネルデータからみた現代女性——結婚・出産・就業・消費・貯蓄』東洋経済新報社，pp. 225-257.
齊藤誠(2007)『資産価格とマクロ経済学』日本経済新聞出版社.
齊藤誠，白塚重典(2003)「予備的動機と待ちオプション——わが国のマクロ家計貯蓄データによる検証」『金融研究』第22巻第3号，pp. 1-22.
坂本和靖(2003)「誰が脱落するのか——「消費生活に関するパネル調査」における脱落サンプルの分析」家計・仕事・暮らしと女性の現在——消費生活に関するパネル調査第10年度(平成15年版)，財団法人家計経済研究所，第Ⅲ部第2章.
坂本和靖(2006)「サンプル脱落に関する分析——「消費生活に関するパネル調査」を用いた脱落の規定要因と推計バイアスの検証」『日本労働研究雑誌』第551巻，pp. 55-70.
篠原三代平(1958)『消費関数』勁草書房.
新谷元嗣(1994)「日本の消費者と流動性制約」『大阪大学経済学』第44巻，pp. 41-53.
竹中平蔵，小川一夫(1987)『対外不均衡のマクロ分析——貯蓄・投資バランスと政策協調』東洋経済新報社.
土居丈朗(2001)「貯蓄率関数に基づく予備的貯蓄仮説の検証」*ESRI Discussion Paper Series*, No. 1.
中川忍(1999)「90年代入り後も日本の家計貯蓄率はなぜ高いのか？——家計属性別にみた「リスク」の偏在に関する実証分析」『日本銀行調査月報』4月号.
林由子(2000)『家計消費の実証分析』信山社.
チャールズ・ユウジ・ホリオカ，浜田浩児(1998)『日米家計の貯蓄行動』日本評論社.
牧厚志(2007)『消費者行動の実証分析』日本評論社.
村田啓子(2003)「ミクロ・データによる家計行動分析——将来不安と予備的貯蓄」*IMES Discussion Paper Series*, No. 2003-J-9.
渡部隆一(1979)『マルコフ・チェーン』共立出版.

索　引

人名索引

事項索引

欧　文

あ　行

か　行

さ　行

た　行

な　行

は　行

家計消費の経済分析　〔一橋大学経済研究叢書 59〕

2011 年 3 月 15 日　第 1 刷発行

著　者　阿部修人（あべなおひと）

発行者　山口昭男

発行所　株式会社 岩波書店
〒101-8002 東京都千代田区一ツ橋 2-5-5
電話案内 03-5210-4000
http://www.iwanami.co.jp/

印刷製本・法令印刷　カバー・精興社

ISBN 978-4-00-009919-6　Printed in Japan